UNTERRICHTSIDEEN

Handbuch zur Grundschulmathematik

Anregungen und Beispiele
zum Bildungsplan Baden-Württembergs

Band 2
Drittes und viertes Schuljahr

Herausgegeben
von
Albrecht Abele
und Herbert Kalmbach

Mit Beiträgen
von
Albrecht Abele
Christine Abele
Waltraud Bär
Dieter Eccarius
Hans-Dieter Gerster
Herbert Kalmbach
Edgar Rauschenberger

Ernst Klett Schulbuchverlag
Stuttgart Düsseldorf Berlin Leipzig

Herausgeber, Autorinnen und Autoren:

Dr. Albrecht Abele, Professor für Mathematik und Didaktik der Mathematik
an der Pädagogischen Hochschule in 69120 Heidelberg,
Mitglied der Lehrplankommission Mathematik (Grundschule).

Christine Abele, Lehrerin an der Grund- und Hauptschule Manzenberg, 88069 Tettnang,
Fachberaterin für Mathematik.

Waltraud Bär, Konrektorin an der Grimmelshausen Grund-, Haupt- und Realschule
in 77871 Renchen, Mitglied der Lehrplankommission Mathematik (Grundschule).

Dieter Eccarius, Seminarschulrat und Leiter des Fachbereichs Naturwissenschaften und Mathematik
am Staatlichen Seminar für schulpraktische Ausbildung in 72250 Freudenstadt,
Mitglied der Lehrplankommission Mathematik (Grundschule).

Hans-Dieter Gerster, Professor für Mathematik und Didaktik der Mathematik
an der Pädagogischen Hochschule in 79117 Freiburg.

Herbert Kalmbach, Rektor der Berken Grund- und Hauptschule in 71088 Holzgerlingen,
Vorsitzender der Lehrplankommission Mathematik (Grundschule).

Edgar Rauschenberger, Rektor der Schartenberg Grundschule in 77815 Bühl-Eisental,
Mitglied der Lehrplankommission Mathematik (Grundschule).

Die Deutsche Bibliothek - CIP-Einheitsaufnahme

Handbuch zur Grundschulmathematik : Anregungen und
Beispiele zum Bildungsplan Baden-Württembergs / hrsg. von
Albrecht Abele und Herbert Kalmbach. Mit Beitr. von Albrecht
Abele ... - Stuttgart ; Düsseldorf ; Berlin ; Leipzig : Klett-
Schulbuchverl.
(Unterrichtsideen)
NE: Abele, Albrecht (Hrsg.)
Bd. 2. Schuljahr 3. und 4. - 1. Aufl., 1. Dr. - 1994
ISBN 3-12-196102-0

Gedruckt auf Eural PRO
hergestellt von Papeterie du Bourray
aus 100 % Altpapier.

1. Auflage 1 5 4 3 2 1 | 1998 97 96 95 94

Die letzte Zahl bezeichnet das Jahr dieses Druckes.

Redaktion: Alexandra Ilzhöfer

Kopiervorlagen: Hesz Satz Repro
Satz: Steffen Hahn GmbH, Kornwestheim
Druck: Offizin Andersen Nexö Leipzig GmbH
ISBN 3-12-196102-0

Inhaltsverzeichnis

Verzeichnis der Kopiervorlagen

Autorinnen und Autoren der Kopiervorlagen

A. Abele:	Kopiervorlagen 19, 20, 21, 22, 24, 25
Chr. Abele:	Kopiervorlagen 20, 23, 26, 27, 28, 29, 30
W. Bär:	Kopiervorlage 4
D. Eccarius:	Kopiervorlagen 1, 2, 3, 31, 32, 33, 34, 35, 36
H.-D. Gerster:	Kopiervorlagen 5, 6, 7, 8, 9, 10, 11, 12, 13, 14, 15, 16, 17, 18
E. Rauschenberger:	Kopiervorlagen 37, 38, 39, 40

Einleitung

Albrecht Abele, Herbert Kalmbach

Zielsetzung

Der vorliegende zweite Band dieses Handbuches führt die Intentionen aus Band 1 weiter: Er enthält für das dritte und vierte Schuljahr

- Anregungen und Beispiele für die *eigene Unterrichtsgestaltung,* dazu *Kopiervorlagen* für Spiele und Übungsaufgaben,
- methodische Hinweise und Vorschläge, bei denen die *Schüleraktivität* im Zentrum der Planungen steht,
- mögliche Eingreifhilfen und *diagnostische Aufgabenblätter* (Kopiervorlagen) für Schüler mit Lernschwierigkeiten bei den schriftlichen Rechenverfahren,
- Planungsvorschläge für fächerübergreifende und *fächerverbindende Themen* des baden-württembergischen Bildungsplanes von 1994 (Kopiervorlagen),
- lehrplanunabhängige Anregungen, Arbeits- und Spielvorschläge für *Freiarbeit oder Wochenplan* (Kopiervorlagen),
- last not least: *ausgearbeitete Stoffverteilungspläne* für den Mathematikunterricht des dritten und vierten Schuljahres mit Kopiervorlagen.

Mit diesen didaktischen Impulsen greift das Handbuch zur Grundschulmathematik Zielsetzungen auf, die in der aktuellen pädagogischen Diskussion einen hohen Stellenwert besitzen und die auch im Bildungsplan für das Land Baden-Württemberg (1994) genannt sind:

Unter der Devise „Aufbau auf Bewährtem – Berücksichtigung aktueller Entwicklungen" wird der *Erziehungsauftrag* der Schule erneut unterstrichen. Orientierung am Kinde mit dem Ziel einer *ganzheitlichen Persönlichkeitsentwicklung*, die Förderung von *Selbständigkeit* und *Verantwortungsbewußtsein* ebenso wie *teamorientiertes Arbeiten* in der Gruppe werden als Zielsetzungen genannt. *Fächerübergreifendes* und *fächerverbindendes Unterrichten* soll besonders gepflegt werden; *Projektunterricht, differenzierte Arbeitsweisen, Stillarbeit, Freiarbeit* werden empfohlen, um damit auch übergreifende Qualifikationen zu vermitteln.

Kapitel 1: Stoffverteilungspläne

Das erste Kapitel mit den Vorschlägen zur Gestaltung von *Stoffverteilungsplänen* bildet die Brücke zwischen Lehrplan und Schulalltag. Erprobte Tips und praktische Hinweise, die ihren Niederschlag in leicht zu übernehmenden Kopiervorlagen gefunden haben, erleichtern die Aufgabe der Stofforganisation, die immer wieder neu zu erbringen ist. Die Blanko-Kopiervorlagen mit eingearbeiteten Ferienzeiten können in den kommenden Jahren auch für alle anderen Unterrichtsfächer unverändert übernommen werden, da ja Beginn und Ende der Sommerferien in Zukunft nicht mehr variieren.

Kapitel 2: Arithmetik → Schriftliche Rechenverfahren

In Kapitel 2 zur Arithmetik des dritten und vierten Schuljahres wird mit besonderer Sorgfalt die Hinführung zu den schriftlichen Rechenverfahren dargestellt, Fehleranalysen und Vorschläge zur Vermeidung von typischen Fehlern werden durch *diagnostische Tests* ergänzt, zu denen Kopiervorlagen angeboten werden.

Kapitel 3: Geometrie → Spiralprinzip

Kapitel 3 zum Geometrieunterricht des dritten und vierten Schuljahres orientiert sich deutlich am Spiralprinzip, greift Anregungen aus den beiden ersten Schuljahren auf und führt die dort vorgestellten Arbeitsschwerpunkte für einen *handlungsorientierten Geometrieunterricht* vertiefend weiter.

Kapitel 4: Größen und Sachrechnen → Lösungshilfen

Kapitel 4 ist dem Arbeitsbereich „Größen und Sachrechnen" gewidmet. *Lösungshilfen* bei Schwierigkeiten, Vorschläge für fächerverbindendes und projektorientiertes Arbeiten sowie Hinweise für zielgerichtetes Üben bilden Schwerpunkte dieses Kapitels.

Kapitel 5: Fächerverbindende Themen

Die ganzheitliche Betrachtung von Problemstellungen hat sich im neuen Bildungsplan als „fächerübergreifendes Prinzip“ niedergeschlagen. Jeder Jahrgangsstufe sind *fächerverbindende Themen* vorangestellt, die in Kapitel 5 thematisch entfaltet werden, soweit sie mit dem Mathematikunterricht zusammenhängen.

Kapitel 6: Offene Unterrichtsformen

Kapitel 6 enthält Vorschläge, die sich für *offene Unterrichtsformen,* für Freiarbeit oder Wochenplan, für differenzierende Arbeitsweisen oder entdeckendes Lernen besonders gut eignen. Die zahlreichen Kopiervorlagen zu diesem Kapitel erleichtern wieder die Übernahme oder Aktualisierung der Vorschläge für die eigene Klasse.

Kapitel 7: Kopiervorlagen

Kapitel 8: Bildungsplan Baden-Württemberg

In Kapitel 7 sind die Kopiervorlagen zusammengefaßt, Kapitel 8 enthält den Bildungsplan des Landes Baden-Württemberg, Mathematik, drittes und viertes Schuljahr als Bezugsrahmen des Unterrichts. Ergänzt wird der amtliche Text durch eine übersichtliche, tabellarische Zusammenstellung der Lerninhalte für alle Schuljahre.

Andere Bundesländer

Lehrerinnen und Lehrer anderer Bundesländer werden mit Neugierde und Interesse die Entwicklungen in Baden-Württemberg verfolgen und ebenfalls in gleicher Weise von den Anregungen und Beispielen dieses Handbuches profitieren; sind doch die Lerninhalte der einzelnen Bundesländer in grober Zielsetzung kaum voneinander verschieden und methodische Impulse, die eine Verbesserung des gegenwärtigen Mathematikunterrichts anstreben, nicht an enge Ländergrenzen gebunden.

Der vorliegende zweite Band des Handbuches zur Grundschulmathematik erscheint als Band 2 in der Reihe *„Unterrichtsideen“.* Diese Reihe wendet sich gezielt offeneren Lernformen zu und möchte dazu verhelfen, selbständiges, aktives Lernen zu ermöglichen, bei dem die Fachgrenzen immer wieder bewußt überschritten werden. Dies von der Mathematik aus zu versuchen, ist mit die Zielsetzung der vorliegenden Anregungen und Beispiele. Lehrerinnen und Lehrer sollen in ihrem Bemühen unterstützt werden, den scheinbar festgefügten Lehrgangscharakter des Mathematikunterrichts zu überwinden und freiere Arbeitsformen einzubeziehen.

Den Mitarbeiterinnen und Mitarbeitern der Redaktion Grundschule sei an dieser Stelle herzlich gedankt für den persönlichen Einsatz, mit dem sie das Entstehen dieses Bandes begleitet haben und für das Verständnis, mit dem sie auf alle Wünsche der Autorinnen, Autoren und Herausgeber eingegangen sind. Dem Verlag danken wir, daß dieses Handbuch mit Erscheinen des zweiten Bandes nun vollständig vorliegt.

Kapitel 1
Stoffverteilungspläne

Dieter Eccarius

1.1 Der Jahresarbeitsplan

1.1.1 Alle Jahre wieder – Stoffverteilungspläne

Das Inhaltsverzeichnis des Schulbuches übernehmen

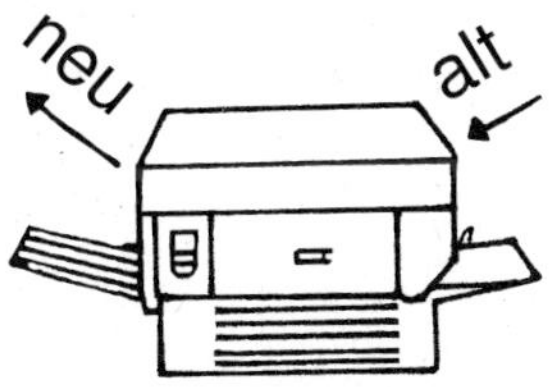

Den alten Plan kopieren

Alte Aufschriebe durchsuchen

Ein Computerprogramm einsetzen

Bei einer Kollegin abschreiben

oder

„Der Stoffverteilungsplan ist von jedem einzelnen Lehrer zu erstellen und muß bei Bedarf und Nachfrage jederzeit verfügbar sein.“ So heißt es in der Verwaltungsvorschrift des MKS zur „Unterrichtsplanung an allgemeinbildenden und beruflichen Schulen (Stoffverteilungsplan)“ vom 2. April 1990 (BP, 1990, S. 333). Dort wird u. a ausgesagt, daß die Umsetzung der Bildungspläne aller Schularten eine gründliche Planung und Vorbereitung durch die Lehrer erfordert.
Unabhängig davon ist die Erstellung eines Stoffverteilungsplanes aus unterrichtspraktischen Gründen sinnvoll. Dies gilt insbesondere für Berufsanfänger, Lehrerinnen und Lehrer, die fachfremd unterrichten, sicher aber auch nach der Einführung eines neuen Unterrichtswerkes oder eines neuen Lehrplanes.

Jahresplanung

So stehen alljährlich zu Beginn eines neuen Schuljahres zahlreiche Lehrerinnen und Lehrer vor der Aufgabe, den Unterrichtsstoff auf die einzelnen Wochen eines Schuljahres zu verteilen. Dabei werden oft die auf Seite 9 geschilderten Verfahren benutzt. Nur allzu oft werden durch die Produktion von Plagiaten oder dem sklavischen Unterordnen unter das Diktat eines Schulbuches die Chancen einer eigenständigen Unterrichtsplanung und -durchführung vergeben. Lehrerinnen und Lehrer verzichten damit auf ein großes Stück Berufsfreiheit, um die uns viele andere Berufe beneiden.
Dabei braucht das Aufstellen eines Stoffverteilungsplanes kein zeitaufwendiges Unternehmen zu sein, sondern kann ökonomisch und zeitsparend durchgeführt werden.
Die Grundidee der hier vorgestellten Art der Erstellung eines Stoffverteilungsplanes ist es, die Schreibarbeit auf ein Minimum zu beschränken, Änderungen flexibel aufnehmen zu können, um bei Abstimmungsgesprächen (Parallelklassen, fächerverbindende Projekte o. ä.) beweglich reagieren zu können, ohne den Plan immer wieder vollkommen neu schreiben zu müssen. Ebenfalls ist es leicht möglich, im laufenden Schuljahr aufgrund des Unterrichtsverlaufes den Plan immer wieder zu aktualisieren.
Schließlich soll in einem weiteren Schuljahr aufgrund der gewonnenen Erfahrungen mit wenig Schreibaufwand eine neue Verteilung des Stoffes vorgenommen werden können.

1.1.2 Modell eines Jahresarbeitsplanes

Die Basis des hier vorgestellten Modells eines Stoffverteilungsplanes ist der fortgeschriebene Lehrplan für Baden-Württemberg, der mit dem Schuljahr 1994/95 in Kraft getreten ist. Die Zuordnung des Planes zu einem bestimmten Schulbuch ist ein zweiter Schritt, den jede Lehrkraft aufgrund des ihr zur Verfügung stehenden Schulbuches selbst nachvollziehen muß. Hier geht es um die Beschreibung einer Methode der Planerstellung, die flexibel und ökonomisch ist. Bei der Planung wird nicht von einem starren Raster ausgegangen, bei dem die Gefahr groß ist, daß Schüler und Lehrer durch diese eingeengt werden und erforderliche Aktualisierungen nur umständlich zu realisieren sind.
Der vorgestellte Stoffverteilungsplan wird im Prinzip mit der gleichen Methode und den ähnlichen Arbeitsmaterialien ausgeführt, mit dem fast alle Schulleiter ihre Stundenpläne erstellen: Auf einer Zeitrasterunterlage werden die Einzelstunden so lange hin und her geschoben, bis eine befriedigende Lösung erreicht ist. Auf das hier vorgestellte Modell angewandt heißt das, daß bewegliche Wochenplankärtchen in das Raster von Fotohüllen gesteckt und umgesteckt werden.

Materialbedarf

(1) *Fotohüllen im Format DIN A4 (Zeitraster)*
Plastik-Fotohüllen, die es im Papierhandel zu kaufen gibt, dienen als Grundlage für den Plan. Auf DIN-A4-Blättern, die in alle Ringbücher passen, befin-

den sich auf jeder Seite 8 Einstecktaschen (für Fotos) im Format 7 × 10 cm. In diese Taschen können bei Benutzung der Vorder- und Rückseite eines Blattes 16 Wochenkärtchen eingesteckt werden.
Auf diesen Blättern werden am oberen Rand der Einstecktaschen die Termine mit wasserlöslichem Overheadstift notiert. Wird pro Woche eines Schuljahres eine Tasche beschriftet, sind drei DIN-A4-Fotohüllen ausreichend, um den Stoffverteilungsplan eines Faches für ein Schuljahr anzulegen.

(2) *Wochen-Kärtchen*
Ausgehend von den im Schuljahr zu Verfügung stehenden 150 Richtstunden und der Stundentafel, die im 3. und 4. Schuljahr wöchentlich 5 Mathematikstunden ausweist, werden 30 Wocheneinheiten im Format 7 × 10 cm zu je 4 bzw. 5 Unterrichtsstunden konzipiert und auf kleine Kärtchen geschrieben.
Die Verteilung auf 30 Wochenstunden gibt der Lehrerin bzw. dem Lehrer den nötigen Freiraum, um mit „Verfügungswochen" flexibel auf kleinere Verschiebungen, die durch den Unterrichtsverlauf bedingt sind, reagieren zu können.
Die im Abschnitt 1.2 bzw. 1.3 dieses Kapitels vorgestellten Kopiervorlagen sind als Modell-Vorschläge zu verstehen. Jede Lehrerin und jeder Lehrer sollte den fortgeschriebenen Lehrplan für sich strukturieren und gegebenenfalls eigene Wochen-Kärtchen erarbeiten und diese anschließend auf das verwendete Schulbuch abstimmen.

Die einzelnen Schulwochen des Schuljahres werden wie oben beschrieben auf den Einstecktaschen der Fotohüllen eingetragen.
Es dient der besseren Übersicht, die zusammenhängenden Ferienabschnitte auf Extrakärtchen zu notieren und an die jeweiligen Stellen im Zeitplan einzustecken. Anschließend werden die 30 Wochen-Kärtchen in die Taschen der Fotohüllen gesteckt. Hierbei sollte zeitlich nicht zu eng geplant werden, um selbst verursachten Zeitdruck zu vermeiden. Als „Zeitpuffer" sollten deshalb am Ende von Unterrichtssequenzen „Verfügungswochen" als Freiraum eingeschoben werden.
Zum Schluß wird der Entwurf kopiert. Im nächsten Schuljahr kann dann auf der Basis des alten Entwurfs und den zur Verfügung stehenden Kärtchen mit wenig Arbeitsaufwand ein neuer Plan erstellt werden. Die Aktualisierung des Zeitrasters (alte Termine mit einem feuchten Tuch abwischen und neue eintragen) ist dann die einzige Schreibarbeit und dies ist schnell erledigt.

1.1.3 Richtstundenzahlen

Bildungsplan 1984

Im Bildungsplan von 1984 waren für das 3. und 4. Schuljahr die folgenden Richtstundenzahlen für die einzelnen Arbeitsbereiche vorgegeben (BP, 1984).

Tab. 1.1: Richtstundenzahlen nach Bildungsplan 1984

	3. Schuljahr	4. Schuljahr
Arbeitsbereich 1: Arithmetik	50	40
Arbeitsbereich 2: Größen	30	30
Arbeitsbereich 3: Sachaufgaben	40	50
Arbeitsbereich 4: Geometrie	30	30
zusammen:	150	150

Bildungsplan 1994

Die Lehrplanfortschreibung von 1994 gliedert den Bereich Mathematik nunmehr in drei, in allen Schuljahren gleichlautende Arbeitsbereiche und sieht folgende Verteilung der Richtstunden bei geänderter Gewichtung der einzelnen Bereiche vor (BP, 1994, S. 145 ff. und S. 202 ff.).

Tab. 1.2: Richtstundenzahlen nach Bildungsplan 1994

	3. Schuljahr	4. Schuljahr
Arbeitsbereich 1: Arithmetik	60	40
Arbeitsbereich 2: Geometrie	30	35
Arbeitsbereich 3: Größen und Sachrechnen	60	75
zusammen:	150	150

1.2 Stoffverteilungsplan für das dritte Schuljahr

1.2.1 Stundenverteilung

Arbeitsbereich 1: Arithmetik (Zeitrahmen: 60 Stunden)

Die Inhalte wurden so strukturiert, daß immer 5 Stunden (oder Vielfache von 5) eine Einheit ergeben. Damit entspricht jeweils eine Einheit einer Unterrichtswoche mit je 5 Stunden Mathematikunterricht. Der Aufbau der Einheiten ist streng hierarchisch, die einzelnen Themen müssen aber noch innerhalb des Stoffverteilungsplanes zeitlich vernetzt werden.

Tab. 1.3: Lerninhalte zu Arbeitsbereich 1

Arithmetik

Inhalte	*Hinweise*	*Std.*
Übung und Wiederholung	*Stoff des 2. Schuljahres* *Aufgaben zum kleinen Einspluseins und Einmaleins* *Addieren und Subtrahieren bis 1000; halbschriftliche Verfahren*	5
Zahlenraum bis 1000 • Hunderterzahlen bis 1000 • Bündelungen zur Grundzahl 10 herstellen • Zahlen lesen und schreiben	*Tausendertafel, -band* *Steckwürfel, Mehrsystemblöcke, Spielgeld* *Auf richtige Schreibreihenfolge achten (H, Z, E)*	5
• Vergleichen von Zahlen; Zahlbeziehungen • Weitere Zahlbeziehungen • Ordnen von Zahlen nach der Größe • Vorgänger und Nachfolger bestimmen • Nachbarzehner • Zahlenfolgen fortsetzen	*z. B. ist die Hälfte das Doppelte von, hat eine größere Einer (Zehner-, Hunderter-)ziffer als*	5

Addieren und Subtrahieren im Zahlenraum bis 1000 • Mündliches und halbschriftliches Rechnen	*Bezeichnungen „addieren“ und „subtrahieren“ einführen* *Operatordarstellung* *Zerlegungsdarstellung*	5
• Schriftliches Addieren	*Einführung mit Material (Steckwürfel, Stäbe, Blöcke, Spielgeld)*	5
• Schriftliches Subtrahieren	*Einführung mit Material* *Gesetz von der Konstanz der Differenzen*	5
• Runden und Überschlagen	*Nachbarzehner und -hunderter*	5
Multiplizieren und Dividieren im Zahlenraum bis 1000 • Wiederholung und Übung der bisher bekannten Einmaleinsreihen	*Variantenreiche Aufgabenstellungen* *Zusammenhang von Einmaleins und Einsdurcheins* *Querverbindungen zwischen den einzelnen Reihen*	5
• Einmaleinsreihen mit 7 und 9 • Das kleine Einmaleins mit Umkehrung sicher beherrschen	*Übungen über das ganze Schuljahr verteilen;* *fortwährendes Üben*	5
• Einmaleins der Zehnerzahlen • Mündliches und halbschriftliches Rechnen • Zweistellige Zahlen mit einstelligen Zahlen multiplizieren	*Vielfältige Lösungsstrategien und Notationsformen* *Operatordarstellung* *Zerlegungsdarstellung*	5
• Zweistellige Zahlen durch einstellige Zahlen dividieren		5
• Division mit und ohne Rest • Bezeichnungen „multiplizieren“ und „dividieren“ einführen **Gleichungen und Ungleichungen**		5
zusammen:		60

Arbeitsbereich 2: Geometrie (Zeitrahmen: 30 Stunden)

Geometrie

Tab. 1.4: Lerninhalte zu Arbeitsbereich 2

Inhalte	*Hinweise*	*Std.*
Walze, Kugel **Würfel, Quader** • Weitere Eigenschaften erkennen • Netze herstellen und untersuchen • Flächenmodelle von Würfel und Quader aus Netzen herstellen • Erfahrungen zum Rauminhalt sammeln	*Kennen, herstellen, benennen* *z. B. Ecke, Kanten, Flächen* *durch Zerschneiden und Abrollen von würfel- und quaderförmigen Schachteln* *Netzvarianten untersuchen* *Aufbau von Würfeln und Quadern aus kleinen Würfeln und Quadern*	5
Ebene Figuren mit Flächeneinheiten auslegen, Flächeninhalte vergleichen	*Verschiedene Einheiten benutzen, z. B. Rechtecke, Quadrate, Dreiecke*	5
Gitternetze und Planquadrate	*Orientierungsübungen an Ortsplänen*	5
Symmetrische Gegenstände und Figuren • Spiegelsymmetrie an Gegenständen und Körpern entdecken • Achsensymmetrie an ebenen Figuren • in der Umwelt entdecken • herstellen und zeichnen	*Spiegel verwenden* *Klecksbilder, Faltschnitte, Durchpausen* *Gitterpapier verwenden*	5
• Nichtsymmetrische Figuren zu symmetrischen ergänzen • Figuren an einer Achse spiegeln		5
Entwerfen von Parkettierungen	*Lineal und Schablonen verwenden*	5
zusammen:		30

Arbeitsbereich 3: Größen und Sachrechnen (Zeitrahmen: 60 Stunden)

Größen und Sachrechnen

Tab. 1.5: Lerninhalte zu Arbeitsbereich 3

Inhalte	*Hinweise*	*Std.*
Geldwerte • Banknoten und Münzen vergleichen, nach Wert ordnen, wechseln, herausgeben • in der Stellenwerttafel notieren	*bis zum 1000-Mark-Schein* *Spielgeld verwenden*	5
• Kommaschreibweise bei DM und Pf • Mit Geldbeträgen rechnen	*Stellenwerttabelle einsetzen*	5

Inhalte	*Hinweise*	*Std.*
• Schriftliches Addieren und Subtrahieren mit Geldbeträgen • Sachaufgaben	*auch in Kommaschreibweise*	5
Längen • Längen an Gegenständen vergleichen, schätzen und messen • Längenvorstellungen durch geeignete Vergleichsgrößen weiterentwickeln • Längeneinheiten Kilometer und Millimeter	*Entfernungen und Abstände aus der Umgebung der Kinder* *Körpermaße* *Geeignete Vergleichsgrößen aufbauen*	5
• Umrechnen von km in m und umgekehrt • Umrechnen von cm in mm und umgekehrt • Zeichnen von Strecken gegebener Länge auf mm genau mit Lineal • Kommaschreibweise bei m u. cm	*Notieren in der Stellenwerttabelle*	5
• Mit Längen rechnen • Schriftliches Addieren und Subtrahieren von Längen • Sachaufgaben	*Alle Grundrechenarten verwenden* *Vorbereiten durch Rechnen mit Stellenwerttabellen*	5
Zeit • Mit Zeitpunkten und Zeitspannen rechnen • in benachbarte Einheiten umwandeln • Sachaufgaben	*Zeigeruhr, Kalender und Stoppuhr einsetzen; Operatorschreibweise* *Einfache Aufgaben zu Fernsehprogramm, Fahrplan und Ferienplänen*	10
Gewichte • Gegenstände hinsichtlich ihres Gewichts vergleichen, schätzen und wiegen • Gewichtseinheiten Gramm, Kilogramm, Tonne • Gewichte notieren in kg und g, t und kg • Mit Gewichten rechnen • Sachaufgaben	*Zunächst mit selbstgewählten, später mit genormten Einheiten* *Geeignete Vergleichsgrößen aufbauen* *Balkenwaage mit Gewichtssatz* *Umgang mit Waagen* *geeignete Vergleichsgrößen aufbauen*	10
Sachaufgaben zu verschiedenen Größenbereichen • Zweisatzaufgaben von der Einheit zur Mehrheit, von der Mehrheit zur Einheit	*Lösen über Tabellen*	5
• Fächerverbindende Sachaufgaben • Projekte	*Post, Klassenausflug, Schulfest, Ferienreise, Sportwettkampf*	5
zusammen:		60

1.2.2 Wochenkärtchen 3. Schuljahr

Wochenkärtchen

Als Modell wurde für das 3. Schuljahr auf der Grundlage des fortgeschriebenen Lehrplanes der gesamte Unterrichtsstoff der 3 Arbeitsbereiche auf 30 Schulwochen verteilt. Dies bedeutet für das 3. Schuljahr 30 Wochenstunden à 5 Mathematikstunden pro Woche. Die verbleibende Unterrichtszeit des Schuljahres wurde nicht fest verplant. Dafür wurden „Verfügungsstunden" für die flexible Anpassung an den Unterrichtsverlauf vorgesehen.
Die Einteilung in die 30 Einheiten erfolgte streng nach dem Lehrplan, jedoch auch nach den persönlichen Einschätzungen und Erfahrungen des Verfassers. Sie ist – im Gegensatz zu den verbindlichen Vorgaben des Lehrplanes – nicht verpflichtend. An dieser Stellte sollte nur modellhaft das Verfahren zur Erstellung eines flexiblen Stoffverteilungsplanes geschildert werden. Jede Lehrerin und jeder Lehrer wird nach eigenem Ermessen und eigenen Erfahrungswerten eine Einteilung vornehmen.
Die Wochenkärtchen nehmen die Stundenverteilung der Tabellen 1.3, 1.4, 1.5 auf und werden der Reihe nach, mit Arbeitsbereich 1 beginnend, durchnumeriert. Die in Klammern ergänzten Leitziffern beziehen sich auf den Lehrplan (Kapitel 8 dieses Handbuches); die beigefügten Initialien kennzeichnen den betreffenden Arbeitsbereich: A für „Arithmetik", G für „Geometrie", S für „Größen und Sachrechnen". Es ist nützlich, an dieser Stelle darauf hinzuweisen, daß die systematische Auflistung der Inhalte im Lehrplan keine Aussage macht über die Reihenfolge ihrer Behandlung im Verlauf des Schuljahres. Es ist zum Beispiel didaktisch sinnvoll, die Geometriekapitel über das ganze Schuljahr zu verteilen, damit auch in diesem Arbeitsbereich genügend Anlässe zu wiederholendem Aufgabenlösen geschaffen werden.

Abbildung der 30 Wochenkärtchen
Die Wochenkärtchen werden hier als Kopiervorlagen angeboten, damit eine leichte Weiterverwendung dieser Beispielverteilung möglich ist. Wer eine eigene Strukturierung der Stoffverteilung bevorzugt, kann auf die Blanko-Kopiervorlagen zurückgreifen, die auch für andere Unterrichtsfächer verwendet werden können.
Der Vorschlag eines Jahresplanes in verkleinertem Maßstab zeigt auf den Seiten 21–23, wie die Wochenkärtchen über das Schuljahr verteilt werden können.

Übung und Wiederholung

Stoff des 2. Schuljahres
Addition und Subtraktion im Zahlenraum bis 100

Schulbuch Seiten:
Arbeitsheft Seiten:

1

Zahlenraum bis 1000
(A 1.1 bis A 1.3)

- Hunderterzahlen bis 1000 (A 1.1)
- Bündelungen zur Grundzahl 10 (A 1.2)
- Zahlen lesen und schreiben (A 1.3)

Schulbuch Seiten:
Arbeitsheft Seiten:

2

Zahlenraum bis 1000
(A 1.4)

- Vergleichen von Zahlen; Zahlbeziehungen (A 1.4)
- Ordnen von Zahlen nach der Größe (A 1.4.1)
- Vorgänger, Nachfolger, Nachbarzehner (A 1.4.4 u. A 1.4.5)
- Weitere Zahlbeziehungen (A 1.4.2)
- Zahlenfolgen fortsetzen (A 1.4.6)

Schulbuch Seiten:
Arbeitsheft Seiten:

3

Addieren und Subtrahieren im Zahlenraum bis 1000
(A 2.1)

- Mündliches und halbschriftliches Rechnen (A 2.1)

Schulbuch Seiten:
Arbeitsheft Seiten:

4

Addieren und Subtrahieren im Zahlenraum bis 1000
(A 2.2)

- Schriftliches Addieren (A 2.2)

Schulbuch Seiten:
Arbeitsheft Seiten:

5

Addieren und Subtrahieren im Zahlenraum bis 1000
(A 2.3)

- Schriftliches Subtrahieren (A 2.3)

Schulbuch Seiten:
Arbeitsheft Seiten:

6

Addieren und Subtrahieren im Zahlenraum bis 1000
(A 2.4)

- Runden und Überschlagen (A 2.4)

Schulbuch Seiten:
Arbeitsheft Seiten:

7

Multiplizieren und Dividieren im Zahlenraum bis 1000
(A 3.1)

- Wiederholung und Übung der bisher bekannten Einmaleinsreihen (A 3.1)

Schulbuch Seiten:
Arbeitsheft Seiten:

8

Multiplizieren und Dividieren im Zahlenraum bis 1000
(aus A 3.1))

- Einmaleinsreihen mit 7 und 9 (A 3.1.1)
- Kleines Einmaleins mit Umkehrungen sicher beherrschen (A 3.1.2)

Schulbuch Seiten:
Arbeitsheft Seiten:

9

Multiplizieren und Dividieren im Zahlenraum bis 1000
(aus A 3.1 bis A 3.3)

- Mündliches und halbschriftliches Rechnen (A 3.2)
- Zweistellige Zahlen mit einstelligen Zahlen multiplizieren (A 3.3)
- Einmaleins der Zehnerzahlen (A 3.1.3)

Schulbuch Seiten:
Arbeitsheft Seiten:

10

Multiplizieren und Dividieren im Zahlenraum bis 1000
(A 3.3)

- Zweistellige Zahlen durch einstellige dividieren (A 3.3)

Schulbuch Seiten:
Arbeitsheft Seiten:

11

Multiplizieren und Dividieren im Zahlenraum bis 1000
(A 3.3 bis A4)

- Division mit und ohne Rest (A3.3.1)
- Gleichungen und Ungleichungen (A 4)

Schulbuch Seiten:
Arbeitsheft Seiten:

12

Walze, Kugel (G 1)
Würfel, Quader (G 2)

- Weitere Eigenschaften (G 2.1)
- Netze herstellen und untersuchen (G 2.2)
- Flächenmodelle von Würfel und Quader (G 2.3)
- Erfahrungen zum Rauminhalt (G 2.4)

Schulbuch Seiten:
Arbeitsheft Seiten:

13

Ebene Figuren mit Flächeneinheiten auslegen (G 3)
Flächeninhalte vergleichen (G 3.1)

Schulbuch Seiten:
Arbeitsheft Seiten:

14

Gitternetze und Planquadrate
(G 4)

Schulbuch Seiten:
Arbeitsheft Seiten:

15

Symmetrische Gegenstände und Figuren
(G 5.1 bis G 5.2)

- Spiegelsymmetrie an Gegenständen und Körpern entdecken (G 5.1)
- Achsensymmetrie an ebenen Körpern (G 5.2)

Schulbuch Seiten:
Arbeitsheft Seiten:

16

Symmetrische Gegenstände und Figuren
(G 5.2)

- nicht symmetrische Figuren zu symmetrischen ergänzen (G 5.2.3)
- Figuren an einer Achse spiegeln (G 5.2.4)

Schulbuch Seiten:
Arbeitsheft Seiten:

17

Entwerfen von Parkettierungen
(G 6)

Schulbuch Seiten:
Arbeitsheft Seiten:

18

Geldwerte
(S 1.1 bis S 1.2)

- Banknoten und Münzen vergleichen, nach Wert ordnen, wechseln, herausgeben (S 1.1)
- In der Stellenwerttafel notieren (S 1.2)

Schulbuch Seiten:
Arbeitsheft Seiten:

19

Geldwerte
(S 1.3 bis S 1.4)

- Kommaschreibweise bei DM und Pf (S 1.3)
- Mit Geldbeträgen rechnen (S 1.4)

Schulbuch Seiten:
Arbeitsheft Seiten:

20

Geldwerte
(S 1.5 bis S 1.6)

- Schriftliches Addieren und Subtrahieren mit Geldbeträgen (S 1.5)
- Sachaufgaben (S 1.6)

Schulbuch Seiten:
Arbeitsheft Seiten:

21

Längen
(S 2.1 bis S 2.3)

- Längen vergleichen, schätzen und messen (S 2.1)
- Vergleichsgrößen entwickeln (S 2.2)
- Längeneinheiten km und mm (S 2.3)

Schulbuch Seiten:
Arbeitsheft Seiten:

22

Längen
(S 2.4 bis S 2.7)

- Umrechnen von km in m und umgekehrt (S 2.4)
- Umrechnen von cm in mm und umgekehrt (S 2.5)
- Kommaschreibweise bei m und cm (S 2.7)
- Zeichnen von Strecken gegebener Länge auf mm genau (S 2.6)

Schulbuch Seiten:
Arbeitsheft Seiten:

23

Längen
(S 2.8 bis S 2.10)

- Mit Längen rechnen (S 2.8)
- Schriftliches Addieren und Subtrahieren von Längen (S 2.9)
- Sachaufgaben (S 2.10)

Schulbuch Seiten:
Arbeitsheft Seiten:

24

Zeit
(S 3.1)

- Mit Zeitpunkten und Zeitspannen rechnen (S 3.1)

Schulbuch Seiten:
Arbeitsheft Seiten:

25

Zeit
(S 3.2 bis S 3.3)

- In benachbarte Einheiten umrechnen (S 3.2)
- Sachaufgaben (S 3.3)

Schulbuch Seiten:
Arbeitsheft Seiten:

26

Gewichte
(S 4.1 bis S 4.2)

- Gegenstände hinsichtlich ihres Gewichts vergleichen, schätzen und wiegen (S 4.1)
- Gewichtseinheiten g, kg, t (S 4.2)

Schulbuch Seiten:
Arbeitsheft Seiten:

27

Gewichte
(S 4.4 bis S 4.5)

- Mit Gewichten rechnen (S 4.4)
- Sachaufgaben (S 4.5)

Schulbuch Seiten:
Arbeitsheft Seiten:

28

Sachaufgaben zu verschiedenen Größenbereichen
(S 5.1)

- Zweisatzaufgaben von der Einheit zur Mehrheit von der Mehrheit zur Einheit (S 5.1)

Schulbuch Seiten:
Arbeitsheft Seiten:

29

Sachaufgaben zu verschiedenen Größenbereichen
(S 5.2 bis S 5.3)

- Fächerverbindende Sachaufgaben (S 5.2)
- Projekte (S 5.3)

Schulbuch Seiten:
Arbeitsheft Seiten:

30

Schulbuch Seiten:
Arbeitsheft Seiten:

Schulbuch Seiten:
Arbeitsheft Seiten:

Schulbuch Seiten:
Arbeitsheft Seiten:

Schulbuch Seiten:
Arbeitsheft Seiten:

Schulbuch Seiten:
Arbeitsheft Seiten:

Schulbuch Seiten:
Arbeitsheft Seiten:

Schulbuch Seiten:
Arbeitsheft Seiten:

Schulbuch Seiten:
Arbeitsheft Seiten:

11.09. - 15.09.95

Übung und Wiederholung

Stoff des 2. Schuljahres
Addition und Subtraktion im Zahlenraum bis 100

Schulbuch Seiten:
Arbeitsheft Seiten:
(1)

18.09. -22.09.95

Zahlenraum bis 1000
(A 1.1 bis A 1.3)

- Hunderterzahlen bis 1000 (A 1.1)
- Bündelungen zur Grundzahl 10 (A 1.2)
- Zahlen lesen und schreiben (A 1.3)

Schulbuch Seiten:
Arbeitsheft Seiten:
(2)

25.09. - 29.09.95

Zahlenraum bis 1000
(A 1.4)

- Vergleichen von Zahlen; Zahlbeziehungen (A 1.4)
- Ordnen von Zahlen nach der Größe (A 1.4.1)
- Vorgänger, Nachfolger, Nachbarzehner (A 1.4.4 u. A 1.4.5)
- Weitere Zahlbeziehungen (A 1.4.2)
- Zahlenfolgen fortsetzen (A 1.4.6)

Schulbuch Seiten:
Arbeitsheft Seiten:
(3)

02.10. - 06.10.95

Walze, Kugel (G 1)
Würfel, Quader (G 2)

- Weitere Eigenschaften (G 2.1)
- Netze herstellen und untersuchen (G 2.2)
- Flächenmodelle von Würfel und Quader (G 2.3)
- Erfahrungen zum Rauminhalt (G 2.4)

Schulbuch Seiten:
Arbeitsheft Seiten:
(13)

09.10. - 13.10.95

Addieren und Subtrahieren im Zahlenraum bis 1000
(A 2.1)

- Mündliches und halbschriftliches Rechnen (A 2.1)

Schulbuch Seiten:
Arbeitsheft Seiten:
(4)

16.10. - 20.10.95

Addieren und Subtrahieren im Zahlenraum bis 1000
(A 2.2)

- Schriftliches Addieren (A 2.2)

Schulbuch Seiten:
Arbeitsheft Seiten:
(5)

23.10. - 01.11.95

Herbstferien

02.11. - 10.11.95 / 8 Tage

Ebene Figuren mit Flächeneinheiten auslegen (G 3)
Flächeninhalte vergleichen (G 3.1)

Schulbuch Seiten:
Arbeitsheft Seiten:
(14)

13.11. - 17.11.95

Addieren und Subtrahieren im Zahlenraum bis 1000
(A 2.3)

- Schriftliches Subtrahieren (A 2.3)

Schulbuch Seiten:
Arbeitsheft Seiten:
(6)

20.11. - 24.11.95
(Buß- u. Bettag 22.11.)

Addieren und Subtrahieren im Zahlenraum bis 1000
(A 2.4)

- Runden und Überschlagen (A 2.4)

Schulbuch Seiten:
Arbeitsheft Seiten:
(7)

27.11. - 01.12.95

Verfügungswoche

04.12. - 08.12.95

Geldwerte
(S 1.1 bis S 1.2)

- Banknoten und Münzen vergleichen, nach Wert ordnen, wechseln, herausgeben (S 1.1)
- In der Stellenwerttafel notieren (S 1.2)

Schulbuch Seiten:
Arbeitsheft Seiten:
(19)

11.12. - 22.12.95

Geldwerte
(S 1.3 bis S 1.4)

- Kommaschreibweise bei DM und Pf (S 1.3)
- Mit Geldbeträgen rechnen (S 1.4)

Schulbuch Seiten:
Arbeitsheft Seiten:
(20)

24.12.95 - 05.01.96

Weihnachtsferien

08.01. - 13.01.96

Zeit
(S 3.2 bis S 3.3)

- In benachbarte Einheiten umrechnen (S 3.2)
- Sachaufgaben (S 3.3)

Schulbuch Seiten:
Arbeitsheft Seiten:
(26)

15.01. - 19.01.96

Zeit
(S 3.1)

- Mit Zeitpunkten und Zeitspannen rechnen (S 3.1)

Schulbuch Seiten:
Arbeitsheft Seiten:
(25)

22.01. – 26.01.96	29.01. – 02.02.96
Verfügungswoche	**Multiplizieren und Dividieren im Zahlenraum bis 1000** (A 3.1) – Wiederholung und Übung der bisher bekannten Einmaleinsreihen (A 3.1) *Schulbuch Seiten:* *Arbeitsheft Seiten:* (8)
05.02. – 09.02.96	12.02. – 16.02.96
Multiplizieren und Dividieren im Zahlenraum bis 1000 (aus A 3.1)) – Einmaleinsreihen mit 7 und 9 (A 3.1.1) – Kleines Einmaleins mit Umkehrungen sicher beherrschen (A 3.1.2) *Schulbuch Seiten:* *Arbeitsheft Seiten:* (9)	Verfügungswoche
19.02. – 23.02.96	26.02. – 01.03.96
Längen (S 2.1 bis S 2.3) – Längen vergleichen, schätzen und messen (S 2.1) – Vergleichsgrößen entwickeln (S 2.2) – Längeneinheiten km und mm (S 2.3) *Schulbuch Seiten:* *Arbeitsheft Seiten:* (22)	**Längen** (S 2.4 bis S 2.7) – Umrechnen von km in m und umgekehrt (S 2.4) – Umrechnen von cm in mm und umgekehrt (S 2.5) – Kommaschreibweise bei m und cm (S 2.7) – Zeichnen von Strecken gegebener Länge auf mm genau (S 2.6) *Schulbuch Seiten:* *Arbeitsheft Seiten:* (23)
04.03. – 08.03.96	11.03. – 15.03.96
Längen (S 2.8 bis S 2.10) – Mit Längen rechnen (S 2.8) – Schriftliches Addieren und Subtrahieren von Längen (S 2.9) – Sachaufgaben (S 2.10) *Schulbuch Seiten:* *Arbeitsheft Seiten:* (24)	Verfügungswoche

18.03. – 22.03.96	25.03. – 29.03.96
Multiplizieren und Dividieren im Zahlenraum bis 1000 (aus A 3.1 bis A 3.3) – Mündliches und halbschriftliches Rechnen (A 3.2) – Zweistellige Zahlen mit einstelligen Zahlen multiplizieren (A 3.3) – Einmaleins der Zehnerzahlen (A 3.1.3) *Schulbuch Seiten:* *Arbeitsheft Seiten:* (10)	**Multiplizieren und Dividieren im Zahlenraum bis 1000** (A 3.3) – Zweistellige Zahlen durch einstellige dividieren (A 3.3) *Schulbuch Seiten:* *Arbeitsheft Seiten:* (11)
01.04. – 04.04.96 (nur 4 Tage! Karfreitag 05.04.)	05.04. – 13.04.96
Multiplizieren und Dividieren im Zahlenraum bis 1000 (A 3.3 bis A4) – Division mit und ohne Rest (A3.3.1) – Gleichungen und Ungleichungen (A 4) *Schulbuch Seiten:* *Arbeitsheft Seiten:* (12)	Osterferien
15.04. – 19.04.96	22.04. – 26.04.96
Geldwerte (S 1.5 bis S 1.6) – Schriftliches Addieren und Subtrahieren mit Geldbeträgen (S 1.5) – Sachaufgaben (S 1.6) *Schulbuch Seiten:* *Arbeitsheft Seiten:* (21)	**Gewichte** (S 4.1 bis S 4.2) – Gegenstände hinsichtlich ihres Gewichts vergleichen, schätzen und wiegen (S 4.1) – Gewichtseinheiten g, kg, t (S 4.2) *Schulbuch Seiten:* *Arbeitsheft Seiten:* (27)
29.04. – 03.05.96 (nur 4 Tage; 01.05.)	06.05. – 10.05.96
Gewichte (S 4.4 bis S 4.5) – Mit Gewichten rechnen (S 4.4) – Sachaufgaben (S 4.5) *Schulbuch Seiten:* *Arbeitsheft Seiten:* (28)	Verfügungswoche

13.05. – 17.05.96 (nur 4 Tage! Himmelfahrt 16.05.)	20.05. – 31.05.96
Gitternetze und Planquadrate (G 4) *Schulbuch Seiten:* *Arbeitsheft Seiten:* (15)	Pfingstferien
03.06. – 07.06.96 (nur 4 Tage! Fronleichnam 06.06.)	10.06. – 14.06.96
Symmetrische Gegenstände und Figuren **(G 5.2)** – nicht symmetrische Figuren zu symmetrischen ergänzen (G 5.2.3) – Figuren an einer Achse spiegeln (G 5.2.4) *Schulbuch Seiten:* *Arbeitsheft Seiten:* (17)	**Symmetrische Gegenstände und Figuren** **(G 5.1 bis G 5.2)** – Spiegelsymmetrie an Gegenständen und Körpern entdecken (G 5.1) – Achsensymmetrie an ebenen Körpern (G 5.2) *Schulbuch Seiten:* *Arbeitsheft Seiten:* (16)
17.06. – 21.06.96	24.06. – 28.06.96
Sachaufgaben zu verschiedenen Größenbereichen **(S 5.1)** – Zweisatzaufgaben von der Einheit zur Mehrheit von der Mehrheit zur Einheit (S 5.1) *Schulbuch Seiten:* *Arbeitsheft Seiten:* (29)	Verfügungswoche
01.07. – 05.07.96	08.07. – 12.07.96
Sachaufgaben zu verschiedenen Größenbereichen **(S 5.2 bis S 5.3)** – Fächerverbindende Sachaufgaben (S 5.2) – Projekte (S 5.3) *Schulbuch Seiten:* *Arbeitsheft Seiten:* (30)	Verfügungswoche

15.07. – 19.07.96	22.07. – 24.07.96 (nur 3 Tage!)
Entwerfen von Parkettierungen (G 6) *Schulbuch Seiten:* *Arbeitsheft Seiten:* (18)	Wiederholung

1.3 Stoffverteilungsplan für das vierte Schuljahr

1.3.1 Stundenverteilung

Arbeitsbereich 1: Arithmetik (Zeitrahmen: 40 Stunden)

Arithmetik

Tab 1.6: Lerninhalte zu Arbeitsbereich 1

Inhalte	*Hinweise*	*Std.*
Übung und Wiederholung • Teiler und Vielfache	*Stoff des 3. Schuljahres* *Aufgaben zum kleinen Einmaleins* *Schriftliches Addieren und Subtrahieren; halbschriftliche Verfahren der Multiplikation und Division*	5
Zahlenraum bis 1 000 000 • Bündeln zur Grundzahl 10 Stellenwert und Stufenzahlen kennen • Zahlen schreiben und lesen	*In zeitlich getrennten Abschnitten* *Zahlenstrahl, Stellenwerttabelle*	5
• Vergleichen von Zahlen; Zahlbeziehungen • Ordnen von Zahlen nach ihrer Größe • Weitere Zahlbeziehungen • Kopfrechnen im erweiterten Zahlenraum • Vorgänger und Nachfolger • Nachbarzehner und -hunderter • Zahlenfolgen fortsetzen	*z. B. ist die Hälfte/das Doppelte von, ist das Zehnfache (Hundert-, Tausendfache) von* *ist Vielfaches von* *ist der 10. (100., 1000.) Teil von* *ist Teiler von* *Vorbereitung auf das Runden*	5
Addieren und Subtrahieren • Die Normalverfahren im erweiterten Zahlenraum	*Aufgaben mit zahlreichen Summanden unterschiedlicher Stellenzahl*	5
Multiplizieren und Dividieren • Einmaleins der Zehner-, Hunderter-, Tausenderzahlen • Halbschriftliches Rechnen	*Rechnen mit den Stufenzahlen und ihren Vielfachen* *Vielfältige Lösungsstrategien zur Vorbereitung der schriftl. Verfahren*	5
• Schriftliche Multiplikation mit ein-, zwei- und dreistelligem Multiplikator	*In der Einführungsphase Stellenwerttafel einsetzen*	5
• Schriftliche Division durch ein- und zweistelligen Divisor bis 20	*In der Einführungsphase Stellenwerttafel einsetzen* *Durch geeignetes Zerlegen des Dividenden vorbereiten*	5
• Division ohne und mit Rest • Runden, Überschlag und Probe **Gleichungen, Ungleichungen**	*Runden auf Stufenzahlen (Z, H, T)*	5
zusammen:		40

Arbeitsbereich 2: Geometrie (Zeitrahmen: 35 Stunden)

Geometrie

Tab 1.7: Lerninhalte zu Arbeitsbereich 2

Inhalte	*Hinweise*	*Std.*
Raumgeometrie • Säulen, Kegel, Pyramiden kennen, herstellen, benennen • Flächen- und Kantenmodelle von Würfel und Quader herstellen	*Säulen und Pyramiden mit verschiedener Grundfläche* *Modelle aus Pappe, Knetkugeln bzw. Pfeifenputzern und Trinkhalmen bzw. Stäben*	5
• Körperinhalt von Würfel und Quader vergleichen • Formenkundliches Betrachten der Walze	*Ausfüllen mit Steckwürfeln* *Hohlkörper mit Sand oder Wasser auffüllen* *Herstellen von Netzen*	5
• Entdecken von drehsymmetrischen Gegenständen • Auffinden der jeweiligen Drehachse		5
Ebene Geometrie • Flächeninhalte bzw. Umfänge einfacher geradlinig begrenzter Flächen durch Auslegen bzw. Ausmessen ermitteln und durch Berechnungen feststellen	*Zeichnungen auf Gitterpapier und Punktraster* *Berechnungsstrategien entwickeln, keine Formeln!*	5
• Geometrisches Konstruieren • Konstruieren von rechten Winkeln und parallelen Linien mit dem Geodreieck • Anwenden dieser Konstruktionen beim Zeichnen geometrischer Figuren • Zeichnen von achsensymmetrischen Figuren	*Rechte Winkel; Faltwinkel* *Bandornamente und Parkettierungen* *Symmetrische Schriftzeichen, Mehrfachspiegelungen im Gitternetz*	5
• Drehsymmetrische Figuren herstellen und in der Umwelt entdecken • Entdecken von drehsymmetrischen Gegenständen und Figuren • Zeichnungen mit Lineal, Geodreieck und Zirkel herstellen • Der Kreis: Durchmesser, Radius	*Drehpunkte durch Probieren finden* *Blumen, Rosetten, Windräder, Sterne Muster und Ornamente zeichnen*	10
zusammen:		35

Größen und Sachrechnen

Arbeitsbereich 3: Größen und Sachrechnen (Zeitrahmen: 75 Stunden)

Tab. 1.8: Lerninhalte zu Arbeitsbereich 3

Inhalte	*Hinweise*	*Std.*
Geldwerte, Längen, Zeit, Gewichte	*Vielfältige Übungen zum Umgang mit den bisher behandelten Größen im erweiterten Zahlenraum*	10
Zeit • Lesen und Auswerten von Tabellen und Zeitplänen	*Schwierigere Aufgaben zu Fahrplan und Kalender* *Keine schriftlichen Rechenverfahren bei der Ermittlung von Zeitspannen!*	10
Gewichte • g, kg, t in Stellenwerttabellen für kg und g bzw. t und kg notieren • Kommaschreibweise bei kg und g	*Stellenwerttabelle einsetzen*	5
Rauminhalte • Behälter hinsichtlich ihres Rauminhaltes experimentell vergleichen, schätzen und abmessen • Einheiten Liter, Milliliter	*Zunächst mit selbstgewählten, später mit genormten Einheiten* *Selbstgewählte Einheiten, z. B. Eimer, Glas, Tasse, Fingerhut* *Zusammenhang zwischen Rauminhalt und Gewicht erkennen* *Haushaltsmeßbecher*	5
• Sachaufgaben		5
Anwenden aller Grundrechenarten in vielfältigen Situationen auf die bisher behandelten Größen • Verwenden der Brüche $\frac{1}{2}, \frac{1}{4}, \frac{3}{4}$	*Keine Kommaschreibweise bei der schriftlichen Multiplikation und Division* *Situationsskizzen* *in Zusammenhang mit geeigneten Größen*	15
• Einfache Schlußrechnungen in allen Größenbereichen, von der Einheit zur Mehrheit, von der Mehrheit zur Einheit	*Lösungen auch über Tabellen*	10
• Große Zahlen in Schaubildern darstellen • Denksportaufgaben, Zahlenrätsel	*Daten aus Klasse, Schule, Wohnort, Zeitung, Lexikon*	5
• Fächerverbindende Sachaufgaben • Projekte	*Schulaquarium, Schulfest, Abschlußfeier* *Müllvermeidung (Recycling), Wasserverbrauch* *Auslandsreisen, fremde Währungen*	10
zusammen		75

1.3.2 Wochenkärtchen 4. Schuljahr

Es folgen die Kopiervorlagen der Kärtchen

Übung und Wiederholung

- Stoff des 3. Schuljahres
  Kleines Einmaleins, schriftliches Addieren und Subtrahieren, halbschriftliche Verfahren der Multiplikation und Division
- Teiler und Vielfache (A 1.3.5)

Schulbuch Seiten:
Arbeitsheft Seiten:

1

Zahlenraum bis 1000000
(aus A 1.1 bis A 1.2)

- Bündeln zur Grundzahl 10, Stellenwert und Stufenzahlen (A 1.1)
- Zahlen schreiben und lesen (A 1.2)

Schulbuch Seiten:
Arbeitsheft Seiten:

2

Zahlenraum bis 1000000
(A 1.3)

- Vergleichen von Zahlen; Zahlbeziehungen (A 1.3)
- Ordnen von Zahlen nach der Größe (A 1.3.1)
- Vorgänger/Nachfolger (A 1.3.4)
- Nachbarzehner und -hunderter (A 1.3.6)

Schulbuch Seiten:
Arbeitsheft Seiten:

3

Addieren und Subtrahieren
(A 2)

- Normalverfahren im erweiterten Zahlenraum (A 2.1)

Schulbuch Seiten:
Arbeitsheft Seiten:

4

Multiplizieren und Dividieren
(A 3.1 bis A 3.2)

- Einmaleins der Zehner-, Hunderter-, Tausenderzahlen (A 3.1)
- Halbschriftliches Rechnen (A 3.2)

Schulbuch Seiten:
Arbeitsheft Seiten:

5

Multiplizieren und Dividieren
(A 3.3)

- Schriftliche Multiplikation mit ein-, zwei- und dreistelligem Multiplikator (A 3.3)

Schulbuch Seiten:
Arbeitsheft Seiten:

6

Multiplizieren und Dividieren
(A 3.4)

- Schriftliche Division durch ein- und zweistelligen Divisor bis 20 (A 3.4)

Schulbuch Seiten:
Arbeitsheft Seiten:

7

Multiplizieren und Dividieren
(A 3.4 bis A 3.5)
Gleichungen und Ungleichungen
(A 4)

- Division mit und ohne Rest (A 3.4.2)
- Runden, Überschlag und Probe (A 3.5)
- Gleichungen, Ungleichungen (A 4)

Schulbuch Seiten:
Arbeitsheft Seiten:

8

Raumgeometrie
(G 1.1 bis G 1.2)

- Säulen, Kegel, Pyramiden kennen, herstellen, benennen (G 1.1)
- Flächen- und Kantenmodelle von Würfel und Quader herstellen (G 1.2)

Schulbuch Seiten:
Arbeitsheft Seiten:

9

Raumgeometrie
(G 1.3 bis 1.4)

- Körperinhalte von Würfel und Quader vergleichen (G 1.3)
- Formenkundliche Betrachtung der Walze (G 1.4)

Schulbuch Seiten:
Arbeitsheft Seiten:

10

Raumgeometrie
(G 1.5)

- Entdecken von drehsymmetrischen Gegenständen (G 1.5)
- Auffinden der jeweiligen Drehachse (G 1.5.1)

Schulbuch Seiten:
Arbeitsheft Seiten:

11

Ebene Geometrie
(G 2.1)

- Flächeninhalte und Umfänge durch Auslegen bzw. Ausmessen ermitteln und durch Berechnungen feststellen (G 2.1)

Schulbuch Seiten:
Arbeitsheft Seiten:

12

Ebene Geometrie
(G 2.2)

- Geometrisches Konstruieren (G 2.2)
- Rechter Winkel und parallele Linien mit dem Geodreieck konstruieren (G 2.2.1)
- Zeichnen von achsensymmetrischen Figuren (G 2.2.5)

Schulbuch Seiten:
Arbeitsheft Seiten:

13

Ebene Geometrie
(G 2.3)

- Drehsymmetrische Figuren herstellen und in der Umwelt entdecken (G 2.3)

Schulbuch Seiten:
Arbeitsheft Seiten:

14

Ebene Geometrie
(G 2.2 bis 2.3)

- Entdecken von drehsymmetrischen Gegenständen und Figuren (G 2.3.1)
- Zeichnungen mit Lineal, Geodreieck und Zirkel herstellen (G 2.2.6)
- Der Kreis: Durchmesser, Radius (G 2.2.3)

Schulbuch Seiten:
Arbeitsheft Seiten:

15

Geldwerte, Längen, Zeit, Gewicht
(S 1)

- Vielfältige Übungen zum Umgang mit den bisher behandelten Größen im erweiterten Zahlenraum

Schulbuch Seiten:
Arbeitsheft Seiten:

16

Geldwerte, Längen, Zeit, Gewicht
(S 1)

- Vielfältige Übungen zum Umgang mit den bisher behandelten Größen im erweiterten Zahlenraum

Schulbuch Seiten:
Arbeitsheft Seiten:
17

Zeit
(S 2)

- Lesen und Auswerten von Tabellen und Zeitplänen (S 2.1)

Schulbuch Seiten:
Arbeitsheft Seiten:
18

Zeit
(S 2)

- Schwierigere Aufgaben zu Fahrplan und Kalender (S 2.1)

Schulbuch Seiten:
Arbeitsheft Seiten:
19

Gewichte
(S 3)

- g, kg, t in Stellenwerttabellen für kg und g bzw. t und kg notieren (S 3.1)
- Kommaschreibweise bei kg und g (S 3.2)

Schulbuch Seiten:
Arbeitsheft Seiten:
20

Rauminhalte
(S 4.1 bis 4.2)

- Behälter hinsichtlich ihres Rauminhaltes experimentell vergleichen, schätzen und abmessen (S 4.1)
- Einheiten Liter, Milliliter (S 4.2)

Schulbuch Seiten:
Arbeitsheft Seiten:
21

Rauminhalte
(S 4.3)

- Sachaufgaben (S 4.3)

Schulbuch Seiten:
Arbeitsheft Seiten:
22

Anwenden aller Grundrechenarten auf die behandelten Größen
(S 5)

Schulbuch Seiten:
Arbeitsheft Seiten:
23

Anwenden aller Grundrechenarten auf die behandelten Größen
(S 5)

Schulbuch Seiten:
Arbeitsheft Seiten:
24

Anwenden aller Grundrechenarten auf die behandelten Größen
(S 5.1)

– Verwenden der Brüche $\frac{1}{2}$, $\frac{1}{4}$, $\frac{3}{4}$ (S 5.1)

Schulbuch Seiten:
Arbeitsheft Seiten:

25

Anwenden aller Grundrechenarten auf die behandelten Größen
(S 5.2)

– Einfache Schlußrechnungen in allen Größenbereichen, von der Einheit zur Mehrheit (S 5.2.1)

Schulbuch Seiten:
Arbeitsheft Seiten:

26

Anwenden aller Grundrechenarten auf die behandelten Größen
(S 5.2)

– Einfache Schlußrechnungen in allen Größenbereichen, von der Mehrheit zur Einheit (S 5.2.2)

Schulbuch Seiten:
Arbeitsheft Seiten:

27

Anwenden aller Grundrechenarten auf die behandelten Größen
(S 5.3 bis S 5.4)

– Große Zahlen in Schaubildern darstellen (S 5.3)
– Denksportaufgaben, Zahlenrätsel (S 5.4)

Schulbuch Seiten:
Arbeitsheft Seiten:

28

Anwenden aller Grundrechenarten auf die behandelten Größen
(S 5.5 bis S 5.6)

– Fächerverbindende Sachaufgaben (S 5.5)
– Projekte (S 5.6)

Schulbuch Seiten:
Arbeitsheft Seiten:

29

Anwenden aller Grundrechenarten auf die behandelten Größen
(S 5.5 bis S 5.6)

– Fächerverbindende Sachaufgaben (S 5.5)
– Projekte (S 5.6)

Schulbuch Seiten:
Arbeitsheft Seiten:

30

Jahresplan

Jahresplan 4. Schuljahr

Zuordnung der Wochenkärtchen

Woche	Zeit	Bemerkungen	Kärtchen
1. Woche	11. 09. – 15. 09. 1995		1
2. Woche	18. 09. – 22. 09. 1995		2
3. Woche	25. 09. – 29. 09. 1995		3
4. Woche	02. 10. – 06. 10. 1995		4
5. Woche	09. 10. – 13. 10. 1995		Verfügungswoche
6. Woche	16. 10. – 20. 10. 1995		5
	23. 10. – 01. 11. 1995	Herbstferien	
7. Woche	02. 11. – 10. 11. 1995	8 Tage!	9
8. Woche	13. 11. – 17. 11. 1995		6
9. Woche	20. 11. – 24. 11. 1995	Buß- u. Bettag 22.11.!	Verfügungswoche
10. Woche	27. 11. – 01. 12. 1995		16
11. Woche	04. 12. – 08. 12. 1995		17
12. Woche	11. 12. – 15. 12. 1995		10
13. Woche	18. 12. – 22. 12. 1995		18
	24. 12. 1995 – 05. 01. 1996	Weihnachtsferien	
14. Woche	08. 01. – 13. 01. 1996		19
15. Woche	15. 01. – 19. 01. 1996		Verfügungswoche
16. Woche	22. 01. – 26. 01. 1996		7
17. Woche	29. 01. – 02. 02. 1996		Verfügungswoche
18. Woche	05. 02. – 09. 02. 1996		8
19. Woche	12. 02. – 16. 02. 1996		20
20. Woche	19. 02. – 23. 02. 1996		21
21. Woche	26. 02. – 01. 03. 1996		22
22. Woche	04. 03. – 08. 03. 1996		Verfügungswoche
23. Woche	11. 03. – 15. 03. 1996		12
24. Woche	18. 03. – 22. 03. 1996		Verfügungswoche
25. Woche	25. 03. – 29. 03. 1996		23
26. Woche	01. 04. – 04. 04. 1996	nur 4 Tage Karfreitag 05. 04.!	Verfügungswoche
	05. 04. – 13. 04. 1996	Osterferien	
27. Woche	15. 04. – 19. 04. 1996		24
28. Woche	22. 04. – 26. 04. 1996		25
29. Woche	29. 04. – 03. 05. 1996	nur 4 Tage 01. 05.!	13
30. Woche	06. 05. – 10. 05. 1996		Verfügungswoche
31. Woche	13. 05. – 17. 05. 1996	nur 4 Tage, Himmelfahrt, 16. 05.!	26
	20. 05. – 31. 05. 1996	Pfingstferien	
32. Woche	03. 06. – 07. 06. 1996	nur 4 Tage, Fronleichnam, 06. 06.!	27
33. Woche	10. 06. – 14. 06. 1996		11
34. Woche	17. 06. – 21. 06. 1996		14
35. Woche	24. 06. – 28. 06. 1996		15
36. Woche	01. 07. – 05. 07. 1996		28
37. Woche	08. 07. – 12. 07. 1996		29
38. Woche	15. 07. – 19. 07. 1996		30
39. Woche	22. 07. – 24. 07. 1996	nur 3 Tage!	Wiederholung
	ab 25. 07. 1996	Sommerferien	

Kapitel 2
Arithmetik im 3. und 4. Schuljahr

Hans-Dieter Gerster

2.1 Erarbeitung des Zahlenraumes bis zur Million

Im 3. Schuljahr wird laut Lehrplan der Zahlenraum bis 1000 erweitert, im 4. Schuljahr bis zur Million.

2.1.1 Zur Bedeutung des Zahlenraums bis 1000

Dem Zahlenraum bis 1000 kommt in unserem Zahlensystem besondere Bedeutung zu. Wenn wir große Zahlen lesen oder schreiben, fassen wir jeweils drei Stellenwerte zusammen. Beispielsweise lesen wir 125 475 500 als einhundertfünfundzwanzig Millionen vierhundertfünfundsiebzigtausendfünfhundert. Mit Hilfe dreistelliger Zahlen geben wir jeweils an, um wie viele Einer, Tausender, Millionen, Milliarden usw. es sich handelt. Dies verdeutlicht auch die folgende Stellenwerttafel.

Stellenwerttafel

Billionen B.			Milliarden Mrd.			Millionen Mio.			Tausender T					
H	Z	E	H	Z	E	H	Z	E	H	Z	E	H	Z	E
											1	0	0	0
								1	0	0	0	0	0	0
					1	0	0	0	0	0	0	0	0	0
		1	0	0	0	0	0	0	0	0	0	0	0	0

Dabei besteht

der Tausender aus	1000 Einern,
die Million aus	1000 Tausendern,
die Milliarde aus	1000 Millionen,
die Billion aus	1000 Milliarden usw.

Klare Zahlvorstellungen und sicheres Rechnen im Zahlenraum bis 1000 sind also grundlegend für den Aufbau der Arithmetik.

Tausendteilige Maßeinheiten

Eine weitere Bedeutung des Zahlenraums bis 1000 ist darin zu sehen, daß viele Maßeinheiten tausendteilig sind, beispielsweise die Gewichtseinheiten t, kg, g, mg, die Volumeneinheiten m^3, dm^3, cm^3 und mm^3, die Hohlmaßeinheiten l, ml und die Längeneinheiten km, m, mm. Der Zusatz „Kilo" vor einer Einheit besagt ja, daß 1000 kleinere Einheiten zusammengefaßt wurden, der Zusatz „Milli", daß es sich um den tausendsten Teil einer Einheit handelt.

2.1.2 Stoffliche Schwierigkeiten

Wegen der im vorigen Abschnitt aufgezeigten grundlegenden Bedeutung des Zahlenraumes bis 1000 ist bei der Einführung mit besonderer Sorgfalt vorzugehen. Dabei sind in diesem Zahlenraum stoffliche Schwierigkeiten zu beachten.

2.1.2.1 Schwierigkeiten der Zahlvorstellung

Zahlvorstellung

Anzahlen bis 100 kann man sich bei konkreten Gegenständen, beispielsweise Äpfeln, vielleicht noch vorstellen. Je größer die Zahlen werden, umso mehr sind wir jedoch auf Hilfsvorstellungen angewiesen. Hierbei sind die für den Unterricht entwickelten didaktischen Materialien (Hunderterfeld, Tausenderstreifen, Mehrsystemblöcke, Zahlenstrahl usw.) von Nutzen.

2.1.2.2 Schwierigkeiten der Zahlwortbildung

Ziffernvertauschung

In Band 1 dieses Handbuches wurden Schwierigkeiten, die mit der in der deutschen Sprache inversiven Zahlwortbildung bei zweistelligen Zahlen zusammenhängen, ausführlich besprochen. Wir sagen „siebenundvierzig" und meinen damit vierzig und sieben. Würden wir die Zahlen schreiben wie wir sie hören, müßten wir bei dreistelligen Zahlen zuerst die Hunderterziffer, dann hinter einer Lücke die Einerziffer und in die Lücke die Zehnerziffer schreiben. Bei sechs- oder neunstelligen Zahlen wären diese Vertauschungen mehrmals durchzuführen. Bei der Benutzung des Taschenrechners, der Schreibmaschine oder des Computers und des Telefons entstünden Umstellungsschwierigkeiten. Auch wenn Kinder im 2. Schuljahr zweistellige Zahlen richtig erfaßten und die Zahl 47 in Schreibrichtung schrieben, würden bei dreistelligen Zahlen dennoch wieder Schwierigkeiten auftreten mit der für die Zahlerfassung wichtigen und auch vom Lehrplan geforderten Schreibweise (Hunderter, dann Zehner, dann Einer).

Schreibrichtung

Wortklang der Zahlwörter

Eine weitere Schwierigkeit der Zahlwortbildung in der deutschen Sprache liegt in der Ähnlichkeit des Wortklanges verschiedener Zahlen. Die Unterscheidung von „vierundachtzig" und „vierhundertachtzig" erfordert genaues Hinhören und gute akustische Unterscheidungsfähigkeit. Wenn Kinder sich stark am Wortklang orientieren und weniger auf die Erfassung der Stellenwerte achten, können jetzt Fehlleistungen auftauchen wie vierundachtzig ⇝ 480 oder gar vierhundertachtzig ⇝ 40080.

Akustisches Erfassen

Die aufgezeigten stofflichen Schwierigkeiten machen Schülerfehler durchaus verständlich; sie sind im Lernprozeß für die zunehmende Bewußtwerdung notwendig. Die Konsequenz heißt: Besondere Sorgfalt beim Aufbau des Zahlenraums bis 1000.

2.1.3 Vorgehen im Unterricht

In Unterrichtswerken, Methodikbüchern und Zeitschriftenbeiträgen liegt eine Vielzahl von Vorschlägen zur Erarbeitung des Zahlenraums bis 1000 vor, so daß wir uns hier auf einige grundlegende Gesichtspunkte beschränken können. Hinweise zur Gestaltung des Themas in offeneren Unterrichtsformen oder als Freiarbeit findet man beispielsweise in Haas und Haas (1993) sowie Bayer (1993).

2.1.3.1 Einführung des Zahlenraums bis 1000

Der Hunderter als neue Einheit

Hunderter als neue Einheit

Bei der Erweiterung des Zahlenraums bis 1000 lernen die Kinder zuerst, den *Hunderter* als eine neue Einheit, als ein Ganzes, aufzufassen. Dies wird besonders deutlich am Hunderterfeld (10 Zehnerreihen), bei den Mehrsystemblöcken (10 Zehnerstangen können in eine Hunderterplatte umgetauscht werden) und bei Münzen (100 Pfennige können in ein Markstück umgetauscht werden).

Bündeln in Hunderter und Zehner

Bündeln

Beim Einstieg in den Tausenderraum ist es günstig, an konkrete Sachsituationen anzuknüpfen, beispielsweise das *Gliedern* und *Bündeln* von Dingmengen (Briefumschläge, Papierbogen, Briefmarken, Pfennigen, ...). Hier liegt es nahe, jeweils 100 zu einem Bündel zusammenzufassen und zum Schluß festzustellen, wie viele Hunderterbündel, Zehnerbündel und Einzelne es sind.

Das „Tausendererlebnis“

Tausendererlebnis

Oehl (1962) schlägt vor, die Kinder die „Tausendermenge“ erleben zu lassen. Dazu malen sie auf Karopapier 1000 Kringel, in jedes Kästchen einen, schön in 10 Hunderter geordnet wie beim Tausenderstreifen (Kopiervorlage 5). Auch wenn man später einen professionell hergestellten Tausenderstreifen verwenden wird, soll man wegen des „Tausendererlebnisses“ den Kindern das Selberherstellen vorschlagen.
Andere „Tausendererlebnisse“ können darin bestehen, 1000 Pfennige in 10 Hunderter geordnet auf zwei nebeneinander geschobene Tische zu legen (als Gemeinschaftsarbeit) oder 1000 Meter abzuschreiten (große Schritte am Tafellineal einüben , die Straßenpfosten einbeziehen).

Systematische Erarbeitung

Stufen der Erarbeitung

Für die systematische Erarbeitung des Zahlenraums bis 1000 eignen sich die bekannten Arbeits- und Veranschaulichungsmittel, insbesondere der Tausenderstreifen und die Mehrsystemblöcke für den Kardinalzahlaspekt und der Zahlenstrahl für den Ordinalzahlaspekt. Als Tausenderstreifen (Kopiervorlage 5) und als Zahlenstrahl (Kopiervorlage 6) sollten große Demonstrationsmodelle und handliche Exemplare für die Schüler verfügbar sein. Der Stufengang sei hier nur stichwortartig angedeutet:

- Zählen in Hunderterschritten, vorwärts und rückwärts,
- Zählen in Zehnerschritten, vorwärts und rückwärts, vor allem Überschreitung der Hunderterschwellen,
- Zählen in Einer-, Zweier- und Fünferschritten, vorwärts und rückwärts, vor allem über die Hunderterschwellen,
- Übungen zur Zahlauffassung
  Man zeigt am Tausenderstreifen, mit Mehrsystemblöcken, am Zahlenstrahl Zahlen wie 120, 150, 153, 195, 199, 200, 201 usw. Die Kinder nennen die Zahlwörter, und schreiben die Zahlen in einer der folgenden Darstellungen: Buchstabenschreibweise (2H 3Z 5E), Summenschreibweise (200 + 30 + 5), mit Ziffern in einer Stellenwerttafel, in Ziffernschreibweise (235), in Wortform (zweihundertfünfunddreißig).
- Übungen zur Zahldarstellung
  Man gibt Zahlen in Wortform oder Zifferndarstellung vor und die Kinder zeigen die Zahlen am Tausenderstreifen, mit Mehrsystemblöcken, am Zahlenstrahl. Die Übungen zur Zahlauffassung und Zahldarstellung eignen sich auch für Partnerarbeit.
- Bildhafte Darstellung
  Jetzt werden das Hunderterfeld bzw. die Hunderterplatte durch freihändig skizzierte Quadrate dargestellt, die Zehner durch Striche, die Einer durch Punkte, z. B.

237	□□	|||	....
273	□□	||||| ||	...
372	□□□	||||| ||	..

- Übergang zwischen verschiedenen Zahldarstellungen
  Nimmt man zu den bereits genannten Zahldarstellungen noch die Darstellung mit Spielgeld (Einmarkmünzen, Zehnmarkscheine, Hundertmarkscheine) hinzu, so ergibt sich eine Vielzahl möglicher Übergänge zwischen konkreten, bildhaften und schriftlichen Darstellungen von Zahlen.

Ziel dieser Übungen ist, daß die Kinder lernen, abstrakte Zifferndarstellungen für Zahlen mit anschaulichen Vorstellungen zu verbinden. Dies ist wichtig für den anschließenden Größenvergleich, das Runden und das Rechnen mit Zahlen. Es erleichtert auch das Notieren der Zahlen in der richtigen Schreibreihenfolge.

Schreibreihenfolge

Solange Kinder mit der Schreibreihenfolge noch Schwierigkeiten haben, empfiehlt sich folgende Übung: Man gibt dem Kind einen Stapel Kärtchen mit den Ziffern 0 bis 9, einen doppelt so breiten Kartensatz mit den Zehnerzahlen 10 bis 90 und einen dreimal so breiten Kartensatz mit den Hunderterzahlen. Will man damit die Zahl 347 legen, so muß man zuerst das Kärtchen mit der Zahl 300, darauf das Kärtchen mit der 40 und zuletzt das Kärtchen mit der 7 legen.

[3 0 0] [4 0] [7] → [3|4 0] [7] → [3|4|7]

Für viele Kinder eindrucksvoll ist die Beobachtung von Zählwerken, die sie vom Kilometerzähler, der Wasseruhr, dem Stromzähler usw. kennen. Hier wird die Sonderrolle der Stufenzahlen 10, 100, 1000 besonders deutlich: Nach der 9 erscheint die 10, also 0 Einer und 1 Zehner. Nach der 99 erscheint die 100, nach der größten zweistelligen Zahl also die kleinste dreistellige Zahl usw. Sie sehen dabei

$$\begin{aligned} 9 + 1 &= 10 \\ 99 + 1 &= 100 \\ 999 + 1 &= 1000 \end{aligned}$$

2.1.3.2 Größenvergleich von Zahlen

Die Darstellung von Zahlen am Tausenderstreifen oder mit Mehrsystemblöcken entwickelt vor allem den *Kardinalzahlaspekt:* Bei Darstellung der Zahl 387 können die Kinder ja 387 Einzeldinge sehen. Die Darstellung am Zahlenstrahl dagegen fördert die Entwicklung von Vorstellungen über die Reihenfolge der Zahlen: 387 kommt ein Stück vor 400, liegt zwischen 300 und 400, zwischen 380 und 390. Dies ist der *Ordinalzahlaspekt.* Sowohl der Kardinal- als auch der Ordinalzahlaspekt ermöglichen den Größenvergleich von Zahlen: Die Zahl ist die größere, zu der mehr Einzeldinge gehören bzw. die am Zahlenstrahl weiter rechts steht.

Größenvergleich

In Unterrichtswerken findet man häufig Aufgaben der Art „Ordne die folgenden Zahlen. Beginne beim Aufschreiben mit der kleinsten Zahl." Schwächeren Kindern fällt diese Aufgabe leichter, wenn die zu ordnenden Zahlen auf einzelne Kärtchen geschrieben sind, die sie dann in richtiger Reihenfolge nebeneinander legen können. Eine spielerische Variante ergibt sich, wenn man jedem Kind einen Zettel mit einer Zahl gibt, und die Kinder sich nach der Größe der Zahlen anordnen sollen. Außerdem ist auch die Form eines Mannschaftswettspiels möglich. Man verteilt gleiche Stapel mit Zahlenkärtchen an zwei oder mehr Mannschaften. Sieger ist die Mannschaft, die sich zuerst in der Reihenfolge der nach Größe geordneten Zahlen aufgestellt hat.

2.1.3.3 Nachbarzahlen, Nachbarzehner, Nachbarhunderter

Bereits im Anfangsunterricht tauchen laut Lehrplan die Begriffe Vorgänger und Nachfolger, Nachbarzehner und nächstgelegener Zehner auf. Diese Begriffe sind im 3. Schuljahr auf den erweiterten Zahlenraum zu übertragen. Als neue Begriffe kommen Nachbarhunderter und nächstgelegener Hunderter hinzu. Sie lassen sich am besten am Zahlenstrahl veranschaulichen.

Nachbarhunderter

Die Wörter „Vorgänger" und „Nachfolger" sind für manche Kinder allerdings irritierend. Das Wort „vorausgehen" bedeutet in der Alltagssprache „weiter vorne gehen" (man denke an Fußgänger oder an das Zifferblatt der Uhr). Was würde aber am Zahlenstrahl „weiter vorne" bedeuten? Ist dies weiter rechts oder weiter links? Ebenso irritierend ist das Wort „Nachfolger". Beide Begriffe könnten in der Grundschule durch „die beiden Nachbarzahlen", „die größere Nachbarzahl" und „die kleinere Nachbarzahl" ersetzt werden. Für die Zahl 351 gilt somit: Die beiden Nachbarzahlen sind 350 und 352, die beiden Nachbarzehner sind 350 und 360, die Nachbarhunderter sind 300 und 400.
Was sind aber die Nachbarzehner zu 320? Wohl doch 310 und 330. Und die Nachbarhunderter zu 700? Vielleicht sollte man im Unterricht die Begriffe Nachbarzehner und Nachbarhunderter nur bei „echt dazwischen" gelegenen Zahlen bestimmen lassen.
Ähnliche Schwierigkeiten gibt es mit den Begriffen „nächstgelegener Zehner" und „nächstgelegener Hunderter". Was ist der nächstgelegene Zehner zu 25 oder zu 40, was der nächstgelegene Hunderter zu 350 oder zu 400? Vielleicht ist es besser, auf solche Begriffsbildungen zu verzichten. Es genügt zu fragen: Welche Zehnerzahl liegt am nächsten bei 149? Welche Hunderterzahl liegt am nächsten bei 149? Man kann eventuell auch fragen: Welche Hunderterzahl liegt am nächsten bei 150? Dann lautet die Antwort: die Zahlen 100 und 200 liegen gleich nahe bei 150. 150 liegt genau in der Mitte zwischen 100 und 200.

2.1.3.4 Das Runden

Runden

Während man auf fragwürdige Begriffe wie „nächstgelegener Zehner" usw. verzichten kann, ist das Runden von Zahlen auf Zehner, Hunderter, Tausender, ... unverzichtbar. Es ist wichtig für die Entwicklung von Größenvorstellungen für Zahlen und Voraussetzung für das Überschlagsrechnen. Wegen der Wichtigkeit des Rundens sind dafür eindeutige Regeln festgelegt worden. Beim Runden auf Zehner, Hunderter, Tausender, ... wird abgerundet, wenn die nachfolgende Ziffer eine 0, 1, 2, 3 oder 4 ist und aufgerundet, wenn die nachfolgende Ziffer eine 5, 6, 7, 8 oder 9 ist. Dafür einige Beispiele:

Die Zahl	Die Zahl auf Zehner gerundet	Die Zahl auf Hunderter gerundet
351	350	400
350	350	400
349	350	300 (!)

Gewarnt werden muß vor mehrmaligem Runden derselben Zahl. Würde man 349 zuerst auf Zehner runden und anschließend das Rundungsergebnis 350 auf Hunderter, so würde sich 400 ergeben, was offensichtlich nicht die zu 349 nächstgelegene Hunderterzahl ist. Obige dreispaltige Tabelle könnte solche Mißverständnisse begünstigen. Sie ist daher für den Unterricht *nicht* zu empfehlen.

2.1.4 Erweiterung des Zahlenraums bis zur Million

Bereits in Abschnitt 2.1.1 wurde auf die grundlegende Bedeutung des Zahlenraums bis 1000 für unser Dezimalsystem hingewiesen. Beliebig große Zahlen geben wir dadurch an, daß wir sagen, um wie viele Einer, Tausender, Millionen usw. es sich handelt. Bei der Zahl 1 234 567 890 sind es 1 Milliarde, 234 Millionen, 567 Tausender, 890 Einer. Nachdem der Zahlenraum bis 1000 erarbeitet ist, würde es im Prinzip genügen, zusätzlich zu klären, was die Einheiten 1 Million, 1 Milliarde usw. bedeuten. Die Übertragung der Tausenderstruktur auf immer größere Zahlenräume ermöglicht dann auch die Übertragung des mündlichen und halbschriftlichen sowie des schriftlichen Rechnens bis 1000 auf beliebig große Zahlen.

In einem Zug zur Million

Wittmann und Müller (1992) gehen diesen Weg konsequent. Sie schlagen vor, den Zahlenraum bis zur Million *„in einem Zug"* einzuführen. Als neue Einheit dient das zu einem Quadrat zusammengeklappte „Tausenderbuch" (erhältlich beim Klett-Verlag). Dieses enthält einen ziehharmonika-artig gefalteten Tausenderstreifen. Das „Millionbuch" wird – mit dem Tausenderbuch als Einheit – entsprechend aufgebaut wie das Tausenderbuch mit dem Kringel (oder Quadrat) als Einheit.

	1 Einzelfeld	1 Zeile	1 Seite
Im Tausenderbuch bedeutet	Einer	1 Zehner	1 Hunderter
Im Millionbuch bedeutet	1 Tausender	1 Zehntausender	1 Hunderttausender

Die Herstellung des „Millionbuches" im Unterricht und die sich anschließenden Übungen zur Zahlerfassung werden in Wittmann und Müller (1992, S. 109 ff) ausführlich erläutert. Ein Beispiel daraus:

Auffinden von 38 943 im Millionbuch

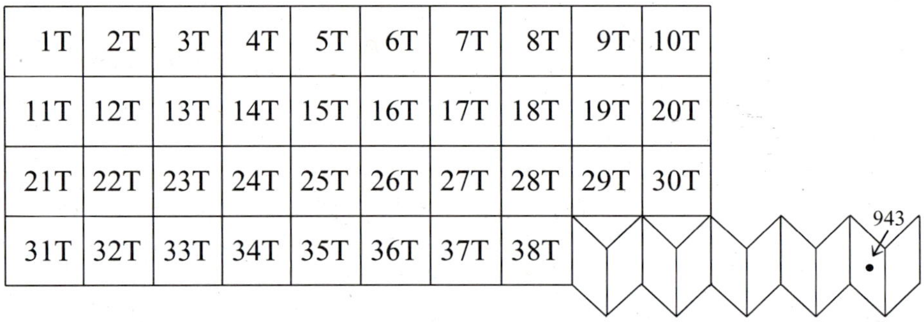

In diesem Millionbuch können natürlich nur so viele Tausenderbücher in die Einzelfelder gelegt werden, wie in der Klasse vorhanden sind. Die weitere Konstruktion geschieht dann in der Vorstellung.

Schrittweise zur Million

In der traditionellen Rechendidaktik (z. B. Oehl, 1962) wird vorgeschlagen, die Erweiterung des Zahlenraums bis zur Million *schrittweise* durchzuführen: zuerst bis 10 000, dann bis 100 000, dann bis zur Million. Ein entsprechender Hinweis wurde auch in den Lehrplan Baden-Württemberg aufgenommen. So sollen die Kinder schrittweise Bekanntheitsgefühl und Sicherheit im jeweils neuen Zahlenraum entwickeln. Dabei sind Kopfrechenübungen unverzichtbar.

Aktivitäten im Zahlenraum bis 10 000

Stufen der Entwicklung

Die Erweiterung des Zahlenraums bis 10 000 (bis 100 000, bis zur Million) geschieht in ähnlichen Schritten wie im 3. Schuljahr die Erweiterung bis 1000. Sie wird hier nur kurz skizziert.

(1) Der Tausender als neue Einheit
Zunächst sollen die Kinder lernen, den Tausender als eine Einheit aufzufassen. Diese neue Einheit kann erfahren werden durch Operieren mit Tausenderstreifen, mit Mehrsystemblöcken, mit Rechengeld (Tausendmarkscheine) und am Zahlenstrahl

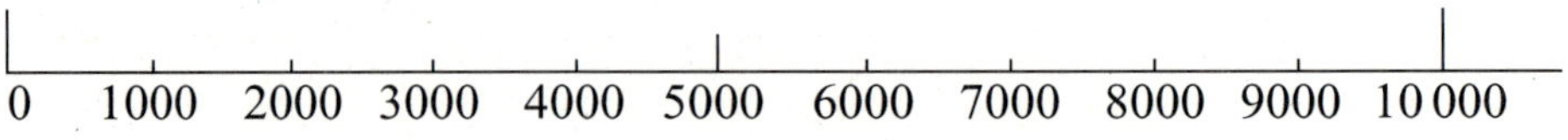

sowie am unterteilten Zahlenstrahl (Kopiervorlage 7).

(2) Ausbau mit Hundertern, Zehnern, Einern
Übungen zur Zahlauffassung:
Man zeigt (in Partnerarbeit zeigen die Kinder) mit obigen Materialien Zahlen wie 2 300, 2 340, 2 345, 2 900, 2 950, 2 999, 3 010, 3 100 usw. Die Kinder nennen die Zahlwörter und schreiben die Zahlen in einer der folgenden Darstellungen:

- in Buchstabenschreibweise (2 T, 3 H, 4 Z, 5 E),
- in Summenschreibweise (2 000 + 300 + 40 + 5),
- mit Ziffern in einer Stellenwerttafel,
- in Ziffernschreibweise (2 345) und
- in Wortform (zweitausenddreihundertfünfundvierzig).

Übungen zur Zahlendarstellung:
Man gibt Zahlen wie 6 500, 9 700, 1 010, 1 950, 1 999, 2 000, 2 001 in Wortform oder in Zifferndarstellung vor und die Kinder zeigen die Zahlen mit Mehrsystemblöcken, Rechengeld, Tausenderstreifen und am Zahlenstrahl. Solche Übungen sind auch in Partnerarbeit möglich. Ziel dieser Übungen sind anschauliche Vorstellungen von den Zahlen im neuen Zahlenraum.

(3) Schrittweises Zählen
Das Vorwärts- und Rückwärtszählen in Tausender-, Hunderter-, Zehner- und Einerschritten, insbesondere über die Tausenderschwellen, fördert die Einsicht in die Stellenschreibweise. Beginnend bei Zahlen wie 1 000, 1 500, 1 900, 1 950, 2 100 zählen die Kinder in Tausender-, Fünfhunderter-, Zweihunderter-, Hunderter-, Zehner-, Fünfer- und Einerschritten vorwärts und rückwärts. Für Kinder sind auch Zählwerke (Kilometerzähler, Wasseruhren) interessant, vor allem das Überschreiten der Zehner, Hunderter und Tausender. Demonstrationsmodelle gibt es im Lehrmittelhandel.

(4) Arbeiten am Zahlenstrahl
Man gibt teilweise beschriftete Zahlenstrahlen vor, welche die Kinder weiter beschriften sollen. Dies sind gute Übungen auch zum Halbieren, Verdoppeln, Teilen in 10 oder 5 gleiche Teile, zum Beispiel

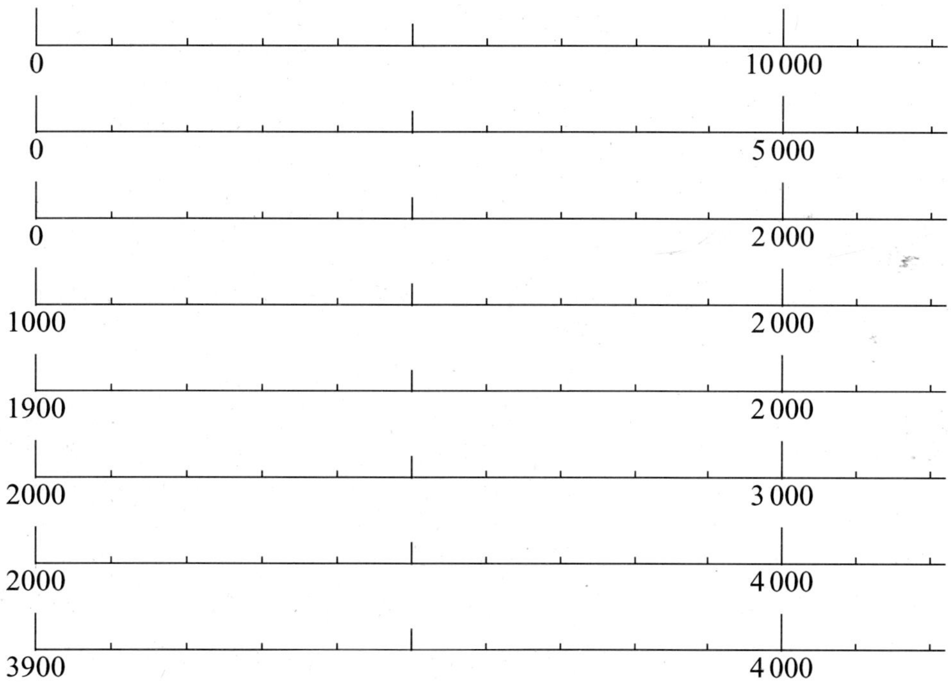

(5) Größenvergleich
Auf Kärtchen geschriebene Zahlen werden nach der Größe geordnet. Mit Ziffernkärtchen sollen möglichst große, möglichst kleine Zahlen gebildet werden.

(6) Nachbarzahlen, -Zehner, -Hunderter, -Tausender.

(7) Runden
Zahlen wie 2 345 auf Tausender, Hunderter, Zehner runden.

(8) Zahlen verdoppeln und halbieren

Die Erweiterungen bis 100 000 und 1 Million geschehen entsprechend.

2.2 Mündliches und halbschriftliches Rechnen

2.2.1 Bedeutung des Kopfrechnens

2.2.1.1 Kopfrechnen oder schriftliches Rechnen?

Kopfrechnen

Inhalt des sogenannten *Kopfrechnens* ist das Rechnen mit Zahlen, die so einfach (oder durch Runden so weit vereinfacht) sind, daß die Ausrechnung rein im Kopf oder halbschriftlich (mit Notieren von Zwischenergebnissen) möglich ist. Typisch für das Kopfrechnen ist, daß die Zahlen als Ganzes erfaßt werden müssen. Die höchsten Stellenwerte sind dabei die wichtigsten. Kopfrechnen erfolgt meist nicht nach fest vorgegebenen Regeln, sondern nutzt häufig besondere Eigenschaften der jeweiligen Zahlen aus (Rechenvorteile).

Rechenvorteile

Schriftliches Rechnen

Schriftliches Rechnen ist ein Rechnen mit den Ziffern der einzelnen Stellenwerte, wobei für die einzelnen Stellenwerte immer wieder die gleichen Verfahrensschritte ablaufen. Die Zahlen müssen dabei nicht als Ganzes erfaßt werden, Größenvorstellungen von den Zahlen sind nicht erforderlich. Im wesentlichen genügt für schriftliches Rechnen die Kenntnis des kleinen Einsundeins, Einmaleins und Einsdurcheins sowie der Verfahrensregeln.

Sichere Zahlvorstellung

Die Bedeutung des Kopfrechnens liegt, außer im Gewinnen von Rechenergebnissen, vor allem in der Entwicklung sicherer Vorstellungen von der Größe der Zahlen und von möglichen Rechenwegen. Durch Kopfrechnen wird der jeweils neu erarbeitete Zahlenraum (bis 100, bis 1000 usw.) vertrauter gemacht und additiv (z. B. $750 + 250 = 1000$) und multiplikativ (z. B. $4 \cdot 250 = 1000$) strukturiert.

Manche Didaktiker argumentieren, im Zeitalter der Taschenrechner und Computer seien schriftliche Rechenverfahren eigentlich überflüssig. Sie dienten ausschließlich dem Ausrechnen von Ergebnissen und dies könne der Taschenrechner besser. Im Interesse der mathematischen Bildung sei vor allem wichtig, durch Kopfrechnen sichere Größenvorstellungen und Größenabschätzungen zu entwickeln und damit die Verwendung des Taschenrechners vorzubereiten (Wittmann und Müller, 1992, S. 36). Dieser Standpunkt ist sicher weitgehend berechtigt. Dennoch kann man auch die Behandlung schriftlicher Rechenverfahren gut begründen (Abschnitt 2.3.1).

2.2.1.2 Methodische Probleme des Kopfrechnens

Eine prinzipielle Gefahr des Kopfrechnens besteht darin, das Rechnen mit größeren Zahlen ausschließlich auf das Anhängen von Nullen zu stützen, ohne zuvor anschauliche Vorstellungen entwickelt zu haben. Bevor man argumentiert

$$6 \cdot 50 = 300 \text{, weil } 6 \cdot 5 = 30 \text{ ist,}$$

sollte $6 \cdot 50 = 50 + 50 + 50 + 50 + 50 + 50$

Handlung

Vorstellung

durch Handlungen mit Arbeitsmaterialien (Rechengeld, Tausenderstreifen, Mehrsystemblöcke, Zahlenstrahl) bestimmt werden. Dabei bilden sich anschauliche Vorstellungen von solchen Zahlen und die Kinder können dekadische Analogien selbst entdecken.
Auf ein weiteres methodisches Problem des Kopfrechnens soll anhand eines Beispiels aufmerksam gemacht werden. Einfach erscheinende Aufgaben wie 176 + 40 sind für manche Kinder schwierig. Wie sollen sie rechnen?
Einige Möglichkeiten:

- In Zehnerschritten weiterzählen

  (176), 186, 196, 206, 216

  Hier gibt es Probleme mit dem Anfangs- und Endglied sowie dem Mitzählen der Schritte. Wäre 80 zu addieren, wäre dies noch schwieriger.

- Bis 200 auffüllen und den Rest addieren

  $(176 \xrightarrow{+24} 200 \xrightarrow{+16} 216)$

  Die Zerlegung von 40 in 24 und 16 ist dabei für Kinder nicht einfach, sie erscheint dem Lehrer wohl auch nicht günstig. Soll er dem Kind einen günstigeren Weg vorschlagen, wenn es stolz ist, diesen Weg gefunden zu haben?

- Zuerst 30 addieren, und dann noch 10.
- Zuerst 170 + 40 = 210, dann 176 + 40 = 216
- 170 + 40 + 6 = 216
- 176 + 40 = 180 + 36 = 216 (Konstanz der Summe).
- 176 (schriftliche Addition)

  $_1$40

  216

Manche Kinder werden durch die Vielfalt der Lösungswege verwirrt. Soll man deshalb im Unterricht nur einen oder zwei Wege behandeln? Welchem der Wege ist dann der Vorzug zu geben? Soll man schwächeren Kindern (beispielsweise mit Teilleistungsschwächen im Bereich der visuellen Wahrnehmung, der Merkfähigkeit, der Konzentrationsfähigkeit usw.) das klar geregelte schriftliche Rechnen empfehlen?

Lösungsvielfalt

Ein vernünftiger Weg ist wohl, mehrere typische Lösungsstrategien des Kopfrechnens mit den Kindern zu erarbeiten und sie ihre eigenen Wege wählen zu lassen, die man dann aber auch akzeptieren sollte, wenn sie damit zurecht kommen. In vielen Ländern der Erde, z. B. in Italien, werden die schriftlichen Rechenverfahren bereits im 2. Schuljahr unterrichtet. Dies hat den Vorteil, daß die Zahlen dabei noch gut vorstellbar sind und Fehler im Verfahren, die zu offensichtlich falschen Ergebnissen führen, von den Kindern leicht selbst erkannt werden können, ohne aufwendige Kontrollrechnung. Frühzeitige Verwendung der schriftlichen Rechenverfahren kann Kindern, die Schwierigkeit mit der Planung oder Auswahl von Lösungsschritten haben, viel Frustration ersparen. Für die Entwicklung von Größenvorstellung genügt es, Aufgaben wie 170 + 40 im Kopf zu rechnen, es muß nicht 176 + 37 sein.

2.2.2 Addieren und Subtrahieren im Zahlenraum bis 1000

Auf die grundlegende Bedeutung des Zahlenraums bis 1000 wurde bereits in Abschnitt 2.1.1 hingewiesen. Nachfolgend werden ein Stufengang für das Addieren und Subtrahieren und typische Lösungsstrategien für das Kopfrechnen aufgezeigt.

2.2.2.1 Stufengang für das Addieren und Subtrahieren

Stufenfolge

Eine mögliche Stufung nach steigendem Schwierigkeitsgrad ergibt sich, wenn man die zu addierende oder subtrahierende Zahl als Operationsschritt auffaßt und den Schwierigkeitsgrad dieses Schrittes beurteilt. So ergeben sich folgende Schwierigkeitsstufen, die jeweils an einem typischen Beispiel aufgezeigt werden. Die verschiedenen Schwierigkeitsstufen des Addierens und Subtrahierens innerhalb eines Hunderters, die bereits im 2. Schuljahr behandelt wurden, sind dabei nicht berücksichtigt.

1. Stufe: *Addieren/Subtrahieren von Einern und Zehnern*

Ohne Überschreitung des Hunderters

400 + 7	400 – 7
468 + 7	463 – 7
400 + 30	400 – 30
468 + 30	468 – 30

Mit Überschreitung des Hunderters

496 + 7	503 – 7
460 + 80	460 – 80
468 + 80	468 – 80

2. Stufe: *Addieren/Subtrahieren von Zehner-Einer-Zahlen*

Ohne Überschreitung des Hunderters

400 + 23	500 – 23
468 + 29	468 – 29

Mit Überschreitung des Hunderters

460 + 56	520 – 56
468 + 56	523 – 56

3. Stufe: *Addieren/Subtrahieren dreistelliger Zahlen*

400 + 200	400 – 200
450 + 200 (oder 200 + 450)	450 – 200
453 + 200 (oder 200 + 453)	453 – 200
400 + 230	400 – 230
450 + 230	450 – 230
453 + 230	453 – 230
450 + 250	450 – 250
450 + 280	450 – 280
453 + 280	453 – 280

4. Stufe: *Addieren/Subtrahieren beliebiger dreistelliger Zahlen*

456 + 232	456 – 232
456 + 389	456 – 389

Viele Kinder werden einen Teil der obigen Aufgaben, für die sie zwei oder mehr Schritte benötigen, nicht rein im Kopf lösen können und zur Entlastung des Gedächtnisses halbschriftlich rechnen oder ein schriftliches Rechenverfahren benutzen.

2.2.2.2 Halbschriftliche Lösungsstrategien beim Addieren und Subtrahieren

Um Übersicht in die Vielfalt möglicher Rechenwege zu bringen, werden hier einige typische Lösungsstrategien zusammengestellt und benannt.

Halbschriftlich Addieren

Halbschriftlich Addieren

Zur Verdeutlichung der Anforderungen werden nachfolgende Lösungsstrategien an einem für das Kopfrechnen eher zu schwierigen und an einem einfachen Beispiel aufgezeigt.

1. Lösungsstrategie: *Zerlegen des Rechenschrittes*

a)
458 + 184
458 + 100 = 558
558 + 80 = 638
638 + 4 = 642
458 + 184 = 642

b)
176 + 40
176 + 30 = 206
206 + 10 = 216
176 + 40 = 216

c)
458 + 184 = 642
558
638
642

d)
176 + 40 = 216
206

Die Darstellungen a) und b) erfordern viel Schreibarbeit. Das kann für schreibmotorisch ungeschickte Kinder zeitraubend sein, Unlustgefühle wecken und die Aufmerksamkeit vom eigentlichen Rechnen ablenken. Bei den Formen c) und d) werden nur Zwischenergebnisse notiert. Als Gedächtnisstütze genügt das.

2. Lösungsstrategie: *Zerlegen in Stellenwerte*

a)
458 + 184
400 + 100 = 500
50 + 80 = 130
8 + 4 = 12
458 + 184 = 642

b)
176 + 40

Die Form a) ist leicht verständlich, erfordert aber viel Schreibaufwand und ist beim Subtrahieren problematisch. Bei der Aufgabe b) wäre das Zerlegen in Stellenwerte gekünstelt.

3. Lösungsstrategie: *Vereinfachen (Konstanz der Summe)*

a)
458 + 184 = 642
460 + 182
500 + 142

b)
176 + 40 = 216
170 + 46

4. Lösungsstrategie: *Stützaufgabe*

a)
498 + 184 = 682
500 + 184 = 684

b)
176 + 40 = 216
180 + 40 = 220

Bei der Erarbeitung dieser Lösungsstrategien im Unterricht wird man anfangs konkrete Materialien (Mehrsystemblöcke, Rechengeld, Tausenderstreifen) verwenden. Es gibt aber Kinder, die mit Materialien zusätzliche Schwierigkeiten haben und mit den bloß geschriebenen Rechnungen besser zurechtkommen.

Halbschriftlich Subtrahieren

Halbschriftlich Subtrahieren

Obige Strategien können entsprechend auf das halbschriftliche Subtrahieren übertragen werden. Bei der Aufgabe 458 – 184 besteht beim Zerlegen in Stellenwerte die Gefahr, daß Kinder 80 – 50 rechnen, da 50 – 80 „nicht geht“.

2.2.3 Verdoppeln und Halbieren

Das Verdoppeln und Halbieren trägt zum weiteren Ausbau der Zahlvorstellung im Zahlenraum bis 1000 bei. Die generelle Bedeutung wurde bereits in Band 1, Abschnitt 2.4.5.1 behandelt. Zur Veranschaulichung eignen sich vor allem die Mehrsystemblöcke und Rechengeld. Dafür einige Beispiele:

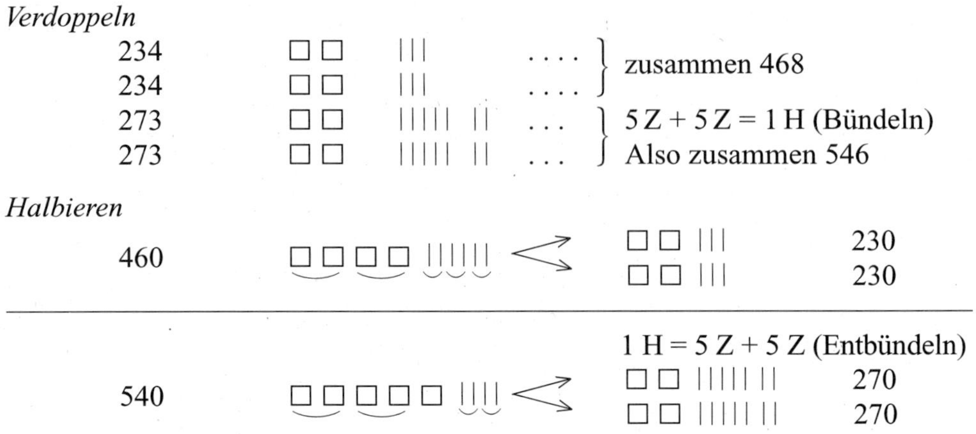

Schwierigkeitsgrad

Der Schwierigkeitsgrad der Verdoppelungsaufgaben ist umso höher, je mehr Ziffern größer als 5 sind. Beim Halbieren hängt der Schwierigkeitsgrad von der Anzahl ungerader Ziffern ab.

Für das Trainieren des Verdoppelns und Halbierens bieten sich neben obigen Veranschaulichungen auch operative Übungssequenzen an (Kopiervorlage 8).

2.2.4 Multiplizieren und Dividieren

2.2.4.1 Vertiefung des kleinen Einmaleins und Einsdurcheins

Einmaleins

Der Lehrplan für das 3. Schuljahr nennt als Inhalt die sichere Beherrschung des kleinen Einmaleins und seiner Umkehrung, jetzt einschließlich des Einmaleins der 7 und der 9. Möglichkeiten zur Behandlung des Einmaleins und Einsdurcheins wurden in Band 1 Kapitel 2.5 ausführlich dargestellt. Neben den dort aufgezeigten visuellen Stützen kann auch der Zahlenstrahl verwendet werden, an dem beispielsweise Siebenersprünge ausgeführt werden.

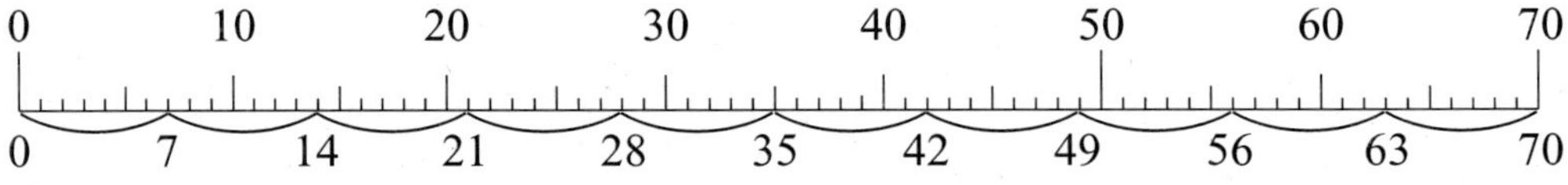

Auch die Division mit Rest, beispielsweise $30 : 7 = 4$ Rest 2 ($30 = 4 \cdot 7 + 2$) läßt sich daran veranschaulichen. Vor allem bei größeren Zahlen muß die Veranschaulichung der Division beispielsweise durch Kringelbilder (Bündeln von jeweils 7) allmählich ersetzt werden durch Benutzung der Einmaleinskenntnisse ($60 : 7 = \square$, $8 \cdot 7 = 56$, also $60 : 7 = 8$ Rest 4).

Zur Einübung des Einmaleins und Einsdurcheins eignet sich neben der in Band 1 besprochenen Lehrstrategie (Abschnitt 2.5.5.2) auch die Verwendung einer Lernkartei (Band 1, Abschnitt 2.5.5.2 und 2.5.5.5).

Nachdem Abrufstrategien eingeübt worden sind, dienen vor allem *Lernspiele* dem Training der Abrufpfade und der Aufrechterhaltung der Motivation und Lernfreude. Zu bevorzugen sind dabei Spiele, die nicht jedesmal Einarbeitung in neue Spielregeln erfordern, sondern aus Gesellschaftsspielen allgemein bekannte Regeln benutzen (Memory, Domino, usw.; vgl. Band 1, Abschnitt 6.3).

2.2.4.2 Einmaleins der Zehner-, Hunderter- und Tausenderzahlen

Aufgaben wie 4 · 30, 5 · 700, 6 · 3000 könnten mit Einmaleinskenntnissen und formalem Anhängen von Nullen „erledigt" werden. Ein wesentliches Ziel dieses Stoffgebietes, die Entwicklung von Größenvorstellungen in den erweiterten Zahlenbereichen, würde so nicht erreicht.

Einmaleins der Zehnerzahlen (3. Schuljahr)

Zehner-Einmaleins

Folgende Schritte tragen zur Entwicklung von Größenvorstellungen bei.

(1) Zusammenhang mit der Addition

Anhand von Sachsituationen (z. B. ein Ei kostet 30 Pfennig) erarbeitet man
2 · 30 = 30 + 30 = 60
3 · 30 = 30 + 30 + 30 = 90 usw.

(2) Darstellung am Tausenderstreifen

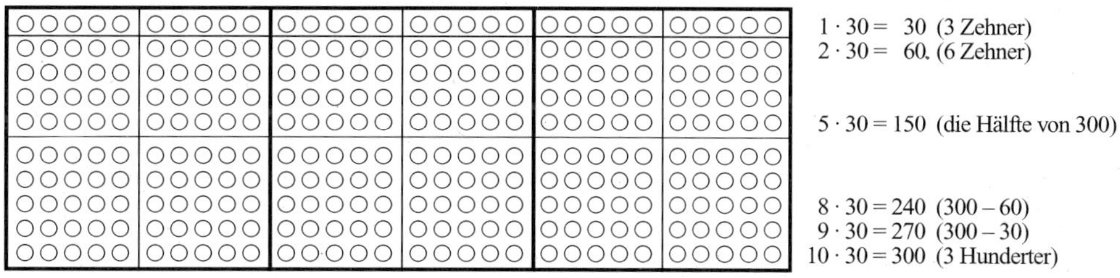

(3) Verwendung von Kernaufgaben und Ableitungstechniken wie beim kleinen Einmaleins

Einmaleins

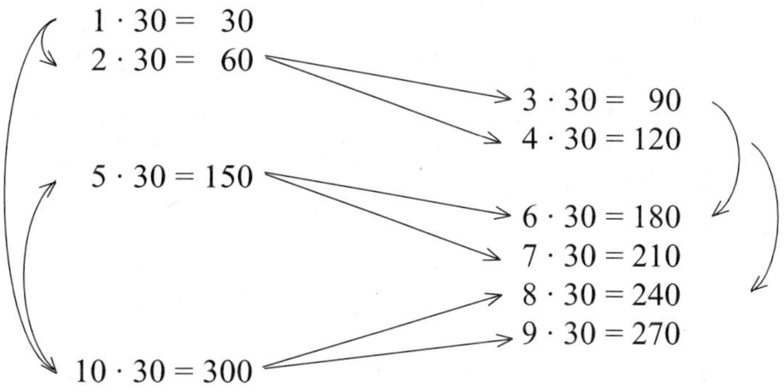

(4) Darstellung mit Mehrsystemblöcken

2 · 3 Z = 6 Z
2 · 30 = 60

(5) Darstellung am Zahlenstrahl

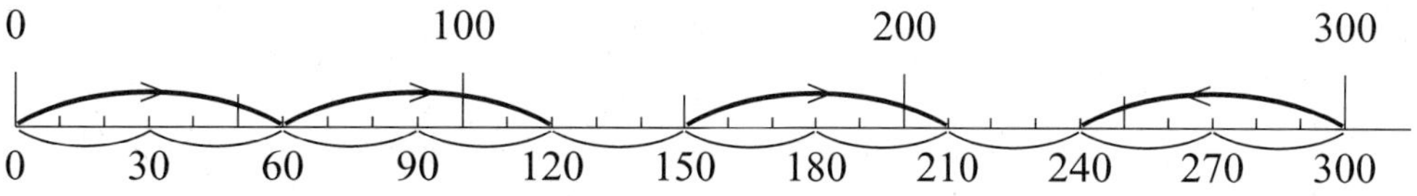

Am Zahlenstrahl kann man Entdeckungen machen, z. B.

3 · 30 ist um 10 weniger als 100 (3 · 30 + 10 = 100)
6 · 30 ist um 20 weniger als 200 (6 · 30 + 20 = 200)
9 · 30 ist um 30 weniger als 300 (9 · 30 + 30 = 300)

Durch Umkehrung von Aufgaben des Zehnereinmaleins gelangt man zu Aufgabentypen wie

$$180 : 3 = 60, \quad 120 : 30 = 4.$$

Einmaleins der Hunderter- und Tausenderzahlen (4. Schuljahr)
Hier kann man entsprechend vorgehen wie beim Zehnereinmaleins. Das Einmaleins der Tausenderzahlen ist einfacher als das Einmaleins der Hunderterzahlen ($4 \cdot 7\,000 = 28\,000$ ist leichter als $4 \cdot 700 = 2\,800$).

2.2.4.3 Mit einstelligen Zahlen multiplizieren und dividieren

Zur Verteilung des Stoffes auf das 3. und 4. Schuljahr

Stoffverteilung

Der Lehrplan nennt als Inhalt im 3. Schuljahr: Zweistellige Zahlen mit einstelligen Zahlen multiplizieren und durch einstellige Zahlen dividieren. Das wichtige Multiplizieren mit 10 oder gar mit 30 ist demnach im 3. Schuljahr nicht vorgesehen. Dies sollte man bedenken, wenn man in Aufgaben des Zehnereinmaleins das Vertauschungsgesetz anwendet (z.B. $7 \cdot 30 = 30 \cdot 7$) oder Umkehraufgaben löst ($120 : 40 = 3$). Denkbar wäre, die Multiplikation mit 10 ins 3. Schuljahr vorzuziehen. Dies hätte den Vorteil, daß bei der nachfolgenden 3. und 4. Lösungsstrategie Aufgaben wie $10 \cdot 36$ als Stützaufgaben für $5 \cdot 36$ und $9 \cdot 36$ verwendet werden könnten. Aufgaben wie $10 \cdot 30$ sind im Einmaleins der Zehnerzahlen ohnehin enthalten.

Lösungsstrategien beim Multiplizieren und Dividieren mit einer einstelligen Zahl

1. Lösungsstrategie: *Schrittweises Rechnen (Verteilungsgesetz)*

Schrittweises Rechnen

Bei dieser Strategie wird einer der Faktoren additiv zerlegt. Dies wurde bereits bei der Einmaleinsbehandlung im 2. Schuljahr verwendet (Band 1, Abschnitt 2.5.3.1). Werden im 3. Schuljahr zweistellige (im 4. Schuljahr mehrstellige) Zahlen mit einstelligen Zahlen multipliziert, so wird neben dem Verteilungsgesetz das Einmaleins der Zehnerzahlen (Hunderter-, Tausenderzahlen) verwendet.
Beispiele

- Darstellung am Punktefeld

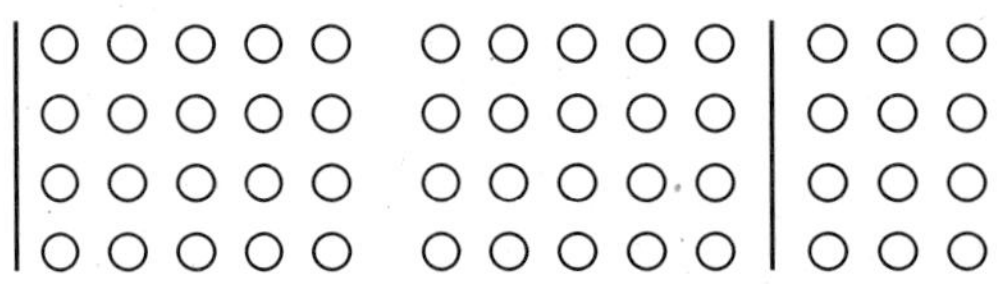

$4 \cdot 13 = 4 \cdot 10 + 4 \cdot 3 = 52$

- Darstellung mit Mehrsystemblöcken

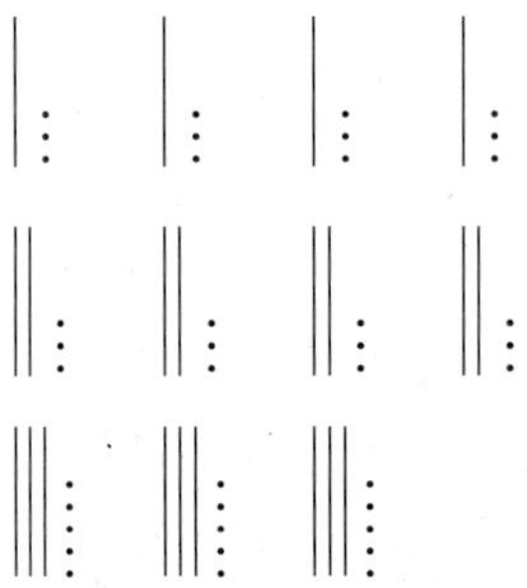

$4 \cdot 13 = 4 \cdot 10 + 4 \cdot 3 = 52$

$4 \cdot 23 = 4 \cdot 20 + 4 \cdot 3 = 92$

$3 \cdot 35 = 3 \cdot 30 + 3 \cdot 5 = 105$

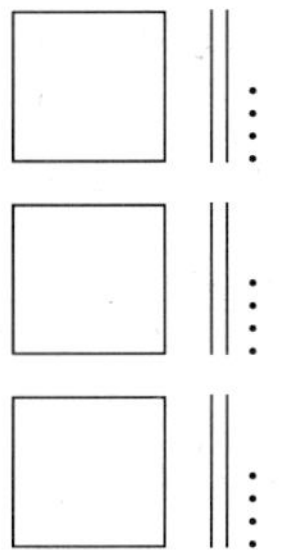

$3 \cdot 124 = 3 \cdot 100 + 3 \cdot 20 + 3 \cdot 4 = 372$

- Halbschriftliche Darstellung

$4 \cdot 37$	$4 \cdot 235$
$4 \cdot 30 = 120$	$4 \cdot 200 = 800$
$4 \cdot 7 = 28$	$4 \cdot 30 = 120$
	$4 \cdot 5 = 20$
$4 \cdot 37 = 148$	$4 \cdot 235 = 940$

oder mit weniger Schreibaufwand

$4 \cdot 37 = 148$	$4 \cdot 235 = 940$
120	800
28	120
	20

Nach ausreichender Übung kann man zum reinen Kopfrechnen (ohne Notieren von Zwischenergebnissen) übergehen. Dazu wird anfangs die Aufgabe noch schriftlich präsentiert, z. B. an der Tafel $4 \cdot 37$. Die Kinder sprechen dann leise nur noch die Zwischenergebnisse: 120, 28, 148.

Entsprechend kann man beim Dividieren vorgehen.

Beispiele
Darstellung am Punktefeld

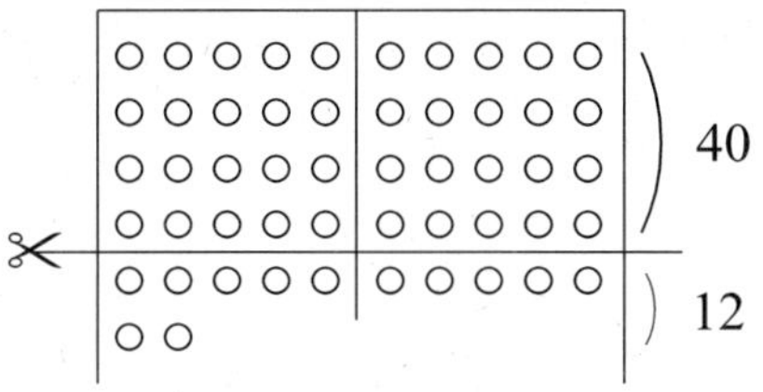

$52 : 4$

$40 : 4 = 10$
$12 : 4 = 3$

$52 : 4 = 13$

Darstellung mit Mehrsystemblöcken

$54 : 4$

$40 : 4 = 10$
$14 : 4 = 3$ Rest 2

$54 : 4 = 13$ Rest 2

2. Lösungsstrategie: *Schrittweise Rechnen (Verbindungsgesetz)*

Verbindungsgesetz

Auch diese Lösungsstrategie wurde bereits im 2. Schuljahr angewendet (Band 1, Abschnitt 2.5.3.1). Bei ihr wird ein Faktor multiplikativ zerlegt.

Beispiel: $6 \cdot 14$

- Darstellung am Punktfeld

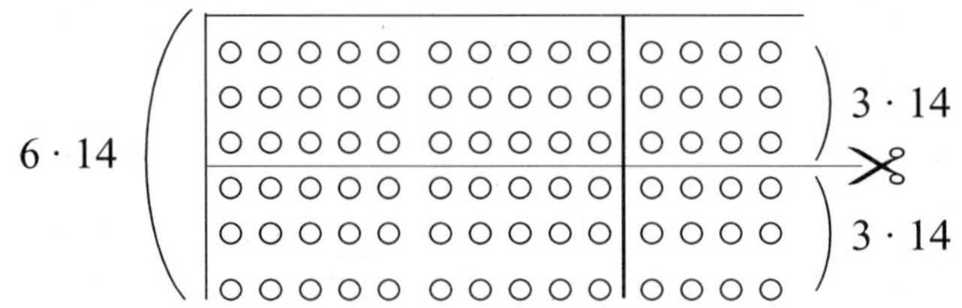

- Darstellung mit Mehrsystemblöcken

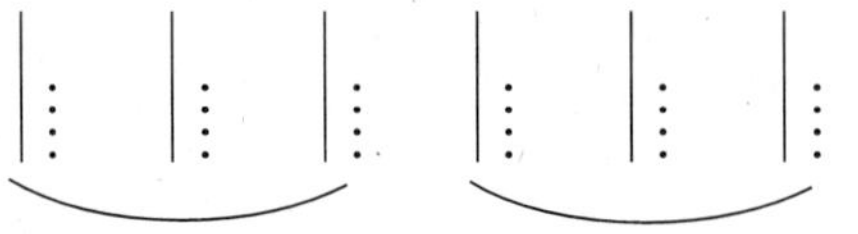

Darstellung mit Operatorpfeilen

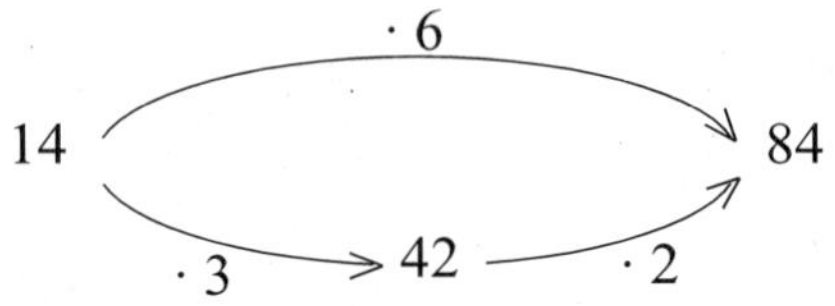

- Halbschriftliche Darstellung

$6 \cdot 14$
$3 \cdot 14 = 42$
$6 \cdot 14 = 84$

oder kürzer

$6 \cdot 14 = 84$
$3 \cdot 14 = 42$

Beispiel: $8 \cdot 26$ (mehrfaches Verdoppeln)

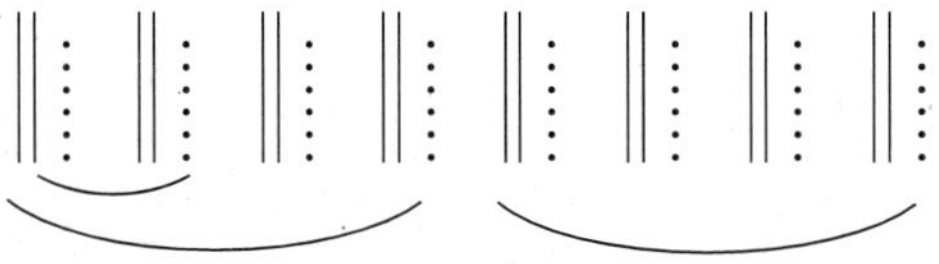

$8 \cdot 26$
$2 \cdot 26 = 52$
$4 \cdot 26 = 104$
$8 \cdot 26 = 208$

Schrittweises Dividieren

Das schrittweise Rechnen nach dem Verbindungsgesetz können wir auch beim *Dividieren* anwenden. Wenn wir eine Pizza in 6 gleich große Stücke teilen wollen, können wir in zwei Schritten vorgehen: Zuerst halbieren wir die Pizza, dann teilen wir die Hälften in drei gleich große Teile. Entsprechend können wir durch 6 teilen, indem wir zuerst durch 2, dann durch 3 teilen.

Beispiel: $72 : 6$

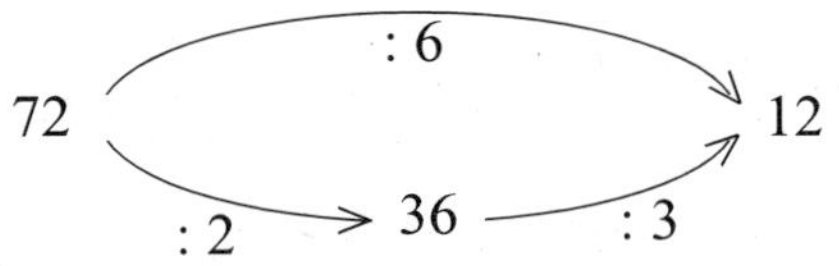

$72 : 6$
$72 : 2 = 36$
$36 : 3 = 12$
$72 : 6 = 12$

3. Lösungsstrategie: *Vereinfachen (konstantes Produkt)*

Konstantes Produkt

Statt $5 \cdot 12$ können wir rechnen $10 \cdot 6$
(einen Faktor verdoppeln, den anderen halbieren)

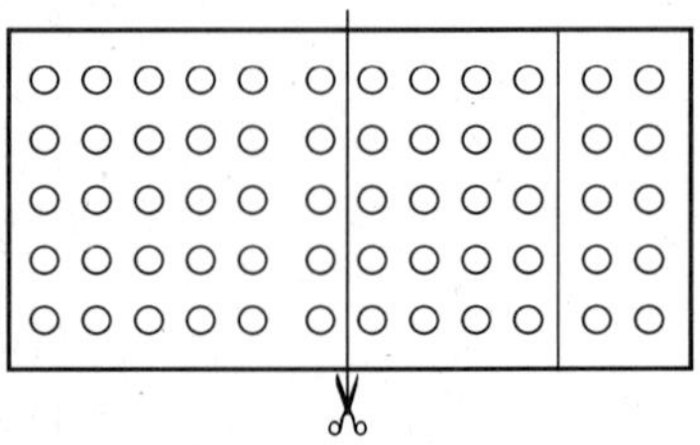

Stützaufgaben

4. Lösungsstrategie: *Stützaufgabe*

Beispiele

$5 \cdot 19$

$5 \cdot 20 = 100$
$5 \cdot 19 = 95$

$6 \cdot 48$

$6 \cdot 50 = 300$
$6 \cdot 48 = 288$

$4 \cdot 26$

$4 \cdot 25 = 100$ (bekannt vom Hunderterfeld)
$4 \cdot 26 = 104$

Entsprechend beim Dividieren

$95 : 5$

$100 : 5 = 20$
$95 : 5 = 19$

$97 : 5$

$100 : 5 = 20$
$95 : 5 = 19$
$97 : 5 = 19$ Rest 2

2.2.4.4 Mit Zehnerzahlen multiplizieren

Multiplikation mit 10

Multiplizieren mit 10

Das Multiplizieren mit 10 ist die Grundlage für das Multiplizieren mit Zehnerzahlen (z. B. 20, 30, 70), aber auch das spätere Multiplizieren mit 100 und Vielfachen von Hundert. Es muß mit anschaulichen Vorstellungen verbunden werden und sollte nicht als bloßes Anhängen einer Null eingeführt werden.

Beispiel: $10 \cdot 34$

Tausenderfeld

- Darstellung am Tausenderfeld

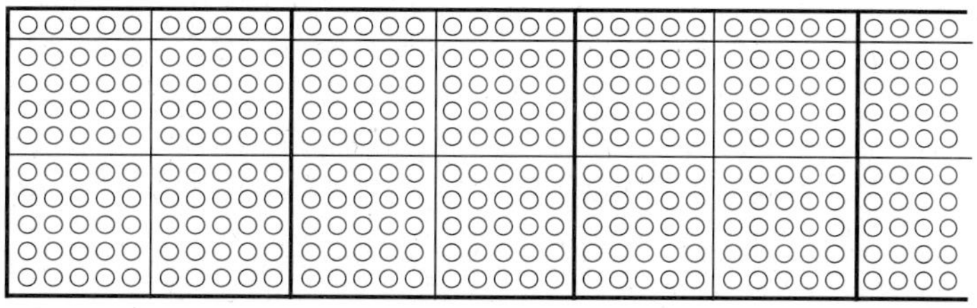

In jeder Zeile befinden sich 34 Punkte. In 10 Zeilen sind es offensichtlich 340 Punkte. Also ist $10 \cdot 34 = 340$.

Halbschriftlich

- Halbschriftliche Darstellung (schrittweise nach dem Verteilungsgesetz):

$10 \cdot 34$

$10 \cdot 30 = 300$ (aus dem Zehnereinmaleins bekannt)
$10 \cdot 4 = 40$ (aus dem Einmaleins bekannt)

$10 \cdot 34 = 340$

Systemblöcke

- Darstellung mit Mehrsystemblöcken:

  Das Zehnfache einer Zehnerstange ist eine Hunderterplatte, das Zehnfache eines Einerwürfels eine Zehnerstange. Also erhalten wir

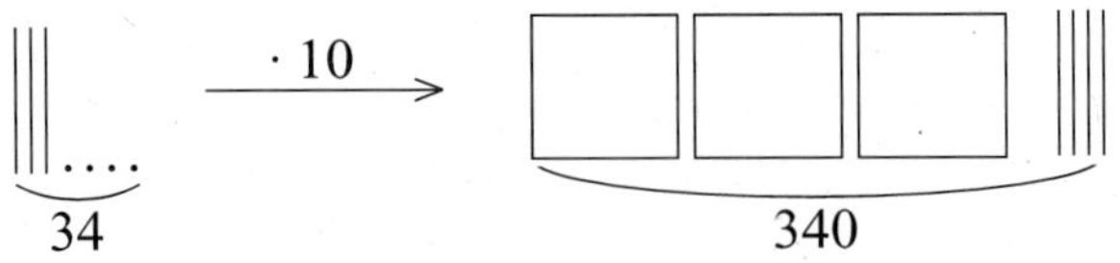

Die Darstellung mit Mehrsystemblöcken macht augenfällig: Beim Multiplizieren mit 10 werden Einerziffern zu Zehnerziffern, Zehnerziffern zu Hunderterziffern usw. Dies kann man auch an der Stellenwerttafel verdeutlichen

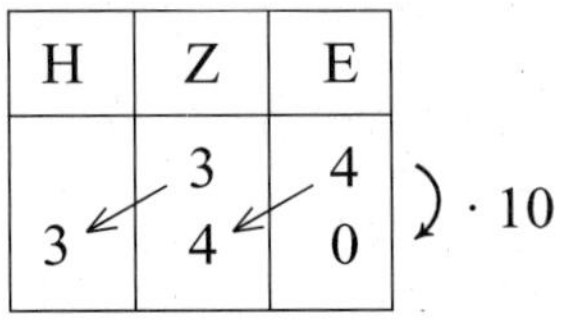

Beim Multiplizieren mit 10 rücken die Ziffern in der Stellentafel in die nächsthöhere Stellenwertspalte vor. Durch wiederholtes Multiplizieren mit 10 kann man Zahlen mit 100, 1000 usw. multiplizieren.

Division durch 10
Dies ist die Gegenoperation zur Multiplikation mit 10. Sie läßt sich ähnlich einführen.

Dividieren durch 10

Beispiel: 430 : 10

- Darstellung am Tausenderstreifen

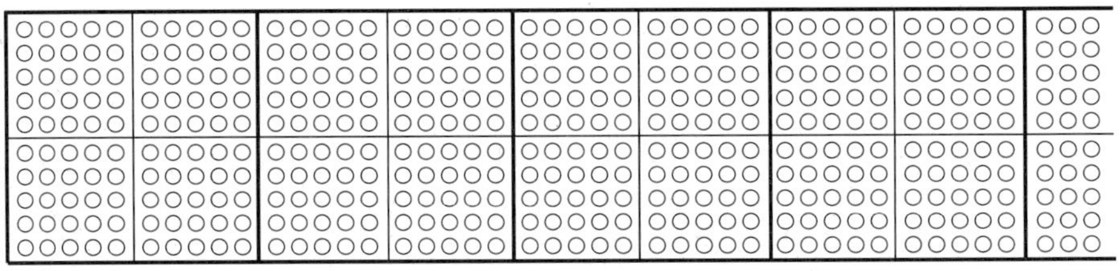

Die 430 Punkte sind in 10 Zeilen gegliedert. In einer Zeile befindet sich der zehnte Teil. Das sind 43 Punkte. Also ist 430 : 10 = 43.

- In halbschriftlicher Darstellung

$$\begin{array}{l} \underline{430 : 10} \\ 400 : 10 = 40 \quad \text{(weil } 10 \cdot 40 = 400 \text{ ist)} \\ \;\;30 : 10 = \;\;3 \\ \underline{\underline{430 : 10 = 43}} \end{array}$$

Bei der Darstellung der Division durch 10 mit Mehrsystemblöcken und in der Stellenwerttafel kann man entsprechend vorgehen, wie oben für die Multiplikation ausgeführt wurde.

Multiplikation mit Zehnerzahlen
Die Multiplikation mit Zehnerzahlen läßt sich nach dem Verbindungsgesetz in zwei Schritten ausführen.

Beispiel: 30 · 24

- Mit Operatorpfeilen:

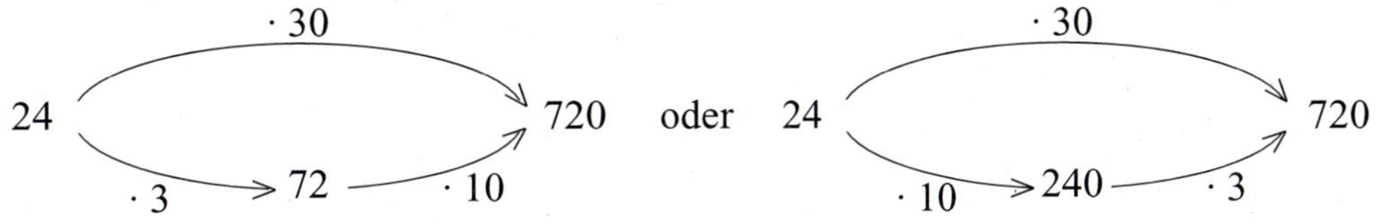

- Halbschriftliche Darstellung

30 · 24

3 · 24 = 72
10 · 72 = 720

30 · 24 = 720

Diese Darstellung ist für manche Kinder nicht leicht durchschaubar. Wenn man den Operator · 30 als zweite Zahl notiert, kann man auch folgende Darstellung wählen:

24 · 30 = 72 · 10 = 720
24 · 3 · 10

Mit diesen Aufgabentypen des Kopfrechnens ist man in die Nähe der schriftlichen Multiplikation gelangt, die im folgenden Kapitel behandelt wird.

2.3 Schriftliche Rechenverfahren

2.3.1 Sind schriftliche Rechenverfahren noch aktuell?

Angesichts der fortschreitenden Verbreitung von Taschenrechnern und Computern wird immer wieder gefragt, ob schriftliche Rechenverfahren überhaupt noch unterrichtet und geübt werden sollen. Da die Lehrpläne in Deutschland und wohl auch in allen anderen Ländern der Erde die Behandlung schriftlicher Rechenverfahren in der Grundschule vorsehen, soll diese Frage hier nicht ausführlich diskutiert werden (Näheres dazu in Padberg, 1992, S. 154 f.). Nur einige Argumente für schriftliches Rechnen seien genannt. Ausreichende Beherrschung schriftlicher Rechenverfahren

- verringert die Abhängigkeit von Taschenrechnern und Computern,
- gibt das Gefühl eigener Kompetenz und Sicherheit,
- ermöglicht Überschlags- und Kontrollrechnungen,
- zeigt exemplarisch die Zweckmäßigkeit algorithmischen Vorgehens (mehrfaches Wiederholen gleichartiger Rechenschritte),
- vermittelt Einsicht in ein altes Kulturgut.

Akzente anders setzen

Da in der Praxis aber doch weitgehend mit elektronischen Hilfsmitteln gerechnet wird, können die Akzente heute anders gesetzt werden als noch vor einigen Jahrzehnten. Ziel ist nicht mehr, schriftliche Rechnungen möglichst knapp und schnell durchführen zu können, sondern eher das grundsätzliche Verständnis, die prinzipielle Verfügbarkeit und die Betonung von Überschlags- und Kontrollrechnungen.

Gefahren des schriftlichen Rechnens

Angesichts dieser Ziele muß man sich auch der *Gefahren des schriftlichen Rechnens* bewußt sein:

- Es kann ohne Einsicht angewendet werden, da zur Durchführung schematisches Anwenden von Verfahrensvorschriften und elementaren Rechenoperationen (Einsundeins, Einmaleins) genügt.
- Das zur sicheren Beherrschung erforderliche Üben kann dazu führen, daß Kinder auch dann schriftlich rechnen, wenn das Ergebnis leicht durch Kopfrechnen gefunden werden könnte.
- Beim schriftlichen Rechnen wird nur mit den Ziffern einzelner Stellenwerte gerechnet. Dies führt leicht dazu, daß die Zahlen nicht mehr als Ganzes erfaßt werden und nur noch mit Ziffern manipuliert wird. Selbst unsinnige Ergebnisse mit völlig falscher Größenordnung werden dabei oft nicht bemerkt. Schriftliches Rechnen trägt dann wenig zur Entwicklung von Zahlvorstellungen bei. Es sollte daher immer mit Überschlagsrechnung und „Stellenwertbewußtsein" gekoppelt werden.

Stellenwertbewußtsein

Die schriftlichen Rechenverfahren sind algorithmische Verfahren, die den Vorteil haben, weitgehend automatisch abzulaufen. Damit Kinder diese Automatismen beim Wechsel der Klasse, des Wohnortes oder des Bundeslandes beibehalten können, wurden die schriftlichen Rechenverfahren durch Beschlüsse der Kultusministerkonferenz (zuletzt 1976) weitgehend normiert und für das Bundesgebiet verbindlich vorgeschrieben – einschließlich der Sprechweise bei der schriftlichen Subtraktion. Im Anhang zum Bildungsplan Baden-Württemberg sind neben den schriftlichen Formen beim schriftlichen Addieren und Subtrahieren auch die Sprechweisen verbindlich vorgeschrieben (vgl. S. 220).

2.3.2 Schriftliche Addition

2.3.2.1 Das Normalverfahren

Im Anhang des Lehrplans Baden-Württemberg lautet das Beispiel für die schriftliche Addition

185	Sprechweise
+ 237	7 plus 5 gleich 12, schreibe 2, übertrage 1
1 1	1 plus 3 plus 8 gleich 12, schreibe 2, übertrage 1
422	1 plus 2 plus 1 gleich 4, schreibe 4.

Aus der Festlegung der Sprechweise ist zu entnehmen:

(1) Beim Normalverfahren der schriftlichen Addition wird *von unten nach oben addiert.*

(2) *Die Übertragsziffern werden beim Aufaddieren mitgesprochen.* Dennoch gilt die Empfehlung, dies wie beim Subtraktionsverfahren *nicht* zu tun, in der Zehnerspalte also nicht „1 plus 3 plus 8", sondern „4 (!) plus 8" zu sprechen.

Für die Festlegung (1) spricht: Ein schriftliches Verfahren soll möglichst wenige Entscheidungen erfordern (z. B. soll ich oben oder unten anfangen?).
Wenn man beim schriftlichen Addieren grundsätzlich von unten nach oben addiert, kann man als *Kontrollrechnung* generell das Addieren von oben nach unten vereinbaren. Diese Kontrolle wird man vor allem bei mehreren Summanden anwenden. Ein weiterer Grund für die Festlegung „von unten nach oben addieren" liegt darin, daß beim schriftlichen Subtrahieren von unten nach oben ergänzt wird.

Kontrollrechnung

Auch die Empfehlung zu (2) ergibt sich aus dem Vergleich mit dem Verfahren der schriftlichen Subtraktion. Betrachten wir die Subtraktionsaufgabe aus dem Anhang zum Lehrplan:

364	Sprechweise:
− 138	8 plus *6* gleich 14, schreibe 6, übertrage 1
1	4 (!) plus *2* gleich 6, schreibe 2
226	1 plus *2* gleich 3, schreibe 2

Bei der Subtraktion wäre es ungünstig, in der Zehnerspalte zu sprechen „1 plus 3 gleich 4, 4 plus 2 gleich 6“. Das erste „plus“ stünde für ein Addieren, das zweite „plus“ für ein Ergänzen. Solche Irritationen lassen sich leicht vermeiden, indem man die Übertragsziffer, ohne sie explizit zu nennen, gleich zur unteren Ziffer addiert, zumal Addieren einer 1 oder 2 besonders einfach ist.
Beim Addieren von drei oder mehr Summanden lautet die Sprechweise in der Endform wie in folgendem Beispiel:

375	Sprechweise:
+ 182	6, 8, 13 (schreibe 3, übertrage 1)
+ 96	10, 18, 25 (schreibe 5, übertrage 2)
2 1	3, 6 (schreibe 6)
653	

Die Rechenkontrolle erfolgt – ohne erneutes Anschreiben – durch Addieren von oben nach unten.

2.3.2.2 Analyse der Schwierigkeiten

Die schriftliche Addition ist das einfachste schriftliche Rechenverfahren. Aus diagnostischen Tests in zahlreichen Schulklassen ist bekannt, daß die durchschnittliche Fehlerquote im 3. bis 6. Schuljahr nur etwa 5% beträgt (Gerster, 1982, S. 28). Für den einzelnen Schüler besagen solche statistischen Daten jedoch nicht viel, wenn er immer wieder über eine bestimmte Schwierigkeit stolpert. Wenn man sich vergewissern will, ob die Schüler die verschiedenen Anforderungen der schriftlichen Addition beherrschen, eignen sich diagnostische Aufgabenblätter, welche diese Anforderungen und Schwierigkeitsmerkmale von Aufgaben enthalten (Kopiervorlagen 9 und 10). Die im ersten Blatt (Zahlenraum bis 1000) eingebauten *Schwierigkeitsmerkmale* ergeben sich aus der nachfolgenden Tabelle und werden hier kurz erläutert.

Schwierigkeitsmerkmale

Erfahrungsgemäß sind etwa die Hälfte der Schülerfehler beim schriftlichen Addieren *Übertragsfehler*. Der Schwierigkeitsgrad einer Additionsaufgabe steigt also mit der Anzahl der erforderlichen Überträge. In der Tabelle der Schwierigkeitsmerkmale nimmt die Anzahl der Überträge in den Aufgaben von oben nach unten zu.

Übertragsfehler

Die Analyse der Übertragsfehler in Schülerlösungen zeigt, daß auch diese Fehler häufig nicht Flüchtigkeitsfehler sind. Bei manchen Schülern sind es ganz bestimmte Schwierigkeitsmerkmale, welche Übertragsfehler auslösen. Solche Merkmale sind im unteren Teil der Tabelle genannt.
Bei Aufgaben mit dem Schwierigkeitsmerkmal (1) ergibt sich ein Übertrag in eine Stellenwertspalte, in welcher die untere Zahl keine Ziffer hat. Dies ist der Fall in den Aufgaben Nr. 9, 12, 14, 17, 19, 22, 24, 25. Wir nennen dieses Merkmal „Übertrag in eine leere Stelle“. Aber auch innerhalb dieses Schwierigkeitsmerkmals gibt es verschiedene Abstufungen:

- Aufgabe 9, 12: Übertrag in leere Stelle,
- Aufgabe 14: Übertrag in leere Stelle; oben Null,
- Aufgabe 17: Übertrags-Eins in leere Stelle; oben Eins,
- Aufgabe 19: Übertrags-Eins in leere Stelle; oben 9, dadurch weiterer Übertrag in leere Stelle,
- Aufgabe 24, 25: Übertrags-Eins in leere Stelle; oben 9, dadurch weiterer Übertrag in zusätzliche leere Stelle.

Ein weiteres Schwierigkeitsmerkmal ist das Auftreten von Nullen in Summanden oder im Ergebnis. Auch für dieses Merkmal gibt es wieder verschiedene Schwierigkeitsabstufungen, welche in den Aufgaben in der Schwierigkeitstabelle abgelesen werden können.
Mit Hilfe einer entsprechenden Schwierigkeitstabelle wurde für den Zahlenraum bis zur Million das diagnostische Aufgabenblatt A2 (Kopiervorlage 10) erstellt.

Tabelle der Schwierigkeitsmerkmale beim diagnostischen Test A1

A1	• Zahlenraum bis 1000 • zwei Summanden				
	ohne Null		Null in Summanden oder Ergebnis		
	ohne Stellenunterschied	mit Stellenunterschied	ohne Stellenunterschied	mit Stellenunterschied	
kein Übertrag	[1] 32 + 46	[2] 423 + 73	[3] 276 + 202	[4] 905 + 64	[5] 70 + 528
ein Übertrag	[6] 54 + 27 1	[7] 825 + 48 1	[8] 663 + 245 1	[9] 450 + 90 1	[10] 26 + 409 1
	[11] 24 + 94 1	[12] 384 + 95 1	[13] 407 + 203 1	[14] 704 + 8 1	[15] 53 + 107 1
zwei Überträge	[16] 488 + 277 1 1	[17] 138 + 93 1 1	[18] 485 + 315 1 1	[19] 693 + 9 1 1	[20] 24 + 876 1 1
	[21] 496 + 496 1 1	[22] 756 + 97 1 1	[23] 98 + 45 1 1	[24] 98 + 7 1 1	[25] 918 + 91 1 1

Zusätzliche Schwierigkeitsmerkmale	**in Aufgabe Nr.**
(1) Übertrag in leere Stelle	9, 12, 14, 17, 19, 22, 24, 25
(2) Übertrag in zusätzliche leere Stelle (Summanden stellengleich)	11, 23
(3) Übertrag in zusätzliche leere Stelle (Summanden stellenverschieden)	24, 25
(4) Übertrag zur Null	10, 13, 15
(5) Übertrag zur 9	17, 21, 22
(6) zweiter Übertrag resultiert aus erstem Übertrag	18, 19, 20, 24, 25
(7) gleiche Ziffern übereinander	2, 3, 9, 11, 13, 21
(8) gleiche Ziffern übereinander (nach Berücksichtigung des Übertrags)	16, 17, 18
(9) Summenziffer 9	2, 4, 5, 12, 20, 21
(10) „Summenziffer“ 10	8, 13, 15, 18, 19, 20, 24, 25

Fehlertypen

2.3.2.3 Analyse von Fehlern

Wie bereits erwähnt, machen Schüler beim schriftlichen Addieren nur relativ wenige Fehler. Typische Fehlermuster werden deshalb hier nur kurz dargestellt. Zu ihnen gehören

(E) Fehler beim Einsundeins, vor allem Abweichungen um ± 1
(N) Fehler mit der Null, z. B. $6 + 0 \rightsquigarrow 0$
(L) Fehler durch unterschiedliche Stellenzahl („leere Stellen"), z. B.

$$\begin{array}{r} 523 \\ +\ 73 \\ \hline 96 \end{array}$$

Hier „übersieht" der Schüler die 5 in der Hunderterstelle. Dies geschieht anfangs häufiger in Klassen, in denen bei der Einführung nur Aufgaben mit gleicher Stellenzahl behandelt wurden, Ziffern ohne „Rechenpartner" also ungewohnt sind und wo für solche Fälle keine begleitende Sprechweise vereinbart wurde.

(Ü) Fehler beim Übertrag, zum Beispiel

Ü	ÜS	ÜzS	Ü0	ÜL	Ü9
54	825	54	495	450	138
$+\ 2_17$	$+\ _148$	$+27$	$+305$	$+\ 90$	$+\ 93$
			1		1 1
71	963	711	790	440	221

Bei den ersten drei Beispielen ist der Summenstrich zu nahe bei den Summanden gezogen. Die Übertragsziffern haben deshalb nur zwischen den Spalten Platz und werden gar nicht (Beispiel 1) oder beim falschen Stellenwert (Beispiel 2) berücksichtigt oder als zusätzliche Ziffer in das Ergebnis geschrieben (Beispiel 3). In den nächsten drei Beispielen wirkt fehlerauslösend der Übertrag zur 0, in eine „leere Stelle" oder zur Ziffer 9 (wodurch in der Zehnerspalte eine weitere Stelle entstünde) – ein spezielles Schwierigkeitsmerkmal, das im Unterricht vielleicht nicht behandelt wurde.

Fehlervermeidung

2.3.2.4 Maßnahmen zur Vorbeugung und zur Behebung von Fehlern

Wichtige Maßnahmen zur Vorbeugung sind:

(1) *Sicherung der Abrufbarkeit und Geläufigkeit des kleinen Einsundeins*
(2) *Trainieren der Kolonnenaddition*

				4
	7	5	3	1
	+2	+4	7	0
6	+4	+6	9	5
+7	+3	+0	6	9

Dabei kann man bewußt machen, daß dies Teilaufgaben des Additionsschemas sind und daß Zehnerpäckchen das Aufaddieren erleichtern.

(3) *Klare Darstellung der Additionsaufgaben beachten*

Darstellung

- Zumindest in der ersten Übungsphase nur auf Karopapier rechnen. In jedes „Rechenkästchen" nur eine Ziffer schreiben! Im 3. Schuljahr eventuell 7-mm-Karopapier verwenden.

$$\begin{array}{rrrr} & 2 & 4 & 6 \\ + & & 9 & 7 \\ & {\scriptstyle 1} & {\scriptstyle 1} & \\ \hline & 3 & 4 & 3 \\ \hline\hline \end{array} \qquad \begin{array}{rrrrr} & 6 & 8 & 7 & 4 \\ + & & 5 & 6 & 2 \\ + & 1 & 0 & 9 & 6 \\ & {\scriptstyle 1} & {\scriptstyle 2} & {\scriptstyle 1} & \\ \hline & 8 & 5 & 3 & 2 \\ \hline\hline \end{array}$$

- Pluszeichen nicht zu dicht bei den Ziffern. Dies dient zur Vorbeugung gegen das Fehlermuster L (Fehler durch unterschiedliche Stellenzahl).
- Übertragsziffern entweder nie notieren oder immer! Konsequente Verhaltensweise hilft, Übertragsfehler zu vermeiden. Unschlüssigkeit verunsichert. Die Zahl der Übertragsfehler läßt sich deutlich verringern, wenn man auf den Zusammenhang des Schreibens und Sprechens achtet. Im obigen Beispiel: 7 plus 6 gleich dreizehn, „3" schreiben, wenn man „drei" spricht, die Übertrags-Eins schreiben, wenn man „zehn" spricht.
- Wenn Übertragsziffern notiert werden, dann stets den Summenstrich mindestens eine halbe Kästchenzeile tiefer ziehen.
- Übertragsziffern stets genau in die Spalten schreiben, nicht dazwischen. Dies dient der Vorbeugung gegen die Fehlermuster ÜS (Übertrag in falscher Spalte berücksichtigt) und Üm (Übertrag mehrmals berücksichtigt).

Überschlagsrechnung

(4) *Überschlagsrechnung durchführen*

Beim schriftlichen Addieren und Subtrahieren werden bei der *Überschlagsrechnung* die gegebenen Zahlen auf volle Hunderter, Tausender, Hunderttausender usw. gerundet.

63729	76729	76729
+ 54273	+ 1764	+ 1764
+ 2829	+ 12891	+ 12891
+ 40620	+ 360	+ 360
≈ 150000	≈ 80000	≈ 89000

Dabei wagen die Schüler oft nicht, im dritten Beispiel beim Runden auf volle Tausender, die Zahl 360 durch 0 zu ersetzen. Hier kann folgender methodischer Hinweis von Nutzen sein: Man deckt mit einem Stück Papier oder einem Finger – von niedrigen zu höheren Stellenwerten fortschreitend – so viele Spalten ab, daß eine Additionsaufgabe entsteht, die leicht im Kopf zu lösen ist. Die dabei abgedeckten Ziffern denkt man sich durch Nullen ersetzt. Dies entspricht einem konsequenten Abrunden aller Zahlen. Ob man dabei rundet wie im zweiten Beispiel oder wie im dritten, ist dabei nicht wesentlich. Hauptsache ist, daß man auf einfache Weise, rasch und sicher, die Größenordnung des Ergebnisses findet.

Damit die Schüler lernen, genügend grob zu runden, kann man ihnen die Regel geben: Decke so viele Stellen ab, daß du die noch sichtbare Aufgabe leicht im Kopf ausrechnen kannst. Diese Technik läßt sich noch besser den Regeln über das Auf- und Abrunden von Zahlen anpassen, indem man zum Abdecken von Stellenspalten ein durchsichtiges Lineal oder Zeichendreieck benutzt und in der vordersten abgedeckten Stellenspalte abzählt, wie oft eine Ziffer größer oder gleich 5 vorkommt. Im mittleren Beispiel ist dies einmal der Fall. Auf diese Weise ergibt sich als Überschlagsergebnis die Zahl 90 000.

2.3.2.5 Weitere Hinweise zur Behandlung im Unterricht

Anwendungen

Als Einstieg eignet sich eine Anwendungssituation, beispielsweise zum Einkaufen oder Verkaufen. Wenn man gleich ein Zahlenbeispiel mit Zehnerüberschreitung wählt, kann man den Kindern einsichtig machen, weshalb es beim schriftlichen Addieren vorteilhaft ist, mit den Einern zu beginnen.

Beispiel: 438 + 216

- Halbschriftlich (Zerlegen in Stellenwerte)

$$\begin{array}{r} 400 + 200 = 600 \\ 30 + 10 = 40 \\ 8 + 6 = 14 \\ \hline 438 + 216 = 654 \end{array}$$

- Mit Rechengeld (nur Einer, Zehner, Hunderter verwenden) oder Mehrsystemblöcken oder Zählmarken in einer Stellenwerttafel

1. Zahl	[100] [100] [100] [100]	[10] [10] [10]	①①①①① ①①①
2. Zahl	[100] [100]	[10]	①①①①① ①
Gleiche Sorten zusammenschieben. Falls möglich, in höhere Sorten umtauschen.	[100] [100] [100] [100] [100] [100]	[10] [10] [10] [10] [10]	①①①①① ①①①①① ①①①①
Ergebnis	[100] [100] [100] [100] [100] [100]	[10] [10] [10] [10] [10]	①①①①

- Schriftliche Darstellung
  Zwischenformen

	H	Z	E
	4	3	8
+	2	1	6
	6	4	14
	6	5	4

	H	Z	E
	4	3	8
+	2	1	6
		1	
	6	5	4

Endform

	4	3	8
+	2	1	6
		1	
	6	5	4

Die Zwischenformen verdeutlichen: Wenn man das Addieren bei den Einern beginnt, kann man Überträge zu höheren Stellenwerten gleich berücksichtigen.

Erläuterungen

Die Kinder kennen das Addieren bisher vom mündlichen und halbschriftlichen Rechnen. Dort beginnt das Ausrechnen mit den höheren Stellenwerten. Würde man bei den Einführungsbeispielen zur schriftlichen Addition mit Aufgaben ohne Zehnerübergang beginnen, könnte man den Kindern nicht verständlich machen, weshalb man jetzt bei den Einern beginnt.

Die konkrete Situation des Einkaufens oder Verkaufens läßt die Kinder erleben, daß es beim Addieren mehrerer Geldbeträge zweckmäßig ist, nach Markstücken, Zehnmarkscheinen und Hundertmarkscheinen zu sortieren und die Sorten getrennt zusammenzufassen. Beispiele mit Zählmarken anstelle von Rechengeld oder Mehrsystemblöcken verdeutlichen das Stellenwertprinzip: Der Wert einer Marke hängt davon ab, in welcher Spalte der Stellenwerttafel sie liegt. Macht man dabei die Spalten so breit, daß genau 5 Zählmarken nebeneinander Platz haben, wird die Fünfergliederung deutlich. Dies erleichtert die simultane Zahlerfassung und das Bündeln zu Zehnern.

Mit der Endform kann die verbindliche Sprechweise eingeführt werden. Anfangs werden die einzelnen Stellenwerte mitgesprochen, später weggelassen. Im obigen Beispiel lautet die vorteilhafte Sprechweise

6 (E) plus 8 (E) gleich 14 (E), schreibe 4 (E), übertrage 1 (Z),
2 (Z) plus 3 (Z) gleich 5 (Z), schreibe 5 (Z),
2 (H) plus 4 (H) gleich 6 (H), schreibe 6 (H).

Bei drei oder mehr Summanden wird man die Sprechweise weiter verkürzen.

Beispiel

$$\begin{array}{r} 3\,2\,6 \\ +\,1\,7\,3 \\ +\;\;8\,5 \\ {\scriptstyle 1\;1\;\;} \\ \hline 5\,8\,4 \end{array}$$

Sprechweise anfangs:
5 plus 3 gleich 8, plus 6 gleich 14, schreibe 4, übertrage 1,
9 plus 7 gleich 16, plus 2 gleich 18, schreibe 8, übertrage 1,
2 plus 3 gleich 5, schreibe 5.

Sprechweise später:
5, 8, 14 (schreibe 4, übertrage 1),
9, 16, 18 (schreibe 8, übertrage 1),
2, 5 (schreibe 5).

2.3.3 Schriftliche Subtraktion

2.3.3.1 Das Normalverfahren

Verschiedene Verfahren

Über das für den Unterricht am besten geeignete Verfahren der schriftlichen Subtraktion gibt es eine schon lange andauernde Diskussion (Näheres dazu in Gerster, 1982 und Padberg, 1992). Bis heute werden in verschiedenen Ländern der Erde unterschiedliche Verfahren als die günstigsten angesehen. Die für uns wichtigen Verfahren kann man nach zwei Gesichtspunkten unterscheiden:

(1) Nach der Art, wie die Differenz (der Unterschied) berechnet wird. Dies ist möglich durch
- Abziehen (Wegnehmen), also in „Minus-Sprechweise“ oder
- Ergänzen (Hinzufügen), also in „Plus-Sprechweise“.

(2) Nach der Art, wie der Zehnerübergang durchgeführt wird. Dies kann geschehen durch
- Entbündeln (sogenannte Borgetechnik),
- gleichsinniges Verändern sowohl des Minuenden als auch des Subtrahenden (sogenannte Erweiterungstechnik),
- Auffüllen des Subtrahenden zum Minuenden (sogenannte süddeutsche oder österreichische Methode oder Auffülltechnik).

Durch Kombination des Abziehens bzw. Ergänzens mit einer der Techniken des Zehnerübergangs entstehen fünf verschiedene Formen der schriftlichen Subtraktion, die in nachfolgender Tabelle zusammengestellt sind.
In der Bundesrepublik wurde durch KMK-Erlasse als Normalverfahren das Ergänzen verbindlich vorgeschrieben. Diese Festlegung wurde auch im Lehrplan Baden-Württemberg übernommen. Das Musterbeispiel aus dem Anhang des Lehrplans lautet:

$$\begin{array}{r} 3\,6\,4 \\ -\,1\,3\,8 \\ {\scriptstyle 1\;\;} \\ \hline 2\,2\,6 \end{array}$$

Sprechweise:
8 plus *6* gleich 14, schreibe 6, übertrage 1,
4 (!) plus *2* gleich 6, schreibe 2,
1 plus *2* gleich 3, schreibe 2.

Radatz/Schipper :
"Wir empfehlen, den alten Begriff
Borgeverfahren zu vermeiden, weil
bei diesem Abziehen mit Entbündeln
(mit Umwandeln) nichts geborgt wird."

Technik d. Zehner-übergangs:	Abziehen (Minus-Sprechweise)	Ergänzen (Plus-Sprechweise)
Entbündeln (Borgetechnik)	Beispiel: 9¹5 − 6 8 2 7 Rechengang: „5 − 8 geht nicht. Ich borge 1 Zehner. Das sind 10 Einer." 15 − 8 = 7 8 − 6 = 2 Weltweit verbreitet	Beispiel: 9¹5 − 6 8 2 7 Rechengang: „8 + □ = 5 geht nicht. Ich borge 1 Zehner. Das sind 10 Einer." 8 + 7 = 15 6 + 2 = 8
Gleiches Addieren (Erweiterungstechnik)	Beispiel: + 10 9 5 − 6 8 1 2 7 Rechengang: „5 − 8 geht nicht. Ich erweitere oben mit 10 Einern und unten mit 1 Zehner." 15 − 8 = 7 6 + 1 = 7 9 − 7 = 2 Als „Equal-Addition-Method" in USA verbreitet	Beispiel: + 10 9 5 − 6 8 1 2 7 Rechengang: „8 + □ = 5 geht nicht. Ich erweitere oben mit 10 Einern und unten mit 1 Zehner." 8 + 7 = 15 7 + 2 = 9 In der Bundesrepublik befürwortet u. a. von Oehl (1962). Etwa seit 1970 vorwiegend in Schulbüchern verwendet.
Ergänzen ohne Erweitern (Auffülltechnik)		Beispiel: 9 5 − 6 8 1 2 7 Rechengang: „8 + 7 = 15; das sind die geforderten 5 Einer und 1 Zehner für die nächste Spalte 8 + 7 = 15 7 + 2 = 9 Sog. österreichisches oder süddeutsches Verfahren. In der Bundesrepublik befürwortet u. a. von Breidenbach (1963). Bis etwa 1970 in den Schulbüchern vorwiegend verwendet.

Von den fünf in der Tabelle genannten Verfahren kommen also zunächst nur noch die drei Ergänzungsverfahren in Frage. Durch die in den KMK-Beschlüssen und auch im Lehrplan angegebene Sprechweise wird als Technik zur Zehnerüberschreitung die Borgetechnik ausgeschlossen, denn dabei würde im Musterbeispiel die Sprechweise in der Zehnerspalte „3 plus 2 gleich 5" lauten. Damit verbleibt das im Musterbeispiel angegebene Normalverfahren, in welchem die Zehnerüberschreitung allerdings mit zwei unterschiedlichen Erklärungsmodellen beschrieben werden kann, dem Ergänzen ohne Erweitern (kurz Auffülltechnik) und dem Ergänzen mit Erweitern (kurz Erweiterungstechnik). Für den Unterricht sollte man sich klar entscheiden, nach welchem der beiden Erklärungsmodelle man unterrichten möchte. Ein Hin- und Herspringen zwischen beiden Modellen sollte vermieden werden. Machen wir uns die Unterschiede an ganz einfachen Beispielen bewußt:

Auffülltechnik

1. Auffülltechnik

Beispiel 1

```
  8 0
− 5 7
  1
  2 3
```

Siehe Seite 65

Der Grundgedanke dabei ist: Der Subtrahend soll schrittweise aufgefüllt werden, bis so viele Einer, Zehner, Hunderter, … vorliegen, wie der Minuend (die obere Zahl, der Zielbetrag) angibt.
Zuerst füllen wir die bereits vorhandenen 7 Einer durch Addieren von 3 Einern (Ziffer 3 gleich notieren) zu 10 Einern auf. Diese bündeln wir zu 1 Zehner, den wir in die nächsthöhere Spalte übertragen. Damit haben wir das erste Ziel (0 Einer) erreicht.
Mit dem Übertrag zusammen haben wir bereits 6 Zehner. Diese füllen wir durch Addieren von 2 Zehnern (gleich notieren) auf 8 Zehner auf. Damit ist das zweite Ziel (8 Zehner) erreicht.

Beispiel 2

$$\begin{array}{r} 8\,3 \\ -\,5\,7 \\ {\scriptstyle 1}\; \\ \hline 2\,6 \end{array}$$

Von 7 können wir zwar nicht bis 3, dafür aber bis 13 ergänzen. Durch Hinzufügen von 6 Einern (gleich notieren) erhalten wir 13 Einer, also die erforderlichen 3 Einer und 1 Zehner als Übertrag in die nächste Spalte. In der Zehnerspalte füllen wir die bereits vorhandenen 6 Zehner mit 2 Zehnern auf 8 Zehner auf.

Erweiterungstechnik

2. Erweiterungstechnik

Beispiel 1

$$\begin{array}{r} {\scriptstyle +10} \\ 8\,0 \\ -\,5\,7 \\ {\scriptstyle 1}\; \\ \hline 2\,3 \end{array}$$

Das Ergänzen von 7 bis 0 geht nicht. Hier hilft ein zweifacher Trick.
(1) Der Satz von der Konstanz der Differenz. Die Differenz zweier Zahlen ändert sich nicht, wenn man zu beiden Zahlen denselben Betrag (hier 10 Einer) addiert.
(2) Statt bei der unteren Zahl 10 Einer zu addieren, addieren wir dort 1 Zehner.
Nach dieser Veränderung des Minuenden und des Subtrahenden kann man in der Einerspalte von 7 bis 10 ergänzen (schreibe 3). In der Zehnerspalte ergänzt man von 6 bis 8 (schreibe 2).

Beispiel 2

$$\begin{array}{r} {\scriptstyle +10} \\ 83 \\ -\,57 \\ {\scriptstyle 1}\; \\ \hline 26 \end{array}$$

Erläuterung wie oben.

2.3.3.2 Ergänzen ohne oder mit Erweiterungstechnik?

Auch wenn seit etwa 1970 in den meisten Schulbüchern das Ergänzen mit Erweiterungstechnik verwendet wird, hat die zuvor in Süddeutschland und Österreich verbreitete Auffülltechnik dennoch deutliche Vorteile, von denen hier einige genannt werden (ausführlich in Gerster [1982] und Padberg [1992]):

(1) Die Auffülltechnik paßt besser zur Kernfrage beim Ergänzen: „Wieviel muß man zur unteren Zahl ergänzen, damit die obere Zahl erreicht wird?“ Denn bei der Auffülltechnik wird an der oberen Zahl nichts verändert, während sie bei der Erweitertungstechnik im Falle mehrerer Überträge mehrfach abgeändert wird.

(2) Das Auffüllen hat besseren Realitätsbezug. Insbesondere das Herausgeben auf volle Hunderter oder Tausender in Einkaufssituationen geschieht nach dieser Technik. Bezahlt man eine Ware im Wert von 57 DM mit einem Hundertmarkschein, legt die Verkäuferin zur Ware zuerst 3 DM und sagt „60 Mark“. Dann legt sie die noch fehlenden 40 DM dazu und sagt „100 Mark“. Hier käme niemand auf die Idee vorzuschlagen, weil in der Einerspalte das Ergänzen von 7 bis 0 nicht geht, die Zahlen 57 und 100 eventuell zweimal zu erweitern.

(3) Das Auffüllen des Subtrahenden zum Minuenden kann als schrittweises Anpassen des Subtrahenden an den Minuenden aufgefaßt werden, das bei der Einerstelle beginnt, zum Beispiel

$$648 \xrightarrow{+2} 650 \xrightarrow{+50} 700 \xrightarrow{+300} 1000, \text{ also } 648 + 352 = 1000.$$

(4) Um Verständnis zu ermöglichen, werden bei der Erweiterungstechnik in der Anfangsphase die Erweiterungszahlen im Minuenden und Subtrahenden notiert, beispielsweise

$$\begin{array}{rrr} & {\scriptstyle +10} & {\scriptstyle +10} \\ 4 & 5 & 1 \\ -3 & 8 & 7 \\ {\scriptstyle 1} & {\scriptstyle 1} & \\ \hline & 6 & 4 \end{array}$$

Im endgültigen Normalverfahren ist diese umständliche, unübersichtliche Schreibweise nicht vorgesehen, wodurch das Erklärungsmuster nicht mehr zu erkennen ist. Bei der Auffülltechnik dagegen paßt das Erklärungsmodell zur Endform des Normalverfahrens.

(5) Die Erweiterungstechnik führt zu typischen Fehlern. Im obigen Beispiel erweitern Kinder nicht selten auch in der Hunderterspalte und rechnen dort „4 plus 10 gleich 14, schreibe 0, übertrage 1“. Das ergibt dann das folgende unsinnige Ergebnis, obwohl das Erweitern und Ergänzen in der Hunderterspalte richtig durchgeführt wurde:

$$\begin{array}{rrrr} & {\scriptstyle +10} & {\scriptstyle +10} & {\scriptstyle +10} \\ & 4 & 5 & 1 \\ - & 3 & 8 & 7 \\ {\scriptstyle 1} & {\scriptstyle 1} & {\scriptstyle 1} & \\ \hline 1 & 0 & 6 & 4 \end{array}$$

Auch andere typische Fehler ergeben sich infolge der Erweiterungstechnik (Näheres dazu in Gerster, 1982, S. 90 f).

(6) Das bei der Erweiterungstechnik eventuell mehrfache Abändern des Minuenden verhindert eine Vorstellung von den Zahlen, mit denen man operiert und verstößt gegen die der Rechnung zugrundeliegende Sachsituation.

2.3.3.3 Analyse der Schwierigkeiten

Schwierigkeitsmerkmale

Nach Abschluß einer ersten Phase der Übung und Vertiefung ist es zweckmäßig, mit Hilfe eines diagnostischen Aufgabenblattes festzustellen, welcher Schüler mit welchen Aufgabenmerkmalen noch Schwierigkeiten hat. Im 3. Schuljahr eignet sich dafür das diagnostische Aufgabenblatt S1 (Kopiervorlage 11), das die in nachfolgender Tabelle angegebenen allgemeinen *Schwierigkeitsmerkmale* (zunehmende Anzahl der Überträge, Stellenunterschiede zwischen Minuend und Subtrahend, Nullen in verschiedenen Positionen) und zusätzliche Schwierigkeitsmerkmale enthält.
Im 4. Schuljahr (Zahlenraum bis zur Million) kann man das diagnostische Aufgabenblatt S2 verwenden, das nach einem entsprechenden Raster von Schwierigkeitsmerkmalen erstellt wurde (Kopiervorlage 12).

Tabelle der Schwierigkeitsmerkmale beim diagnostischen Test S1

S 1	• Zahlenraum bis 1000 • Aufgaben ohne bzw. mit Stellenunterschied wechseln zeilenweise			
	keine Null	Null in der oberen Zahl	Null in der unteren Zahl	keine Null in den gegebenen Zahlen
kein Übertrag	[1] 45 − 32	[2] 608 − 203	[3] 958 − 104	[4] 496 − 136
	[5] 479 − 27	[6] 309 − 4	[7] 867 − 40	[8] 687 − 82
ein Übertrag	[9] 72 − 49	[10] 704 − 262	[11] 773 − 407	[12] 365 − 258
	[13] 849 − 62	[14] 690 − 23	[15] 657 − 8	[16] 295 − 87
zwei Überträge	[17] 821 − 788	[18] 900 − 439	[19] 506 − 207	[20] 853 − 459
	[21] 613 − 25	[22] 604 − 8	[23] 703 − 97	[24] 994 − 98
Sonderfälle	[25] 593 − 739	[26] 1000 − 694	[27] 43 − 102	[28] 951 − 67

Zusätzliche Schwierigkeitsmerkmale	**in Aufgabe Nr.**
(1) Übertrag in leere Stelle	13, 15, 21, 22, 23, 24, 28
(2) Übertrag leere Stelle und ergänzen bis 10	22
(3) Übertrag zur Null	11
(4) Übertrag zur Null und Ergänzen bis 10	19
(5) Übertrag zur 9	24
(6) Übertrag zur 9 und Ergänzen bis 10	23, 26
(7) gleiche Ziffern übereinander	2, 4, 8
(8) … beim höchsten Stellenwert	12, 17, 26
(9) … dazu Übertrag	19, 20, 24
(10) … nach Berücksichtigung des Übertrags	12, 16, 17
(11) untere Ziffer minus Übertrag (gleich obere Ziffer)	28
(12) obere Zahl kleiner als untere Zahl	25, 27

2.3.3.4 Analyse von Fehlern

Fehlertypen

Beim schriftlichen Subtrahieren begehen manche Schüler zahlreiche Fehler. Die Fehlerhäufigkeit schwankt von Klasse zu Klasse stark (von 5% bis über 50%). Dies scheint damit zusammenzuhängen, wie weit sich die Lehrkraft der typischen Fehlerquellen bewußt ist und im Unterricht entsprechend vorzubeugen versucht. Die wichtigsten Fehlergruppen sind:

(E) Fehler beim Einsundeins
(Ü) Fehler beim Übertrag
(R) Fehler durch falsche Rechenrichtung
(N) Fehler mit der Null
(L) Fehler durch unterschiedliche Stellenzahl (leere Stelle)

In der Gruppe der Einsundeinsfehler fallen die Fehler auf, bei denen das Ergebnis um 1 abweicht. Sie sind ein Hinweis auf zählendes Rechnen und Schwierigkeiten mit dem Anfangs- oder Endglied der Zählsequenz. Auch Fehler durch Perseveration (Hängenbleiben an einem vorausgegangenen Sachverhalt) treten bei Unsicherheit im Einsundeins auf. Ein Beispiel dafür ist 8 + 8 ⇝ 18 (Hängenbleiben an den beiden Ziffern 8 der Aufgabenstellung).
Übertragsfehler treten häufig in „heiklen" Sonderfällen auf, beispielsweise

	5	0	6		6	1	3		7	7	3		8	4	9		7	7	3
−	2	0	7	−		2	5	−	4	0	7	−		6	2	−	4_1	0	7
						1				1			1						
	3	0	9		6	8	8		3	8	6		9	8	7		2	7	6
		Ü0			ÜL					Ü+0			Ü+L				ÜS		

Hier wird der Übertrag zur 0 oder zu einer leeren Stelle ignoriert (Ü0, ÜL) oder der Null oder leeren Stelle ausweichend zur oberen Ziffer addiert (Ü+0, Ü+L) oder er wird, da eventuell aus Platzmangel zwischen den Spalten notiert, in einer falschen Spalte addiert (ÜS).
Weitere Übertragsfehler entstehen aus Unsicherheit darüber, wann mit 10 erweitert werden muß und wann nicht, z.B.

7 0 4	7 2 3	4 9 6	7 0 0
− 2 6 2	− 9 7	− 1 3 6	− 9 7
	1	1	2 1
5 4 2	7 2 6	3 5 0	5 0 3
$Ü^{10}$	$Ü_{10}$	Üz =	Üz =

Das Fehlermuster $Ü^{10}$ (kein Übertrag nach Ergänzen bis 10) hängt mit dem Wort „Zehnerübergang" zusammen: Der Schüler meint, ein Übertrag entstünde erst, wenn man über 10 hinaus ergänzt. Beim Fehlermuster $Ü_{10}$ (kein Übertrag nach Ergänzen ab 10) denkt der Schüler etwa „da sind schon 10, da muß man nicht erweitern". Das Fehlermuster Üz = (Übertrag zuviel aus Spalte mit gleichen Ziffern) tritt bei manchen Schülern ganz massiv auf. Im dritten Beispiel rechnet der Schüler 6 + 10 = 16, schreibe 0, übertrage 1 (statt 6 + 0 = 6), im vierten Beispiel in der Zehnerspalte 10 + 10 = 20, schreibe 0 übertrage 2 (statt 10 + 0 = 10). In beiden Fällen weicht der Schüler dem Rechnen mit der Null aus. Diese Fehlerbeispiele zeigen besonders deutlich die Fragwürdigkeit der Erweiterungstechnik. Der Schüler erweitert richtig und ergänzt auch richtig. Nur müßte er als „Ergänzungsziffer" 10 statt 0 schreiben.
Auch bei folgenden Fehlerbeispielen zeigen sich Schwierigkeiten beim Rechnen mit der Null.

958	496	613	479
− 104	− 136	− 25	− 27
804	366	600	52
Nd	Nv	N_	L

Im ersten Beispiel dominiert die Null (ist die Null beteiligt, ist das Ergebnis eine Null – wie beim Multiplizieren), im zweiten wird die Null als Ergebnis vermieden, im dritten steht sie für „geht nicht" (3 minus 5 gibt 0). Interpretiert man im letzten Beispiel die leere Stelle als 0, so kann man auch dies als Schwierigkeit mit der Null verstehen.

2.3.3.5 Maßnahmen zur Vorbeugung und Behebung

Fehlervermeidung

(1) Der Unterricht sollte präventiv sein, dem Einschleichen typischer Fehlermuster also vorbeugen. Dazu ist es wichtig, obige verbreitete Fehlermuster zu kennen. Sie entstehen alle, wenn Schüler rein formal operieren, ohne Vorstellungshintergrund. Würden die Aufgaben handlungsorientiert (Abschnitt 2.3.3.6) gelöst, würden diese Fehler nicht auftreten.

Material

Zur Vorbeugung (wie auch zur Behebung) sollte man also nicht nur ein oder zwei Standardbeispiele, sondern auch Aufgaben mit „fehlerauslösenden" Schwierigkeitsmerkmalen (Stellenunterschied, Ziffer 0, gleiche Ziffern mit gleichem Stellenwert,...) mit konkretem Material (Rechengeld, Mehrsystemblöcke, Zählplättchen) bearbeiten und die Verbindung zur reinen Ziffernschreibweise herstellen.

Begleitendes Sprechen

(2) Zur Vorbeugung gegen Fehler trägt auch gute Koordination von Schreiben und begleitendem Sprechen bei.
Beispiel

$$\begin{array}{r} 83 \\ -\ 5\underset{1}{7} \\ \hline 26 \end{array}$$

Sprechweise:
7 plus 6 (6 betonen und gleichzeitig notieren) gleich dreizehn (zehn betont sprechen, gleichzeitig die Übertragsziffer notieren).

(3) Eine Reihe von Fehlertypen läßt sich vermeiden durch Verwendung der Auffülltechnik anstelle der Erweiterungstechnik. Dies gilt vor allem für die Fehlertypen
- Üz = (Übertrag zuviel aus Spalte mit gleichen Ziffern),
- Ri (Richtungsfehler), denn das Erweitern beginnt oben statt unten,
- N (Null als Zeichen für „geht nicht").

(4) Das Ergänzen wird auch auf der formalen Ebene sinnfällig, wenn man vor Beginn der Rechnung den Subtrahenden und die zu ergänzende Zahl durch einen Bogen zusammenfaßt. Dieser fordert dazu auf, die untere Zahl durch Ergänzen schrittweise der oberen Zahl anzugleichen.
Beispiele mit steigendem Schwierigkeitsgrad:

$$\begin{array}{r} 83 \\ -\ 51 \\ \hline \end{array}\Bigg) \quad \begin{array}{r} 80 \\ -\ 59 \\ \hline \end{array}\Bigg) \quad \begin{array}{r} 83 \\ -\ 59 \\ \hline \end{array}\Bigg) \quad \begin{array}{r} 100 \\ -\ 59 \\ \hline \end{array}\Bigg) \quad \begin{array}{r} 183 \\ -\ 59 \\ \hline \end{array}\Bigg) \quad \dots \quad \begin{array}{r} 10000 \\ -\ 5271 \\ -\ 347 \\ -\ 2043 \\ \hline \end{array}\Bigg)$$

Der Bogen faßt also die Zahlen zusammen, die zusammengezählt gleich dem Zielbetrag sein sollen. Achtet man hierauf, dann werden viele der obigen Fehlermuster sofort erkannt, besonders Fehler mit der Null:

$$\begin{array}{r} 9\,5\,8 \\ -\;1\,0\,4 \\ \hline 8\,0\,4 \end{array} \qquad \begin{array}{r} 4\,9\,6 \\ -\;1\,3\,6 \\ \hline 3\,6\,6 \end{array} \qquad \begin{array}{r} 6\,1\,3 \\ -\;\;\,2\,5 \\ \hline 6\,0\,0 \end{array} \qquad \begin{array}{r} 4\,7\,9 \\ -\;\;\,2\,7 \\ \hline 5\,2 \end{array}$$

aber auch Übertragsfehler wie

$$\begin{array}{r} 7\,7\,3 \\ -\;4\,0\,7 \\ {\scriptstyle 1}\; \\ \hline 3\,8\,6 \end{array} \qquad \begin{array}{r} 8\,4\,9 \\ -\;\;\,6\,2 \\ {\scriptstyle 1}\;\;\;\; \\ \hline 9\,8\,7 \end{array} \qquad \begin{array}{r} 7\,0\,4 \\ -\;2\,6\,2 \\ \hline 5\,4\,2 \end{array} \qquad \begin{array}{r} 7\,0\,0 \\ -\;\;\,9\,7 \\ {\scriptstyle 2\,1}\;\; \\ \hline 5\,0\,3 \end{array}$$

Rechenkontrolle

(5) Nach jeder Rechnung eine Rechenkontrolle durchführen. Dabei erspart folgende Methode das lästige und fehleranfällige nochmalige Anschreiben der Zahlen:
Die obere Zahl wird mit einem Notizblatt abgedeckt, die beiden unteren Zahlen werden auf dem Rand des Zettels addiert. Dann schiebt man das Blatt nach oben und vergleicht die Zahlen (vgl. Abschnitt 2.3.3.6).

Überschlagsrechnung

(6) Häufig Überschlagsrechnung durch Runden der Zahlen ausführen.
Beispiel: Durch Abdecken der Einer-, Zehner- und Hunderterspalte geht die Aufgabe

$$\begin{array}{r} 6\,8\,4\,5\,4 \\ -\;\;\,4\,3\,2\,1 \\ \hline \end{array} \quad \text{über in} \quad \begin{array}{rl} 6\,8 & \text{Tausender} \\ -\;\;4 & \text{Tausender} \\ \hline 6\,4 & \text{Tausender} \end{array}$$

Den Schülern kann man die Regel nennen: Decke so viele Spalten ab, bis eine Rechnung entsteht, die du leicht im Kopf lösen kannst.

(7) Beim schulischen und häuslichen Üben Aufgaben mit sofortiger Erfolgskontrolle verwenden, beispielsweise Ergebnisse am Blattende in anderer Reihenfolge vorgeben oder den Taschenrechner zur Kontrolle verwenden lassen.

2.3.3.6 Weitere Hinweise zur Behandlung im Unterricht

Handlungsorientierte Methoden

Für den Einstieg eignen sich handlungsorientierte Methoden, die dann in Kurzform protokolliert werden. Die im Unterricht verwendete Methode sollte vor der Einführung bei einem Elternabend besprochen werden, damit die Eltern bei eventueller häuslicher Unterstützung nicht andere Erklärungsmodelle an die Kinder herantragen.

Erweiterungstechnik

Aufgaben ohne Zehnerübergang sind unproblematisch und brauchen hier nicht erläutert zu werden. Ebenso wird hier nicht auf das Ergänzen mit Erweiterungstechnik eingegangen, das in vielen Unterrichtswerken dargestellt ist.

Auffülltechnik

Die Stufenfolge zur Einführung der Auffülltechnik beginnt mit dem Ergänzen auf volle Zehner, dann auf volle Hunderter.

siehe Seite 59

Beispiel
Uwe möchte ein Fahrrad kaufen, das 480 DM kostet. Er hat bereits 357 DM gespart. Den Rest geben die Eltern dazu.

- Darstellung mit Rechengeld (nur 1-DM-Münzen, 10-DM-Scheine, 100-DM-Scheine)

	Hunderter	Zehner	Einer
Preis:	4	8	0
Uwe hat:	[100] [100] [100]	[10] [10] [10] [10] [10] [10]	(1) (1) (1) (1) (1) (1) (1)
Die Eltern geben dazu:	[100]	[10] [10]	(1) (1) (1)

Der Rechnungsbetrag ist der Zielbetrag, der anfangs noch nicht als konkreter Geldbetrag vorliegt. Er wird deshalb, wie auf dem Preisschild und auf der Rechnung, in Ziffern dargestellt. Der Geldbetrag von Uwe wird nun schrittweise dem Rechnungsbetrag angeglichen:

1. Schritt: Die Eltern füllen die vorhandenen 7 Mark durch Hinzulegen von 3 Mark auf 10 Mark auf. Diese kann man in einen Zehnmarkschein umtauschen. Das sind dann 0 Mark (wie im Rechnungsbetrag) und 6 (!) Zehnmarkscheine.

2. Schritt: Die Eltern legen zu den vorhandenen 6 Zehnmarkscheinen noch 2 Zehnmarkscheine dazu. Dann sind es zusammen 8 Zehnmarkscheine (wie im Rechnungsbetrag).

3. Schritt: Zuletzt legen die Eltern zu den vorhandenen 3 Hundertmarkscheinen noch 1 Hundertmarkschein. Somit sind 4 Hundertmarkscheine (wie im Rechnungsbetrag) erreicht.

- Darstellung in der Stellenwerttafel:

	H	Z	E
Preis:	4	8	0
Uwe hat:	3	5 (1)	7
Die Eltern legen dazu:	1	2	3

Der Bogen, welcher den Subtrahenden und die Differenz zusammenfaßt, signalisiert: Diese beiden Zahlen zusammen ergeben die obere Zahl.
Würde Uwes Fahrrad 483 DM statt 480 DM kosten, so würden die Eltern offensichtlich weitere 3 DM hinzulegen, also 126 DM.

- Darstellung in der Stellenwerttafel:

	H	Z	E
Preis:	4	8	3
Uwe hat:	3	5 (1)	7
Die Eltern legen dazu:	1	2	6

- Schriftliche Darstellung:

```
  4 8 3
– 3 5 7
    1
  1 2 6
```

Sprechweise (anfangs mit, später ohne Nennung der Stellenwerte):
7 (E) plus <u>6</u> (betont sprechen, gleichzeitig notieren) sind 13 (E).
(Das sind 3 E und 1 Z). Übertrage 1 (Z).
6 (Z) plus <u>2</u> (Z) sind 8 (Z).
3 (H) plus <u>1</u> (H) sind 4 (H).

Rechenkontrolle

Der im Normalverfahren nicht erforderliche Bogen verdeutlicht: Diese beiden Zahlen zusammen ergeben die obere Zahl. Dies läßt sich als wirksame Rechenkontrolle (ohne viel Schreibarbeit) verwenden. Man deckt die obere Zahl mit einem Notizblatt ab und notiert auf dem Blattrand die Summe der unteren Zahlen. Diese vergleicht man nach dem Hochschieben mit dem Zielbetrag.

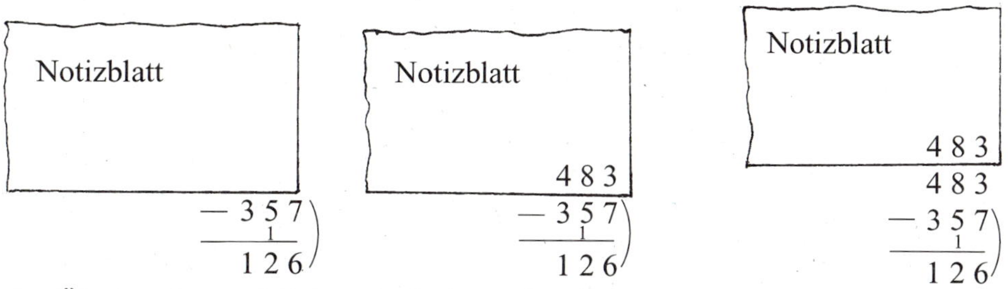

In der Übungsphase wird man Aufgaben mit steigendem Schwierigkeitsgrad und mit zusätzlichen Schwierigkeitsmerkmalen (Abschnitt 2.3.3.3) bearbeiten lassen.

2.3.4 Schriftliche Multiplikation

2.3.4.1 Das Normalverfahren

Normalverfahren

Das im Lehrplan angegebene Normalverfahren für die schriftliche Multiplikation ist in Deutschland spätestens seit dem KMK-Beschluß von 1958 üblich. Danach beginnt die Multiplikation mit der höchsten Stelle des zweiten Faktors (Multiplikators). Die Teilprodukte werden ihrem Stellenwert entsprechend unter den zweiten Faktor geschrieben. Das im Anhang zum Lehrplan angegebene Beispiel lautet:

```
4375 · 628
----------
  26250
    8750
    35000
  1 1
----------
  2747500
```

Mögliche begleitende Sprechweise:
6 · 5 gleich 30. Schreibe 0, behalte 3.
6 · 7 gleich 42, 42 plus 3 gleich 45. Schreibe 5, behalte 4; usw.

Beim Normalverfahren wird der Multiplikator in seine Stellenwerte zerlegt und das Produkt nach dem Verteilungsgesetz berechnet ($4375 \cdot 62 = 4375 \cdot 60 + 4375 \cdot 2$). Bei der Multiplikation mit Zehnerzahlen wird außerdem das Verbindungsgesetz verwendet ($4375 \cdot 60 = (4375 \cdot 6) \cdot 10$). Das Notieren von Behalteziffern ist nicht vorgesehen.

2.3.4.2 Analyse der Schwierigkeiten

Schwierigkeiten

Die schriftliche Multiplikation ist durch das halbschriftliche Multiplizieren mit einstelligen Zahlen (Abschnitt 2.2.4.3) und mit Zehnerzahlen (Abschnitt 2.2.4.4) bereits weitgehend vorbereitet. Prinzipielle Schwierigkeiten beim Verständnis sind daher nicht zu erwarten. Manche Kinder haben jedoch etwas Mühe mit der Umstellung der Rechenrichtung.

Rechenrichtung

Schwierigkeiten mit der Rechenrichtung
Im Unterschied zum halbschriftlichen Rechnen ist jetzt der hintere Faktor der Multiplikator. Dieser „Nachteil" ist aber nicht gravierend, da beim begleitenden Mitsprechen die Ziffern des Multiplikators immer zuerst genannt werden – wie beim mündlichen Rechnen. Außerdem ist diese Reihenfolge von Multiplikand und Multiplikator durch die altbekannte Operatordarstellung vorbereitet. Im Unterschied zum halbschriftlichen Rechnen werden die Ziffern des Multiplikanden in der Rei-

henfolge Einer, Zehner, Hunderter usw. multipliziert. Für die Rechenrichtung gilt also

$\overleftarrow{4375} \cdot \overrightarrow{62}$ oder deutlicher 4375 · 62 (2. Schritt, 1. Schritt)

Schwierigkeiten mit dem Einmaleins

Einmaleins

Wenn bei Behandlung der schriftlichen Multiplikation im 4. Schuljahr die Aufgaben des kleinen Einmaleins noch nicht automatisiert sind und Kinder beispielsweise bei 7 · 8 noch die Achterreihe hochzählen müssen, sind sie durch solche Zählprozeduren so beansprucht, daß ihnen leicht Fehler unterlaufen beim Umgang mit Behalteziffern und Verfahrensregeln (welche Ziffer mit welcher multiplizieren? Wohin die Ergebnisziffer schreiben?). Insbesondere haben manche Kinder Probleme mit der Rolle der 0 und der 1 beim Multiplizieren.

Schwierigkeiten mit Behalteziffern

Behalteziffern

Wenn Kinder Einmaleinsergebnisse nicht mühelos abrufen können, kann es leicht passieren, daß sie Behalteziffern nicht oder mehrfach oder an falscher Stelle berücksichtigen oder beim Addieren von Behalteziffern Fehler machen, vor allem bei Zehnerübergängen.

Diagnostische Aufgabenblätter

Schwierigkeitsmerkmale

Um herauszufinden, welche Schüler mit welchen Schwierigkeitsmerkmalen Probleme haben, eignen sich diagnostische Aufgabenblätter (Kopiervorlagen 13–15). Das diagnostische Aufgabenblatt M1 wurde anhand nachfolgender Tabelle erstellt. Dabei ist beispielsweise die Aufgabe 7005 · 4 charakterisiert durch die Merkmale:

- Eine Behalteziffer (aus 4 · 5 = 20). Das Ergebnis von 4 · 7 kann sofort hingeschrieben werden, so daß hier nicht die Schwierigkeit besteht, eine Behalteziffer zu merken, solange eine andere Einmaleins-Aufgabe gerechnet wird.
- Der zweite Faktor ist kleiner als 5.
- Im ersten Faktor oder im Produkt tritt eine Null auf.

Diese Aufgabe hat zwei zusätzliche Schwierigkeitsmerkmale:

- Der erste Rechenschritt lautet „4 mal 5 gleich 20, schreibe 0, behalte 2“. Die Frage ist, ob der Schüler die Null tatsächlich notiert, oder als unwesentlich ansieht.
- Im nächsten Schritt ist zu rechnen „4 mal 0 gleich 0, 0 plus 2 gleich 2“. Hier zeigt sich nun, ob der Schüler Schwierigkeiten mit dem Multiplizieren oder Addieren der „0“ hat. Es gibt Schüler, bei denen in einem solchen Fall die „0“ dominiert und in der Zehnerspalte des Teilproduktes eine Null erscheint.

Tabelle der Schwierigkeitsmerkmale zum diagnostischen Test M1

M 1		Multiplikator einstellig		
		Multiplikator ≤ 5		Multiplikator > 5
		keine Null	Null im ersten Faktor oder Produkt	
Einmaleinsergebnis < 10	keine Behalteziffer	[1] $12 \cdot 4$ 48	[2] $230 \cdot 3$ 690	[3] $101 \cdot 7$ 707
Einmaleinsergebnisse beliebig	keine Behalteziffer	[4] $621 \cdot 4$ 2484	[5] $802 \cdot 3$ 2406	[6] $710 \cdot 9$ 6390
Einmaleinsergebnisse beliebig	eine Behalteziffer	[7] $35 \cdot 5$ 175	[8] $7005 \cdot 4$ 28020	[9] $751 \cdot 8$ 6008
Einmaleinsergebnisse beliebig	zwei Behalteziffern	[10] $469 \cdot 4$ 1876	[11] $9067 \cdot 3$ 27201	[12] $8850 \cdot 6$ 53100
Einmaleinsergebnisse beliebig	mind. zwei Behalteziffern	[13] $3977 \cdot 5$ 19885	[14] $19400 \cdot 5$ 97000	[15] $7858 \cdot 7$ 55006

Zusätzliche Schwierigkeitsmerkmale	**in Aufgabe Nr.:**
(1) Addieren einer Behalteziffer zur Null	8; 11
(2) Addieren einer Behalteziffer erzeugt eine Zehnerzahl	9; 11; 15
(3) Gleiche Ziffern im ersten Faktor	8; 12; 13; 14
(4) Von Null verschiedene Faktoren erzeugen eine Null	8; 12; 14

Das diagnostische Aufgabenblatt M2 (Kopiervorlage 14) enthält mehrstellige Multiplikatoren. In den Aufgaben sind die Anforderungen beim Einmaleins und bei Behalteziffern gering, so daß Schwierigkeiten im Verfahren deutlicher hervortreten können.

Aufgabe 11 enthält das zusätzliche Schwierigkeitsmerkmal (4): Von Null verschiedene Faktoren erzeugen im Teilprodukt eine 0. Der erste Rechenschritt bei der Aufgabe $546 \cdot 52$ lautet: 5 mal 6 gleich 30. Schreibe 0 behalte 3. Die Frage ist, ob der Schüler die 0 tatsächlich notiert und wenn ja, ob er das tieferstehende Teilprodukt eine Stelle nach rechts rückt. Wenn er nämlich die obere Null als „Anhängenull" interpretiert, schreibt er die „2" unter die „0".

Mit der Aufgabe $750 \cdot 400$ soll festgestellt werden, wie sicher die Schüler mit den verschiedenen Arten von Nullen umgehen können:

- Die letzten beiden Nullen ergeben sich durch Multiplikation mit 100,
- eine weitere Null aus $4 \cdot 0 = 0$,
- eine Null aus $4 \cdot 5 = 20$,
- eine Null aus $4 \cdot 7 = 28$, $28 + 2 = 30$.

Tabelle der Schwierigkeitsmerkmale beim diagnostischen Test M2

M 2

- Multiplikator mehrstellig
- Ziffern des Multiplikators ⩽ 5
- Behalteziffern ⩽ 5
- Addieren einer Behalteziffer führt nicht zu Zehnerübergang

		keine Null	Null im ersten Faktor oder einem Teilprodukt	Null im zweiten Faktor
Einmaleins-ergebnis < 10	keine Behalteziffer	1 23·12 23 46 276	2 230·13 230 690 2990	3 213·30 6390
Einmaleinsergebnisse beliebig	keine Behalteziffer	4 913·23 1826 2739 20999	5 702·41 2808 702 28782	6 802·40 32080
Einmaleinsergebnisse beliebig	höchstens eine Behalteziffer	7 219·32 657 438 7008	8 807·34 2421 3228 27438	9 260·40 10400
Einmaleinsergebnisse beliebig	höchstens zwei Behalteziffern	10 644·332 1932 1932 1288 213808	11 546·52 2730 1092 28392	12 268·501 1340 0 268 134268
Einmaleinsergebnisse beliebig	mind. zwei Behalteziffern	13 4897·534 24485 14691 19588 2614998	14 605·402 2420 0 1210 243210	15 6335·340 19005 25340 0 2153900
Sonderfälle		16 3·214 6 3 12 642	17 225·400 90000	18 750·400 300000

Zusätzliche Schwierigkeitsmerkmale	**in Aufgabe Nr.:**
(1) Addieren einer Behalteziffer zur Null	8; 14
(2) Addieren einer Behalteziffer erzeugt eine Zehnerzahl	9; 15; 18
(3) Gleiche Ziffern im Multiplikanden oder Multiplikator	10; 15; 17; 18
(4) Von Null verschiedene Faktoren erzeugen eine Null im Teilprodukt	11; 12; 14; 15; 17; 18

2.3.4.3 Analyse von Fehlern

Fehler mit der Null

Fehler mit der Null

Zu den häufigsten Fehlern bei der schriftlichen Multiplikation gehören Fehler mit der Null (weniger häufig mit der Eins), beispielsweise

230 · 3	213 · 30	807 · 3	807 · 3
693	619 E1	2401	2601
	213 E0		
E0		B0	B0

Die häufigen Fehler vom Typ E0 sind Einmaleinsfehler. Etwa 50% aller Fehler beim kleinen Einmaleins sind von dieser Art. Die selteneren Fehler vom Typ B0 beruhen auf falschem Addieren der Behalteziffer zur Null bzw. Ausweichen vor der Null und Addieren an falscher Stelle (letztes Beispiel).
Die Null kann auch Stellenwertfehler auslösen, beispielsweise

230 · 3	213 · 30	802 · 3	546 · 52
69	639	246	2730
			1092
S0	S0	S0	ST0

Während in den ersten drei Beispielen die stellenwertbelegende Rolle der Null nicht beachtet wird, löst im vierten Beispiel die aus $5 \cdot 6 = 30$ entstandene Null den Fehler ST0 aus: Der Schüler hält diese „Rechennull" für eine „Anhängenull" und beginnt das Aufschreiben des zweiten Teilproduktes unter dieser Null.

Fehler mit Behalteziffern

Fehler mit Behalteziffern

Hier ist ein Fehlermuster zu erwähnen, das häufig in Klassen auftritt, in welchen Schüler *Behalteziffern* im Multiplikanden notieren. Dies kann dazu führen, daß sie mitmultipliziert werden, anstatt sie nach der Multiplikation nur zu addieren, z.B.

$4_1 7 \cdot 2$	$4_3 6_3 9 \cdot 4$	$700_2 5 \cdot 4$	$80^2_2 7 \cdot 34$
104	2866	28080	2461
			3288

Bei mehrstelligem Multiplikator entstehen nach dieser Methode ganze Türmchen von Behalteziffern im ersten Faktor, was die Rechnung unübersichtlich werden läßt.
Gelegentlich kommt es vor, daß Kinder eine Behalteziffer vergessen (Bv), als zusätzliche Stelle im Teilprodukt notieren (Bz) oder in einer falschen Spalte berücksichtigen (BS), letzteres häufig, um einer Null auszuweichen (BS0):

35 · 5	35 · 5	126 · 4	608 · 2
155	1525	684	1406
Bv	Bz	BS	BS0

2.3.4.4 Weitere Hinweise zur Behandlung im Unterricht

Fehlervermeidung

Aus der Kenntnis typischer Fehler von Schülern beim schriftlichen Multiplizieren ergeben sich einige Hinweise für die präventive Behandlung des Themas im Unterricht.

(1) *Vorkenntnisse*

Das kleine Einmaleins muß vor der Behandlung der schriftlichen Multiplikation sicher beherrscht werden, insbesondere die Multiplikation mit der Eins und mit der

Null. Möglichkeiten zur Behandlung der Faktoren 0 und 1 wurden in Band 1, Abschnitt 2.5.1.6 aufgezeigt.

(2) *Wieso ist jetzt der zweite Faktor Multiplikator?*
Bei der Einführung der schriftlichen Multiplikation kann man an die halbschriftliche Multiplikation (Abschnitte 2.2.4.3 und 2.2.4.4) anknüpfen. Das Normalverfahren der schriftlichen Multiplikation (zweiter Faktor als Multiplikator, Teilprodukte stellenrichtig unter dessen Ziffern) wird man in der Regel als eine günstige Schreibform vorgeben. Wenn Schüler unbedingt Gründe für diese Regelung erfahren wollen, kann man einige Varianten zeigen und daran verdeutlichen, daß das übliche Normalverfahren zweckmäßig ist. Außerdem kann auf die Operatordarstellung verwiesen werden.

Schreibform

Beispiel: 2541 · 23

1. Möglichkeit:
Nachteil: Um die Stellung der 46 zu finden, muß man zuerst die Nullen aufschreiben. Man kann sie also im Gegensatz zum Normalverfahren nicht ohne weiteres weglassen.

```
2541 · 23
---------
    46000
    11500
      920
       23
---------
    58443
=========
```

2. Möglichkeit:
Nachteil: Man benötigt zusätzlichen Platz über die Kopfleiste hinaus. Der Additionsstrich liegt anders als der Multiplikationsstrich.

```
  2541 · 23
  ---------
46
115
  92
   23
-----
58443
=====
```

Wenn der erste Faktor Multiplikator sein soll, wäre es ohnehin günstiger, die kleinere Zahl als ersten Faktor zu wählen.
Nachteil: Jetzt ragt die Rechnung noch weiter über die Kopfleiste hinaus.

```
    23 · 2541
    ---------
5082
 7623
-----
58443
=====
```

Die Verfahrensregeln des Normalverfahrens ergeben dagegen eine klare, übersichtliche und zweckmäßige Form.

```
2541 · 23
---------
   5082
    7623
---------
   58443
=========
```

(3) *Einstelliger Multiplikator*

Anhand einer Sachsituation gelangt man zu einer Aufgabe vom Typ 6 · 1234. Die Kinder lösten solche Aufgaben bisher halbschriftlich.

```
6 · 1234
--------
6 · 1000 = 6000
6 ·  200 = 1200
6 ·   30 =  180
6 ·    4 =   24
---------------
6 · 1234 = 7404
```

Einige Unterrichtswerke gehen von dieser halbschriftlichen Form (Multiplikator vor dem Malpunkt, Beginn beim höchsten Stellenwert) über mehrere Zwischenschritte zum Normalverfahren über (Multiplikator hinter dem Malpunkt, Beginn beim niedrigsten Stellenwert, Überträge merken). Problematisch daran ist, daß die verschiedenen Zwischenstufen nicht einfach zu motivieren sind und die Kinder verwirren können.
Ein anderer Weg – ohne Verwendung der halbschriftlichen Multiplikation – geht von der schriftlichen Addition aus. Das mühsame Addieren in den Spalten wird dabei durch Multiplikation abgekürzt. Damit läßt sich begründen, daß man bei der schriftlichen Multiplikation im Multiplikanden mit den *Einern* beginnt. Zugleich wird deutlich, daß dabei Überträge zum nächsthöheren Stellenwert entstehen.

Beispiel: $6 \cdot 1234$

$$\begin{array}{r} 1234 \\ +\,1234 \\ +\,1234 \\ +\,1234 \\ +\,1234 \\ +\,1234 \\ {\scriptstyle 1\,2\,2} \\ \hline 7404 \end{array}$$

Statt in den Spalten immer sechs gleiche Zahlen zu addieren, können wir die Einer, Zehner, Hunderter und Tausender jeweils mit 6 multiplizieren. Damit ergibt sich aus obiger Additionsliste zwanglos die Sprechweise:

$6 \cdot 4$ (E) = 24 (E). Schreibe 4 (E), behalte 2 (Z).
$6 \cdot 3$ (Z) = 18 (Z). 18 (Z) plus 2 (Z) = 20 (Z). Schreibe 0 (Z), behalte 2 (H).
Usw.

Das umständliche Aufschreiben der gleichen Summanden legt nahe, eine Kurzform zu benutzen.

Wir schreiben:	Wir sprechen:
$\begin{array}{r} 1234 \cdot 6 \\ \hline 7404 \end{array}$	6 mal 4 (E) gleich 24 (E). Schreibe 4 (E), behalte 2 (Z). 6 mal 3 (Z) gleich 18 (Z). 18 (Z) plus 2 (Z) gleich 20 (Z). Schreibe 0 (Z), behalte 2 (H). Usw.

Im Unterschied zur schriftlichen Addition und Subtraktion sagen wir hier „behalte" statt „übertrage". Wir schlagen nämlich den Kindern vor, die Behalteziffern tatsächlich mit den Fingern der freien Hand zu „behalten", bis sie addiert sind und im Augenblick des Addierens die Finger spürbar wegzuklappen. Das Behalten der Übertragsziffer mit der Hand erleichtert die Konzentration auf die nachfolgende Einmaleinsaufgabe. Nur wenige bei der schriftlichen Multiplikation vorkommende Einmaleinsaufgaben ($8 \cdot 8 = 64$, $9 \cdot 7 = 63$, $9 \cdot 8 = 72$ und $9 \cdot 9 = 81$) haben eine Zehnerziffer größer als 5, können also nicht ohne weiteres mit den Fingern einer Hand „behalten" werden. In diesen wenigen Fällen muß man sich die Behalteziffer im Kopf merken.

(4) *Multiplikation mit einer Zehnerzahl*

Multiplikation mit Zehnerzahlen

Die Multiplikation mit 10 und mit beliebigen Zehnerzahlen wurde bereits beim halbschriftlichen Rechnen behandelt (Abschnitt 2.2.4.4). Jetzt können wir diese Lösungsstrategie in die Normalform der schriftlichen Multiplikation übertragen.

Beispiel:

123 · 60	(Zuerst 123 · 6, dann das Ergebnis mal 10).
7380	Sprechweise: Nach der Sprechweise für die Multiplikation mit dem einstelligen Multiplikator kann man anfügen: „Jetzt mal 10, schreibe die Null“.

Multiplikation mit beliebigen mehrstelligen Zahlen

(5) *Multiplikation mit beliebigen mehrstelligen Zahlen*
Durch Anwendung des Verteilungsgesetzes läßt sich die Multiplikation mit einer beliebigen zweistelligen Zahl zerlegen in die Multiplikation mit einer Zehnerzahl und einer Einerzahl. Entsprechendes gilt für dreistellige Zahlen.

Beispiel: 123 · 45

Ausführlich:	Zwischenstufe mit Endnullen:		Endform (Normalverfahren):
123 · 40 = 4920	123 · 45		123·45
123 · 5 = 615			
123 · 45 = 5535	4920	(das 40fache)	492
	$_1$615	(das 5fache)	$_1$615
	5535		5355

In der Endform des Normalverfahrens werden „Anhängenullen“ nicht mehr notiert. Das hat den Vorteil, daß Verwechslungen von „Rechennullen“ und „Endnullen“ vermieden werden (Fehlerbeispiel ST0 in Abschnitt 2.3.4.3). Wer überzeugt ist, daß die „Anhängenull“ notiert werden sollte, weil sie die Multiplikation mit 10 verdeutlicht, kann für diese Abweichung von der Schreibweise im Lehrplan ebenfalls gute Gründe anführen.

2.3.5 Schriftliche Division

2.3.5.1 Das Normalverfahren

Normalverfahren

Im Anhang zum Lehrplan ist das Normalverfahren zur schriftlichen Division anhand eines Beispiels vorgegeben:

```
4256 : 6 = 709 R2   + 2 : 6
42
 05
  0
 56
 54
  2
```

Varianten dieses Verfahrens wie Strich oder Gleichheitszeichen anstelle des Restes 0 in der Divisionsstaffel, Mitführen eines Minuszeichens bei den Teilprodukten, Kurzformen bei 0 als Ergebnisziffer (beim zweiten Divisionsschritt im obigen Beispiel) sind für den Unterricht nicht zu empfehlen.

2.3.5.2 Analyse der Schwierigkeiten

Schwierigkeiten

Die schriftliche Division gilt allgemein als das schwierigste der schriftlichen Rechenverfahren. Prinzipielle Probleme sind das Abschätzen, wie oft der Divisor im Teildividenden enthalten ist (17 in 120, 429 in 3000), die Berechnung der Teilprodukte (7 · 17, 7 · 429), das Subtrahieren, der rasche Wechsel zwischen diesen verschiedenen Anforderungen. Eine grundsätzliche Schwierigkeit liegt auch darin, daß der Stellenwert der Ergebnisziffern sich erst beim letzten Rechenschritt ergibt.

Wird beispielsweise bei einer Teildivision wie 3 : 5 die zugehörige 0 im Ergebnis nicht notiert, werden die Stellenwerte aller zuvor berechneten Ergebnisziffern falsch.
Im Mathematikunterricht der Grundschule sind die Anforderungen dadurch deutlich verringert, daß laut Lehrplan als Divisoren nur die Zahlen 1 bis 20 vorgesehen sind. Bei Divisoren bis 10 genügen Einmaleinskenntnisse zur Abschätzung, beispielsweise wie oft 7 in 50 enthalten ist. Für Divisoren 11 bis 19 gestattet der Lehrplan ausdrücklich die Verwendung von Tabellen zum großen Einmaleins. Bei Division durch 20 hilft das Einmaleins der Zehnerzahlen. Für Schwierigkeiten mit Stellenwerten und insbesondere mit der Null als Ergebnisziffer gibt es einfach zu handhabende methodische Maßnahmen (Abschnitt 2.3.5.4). Kennt man als Lehrkraft die stofflichen Schwierigkeiten, kann man entsprechend vorbeugen.

Diagnostische Aufgabenblätter

Schwierigkeitsmerkmale

Um herauszufinden, welche Schüler mit welchen Aufgabenmerkmalen noch Schwierigkeiten haben, kann man diagnostische Aufgabenblätter D1, D2 und D3 verwenden (Kopiervorlagen 16, 17, 18).
Die Aufgabenblätter D1 und D2 beschränken sich auf einstellige Divisoren. Sie können verwendet werden, um vor Behandlung der Division mit zweistelligem Divisor etwaige Kenntnislücken der Schüler festzustellen. In beiden Tests steigt der Schwierigkeitsgrad

- von oben nach unten hinsichtlich der Teildivisionen,
- von links nach rechts hinsichtlich des Auftretens von Nullen.

In beide Tests sind Aufgaben mit zusätzlichen Schwierigkeitsmerkmalen eingebaut. Näheres dazu kann der nachfolgenden Tabelle entnommen werden. Dort wurden die Divisionsstaffeln sehr ausführlich geschrieben, um die Schwierigkeiten der Aufgaben zu verdeutlichen.
Im Test D1 treten nur Divisoren bis 5 auf. Dadurch benötigt der Schüler nur einfache Einmaleinsreihen (Zweier-, Dreier-, Vierer- und Fünferreihe). Zusätzlich wurde bei der Konstruktion der Aufgaben darauf geachtet, daß beim Subtrahieren keine Zehnerübergänge auftreten. Durch das weitgehende Ausschalten von Schwierigkeiten beim Berechnen der Teilprodukte oder beim Subtrahieren zeigt sich deutlicher, ob die für die Division typischen Verfahrenskenntnisse vorhanden sind, bzw. welche Schwierigkeiten der Schüler in dieser Hinsicht hat.

Typische Verfahrenskenntnisse

Das schwierigste Aufgabenmerkmal ist in Aufgabe 8 enthalten (4253 : 5). Hier geht die Division in der vorletzten Stelle auf, es ist nur noch die Einerziffer herunterzuholen. Da sie kleiner ist als der Divisor, ist die Versuchung groß, sie gleich als Rest aufzufassen und gar nicht erst durch 5 zu dividieren, was die Ergebnisziffer 0 ergeben würde. Dadurch erhalten die zuvor berechneten Ziffern falsche Stellenwerte.
Im Test D2 wurde die Beschränkung auf Divisoren bis 5 fallengelassen. Ferner treten im Gegensatz zum D1 auch Zehnerübergänge beim Subtrahieren der Teilprodukte auf. Dieser Test soll helfen festzustellen, ob der Schüler die bei der Division mit einstelligem Divisor erforderlichen Verfahrenskenntnisse unter höheren rechnerischen Schwierigkeiten anwenden kann.

Höhere Schwierigkeiten

Das Aufgabenblatt D3 enthält zweistellige Divisoren. In den ersten sechs Aufgaben sind die Teildivisionen einfach, so daß Schwierigkeiten im Verfahren, insbesondere mit Nullen, deutlicher hervortreten. In den Aufgaben 7 und 8 wiederholen sich die Verfahrensanforderungen der Aufgaben 5 und 6, jetzt aber bei gleichzeitig höheren rechnerischen Anforderungen.

Tabelle der Schwierigkeitsmerkmale beim diagnostischen Test D1

<table>
<tr><td rowspan="2" colspan="3">D1</td><td colspan="2">• einstelliger Divisor
• Divisor ⩽ 5, d. h. einfache Einmaleinsreihen
• kein Zehnerübergang bei der Subtraktion</td></tr>
<tr><td>keine Null im Dividenden
keine Null im Quotienten</td><td>Null im Dividenden
oder Quotienten</td></tr>
<tr><td colspan="3">Teildivisionen gehen in jeder Stelle auf</td><td>1
826 : 2 = 413</td><td>2
3900 : 3 = 1300</td></tr>
<tr><td rowspan="3">Teildivisionen gehen nicht in jeder Stelle auf</td><td colspan="2">Erster Teildividend einstellig</td><td>3
9284 : 4 = 2321
8
12
12
08
8
04
4
0</td><td>4
85050 : 5 = 17010
5
35
35
00
0
05
5
00
0
0</td></tr>
<tr><td rowspan="2">erster Teildividend zweistellig</td><td>Ergebnis ohne Rest</td><td>5
13116 : 2 = 6558
12
11
10
11
10
16
16
0</td><td>6
18120 : 2 = 9060
18
01
0
12
12
00
0
0</td></tr>
<tr><td>Ergebnis mit Rest</td><td>7
3294 : 4 = 823 (Rest 2)
32
09
8
14
12
2</td><td>8
4253 : 5 = 850 (Rest 3)
40
25
25
03
0
3</td></tr>
</table>

Zusätzliche Schwierigkeitsmerkmale	**in Aufgabe Nr.**
(1) Gleiche Ziffern nacheinander herunterholen	2, 5
(2) Herunterzuholende Ziffer gleich Teildifferenz	5
(3) Zwischen-Null herunterholen, wenn vorhergehende Teildivision aufgeht	
(4) End-Null herunterholen, wenn vorhergehende Teildivision aufgeht	4, 6
(5) Null dividieren (Zwischen-Null im Quotienten)	2, 4
(6) Null dividieren (End-Null im Quotienten)	2, 4, 6
(7) Teildividend < Divisor, Null im Ergebnis	2, 4, 6, 8
(8) Zweimal aufeinanderfolgend derselbe Rechenschritt	5

2.3.5.3 Analyse von Fehlern

Fehlertypen

Die häufigsten Fehlertypen beim schriftlichen Dividieren lassen sich einteilen in

- Fehler beim Herunterholen von Ziffern (H),
- Fehler beim Ausrechnen von Teilprodukten (p),
- Fehler beim Bestimmen von Quotientenziffern (q).

Betrachten wir die wichtigsten Fehlertypen an einigen Beispielen. Aus Platzgründen wurden hier in einige Aufgaben gleich mehrere Fehlertypen eingebaut:

```
8056 : 8 = 107 R2          18130 : 2 = 906 R1
8                          18
05        H0                01
 0                           0
 56                          13
 54       p                  12
  2                           1     H0
```

Hier handelt es sich um die Fehlermuster p (Fehler bei der Berechnung eines Teilproduktes) und H0 (Null nicht heruntergeholt). Manche Schüler begehen den H0-Fehler nur dann, wenn die 0 an letzter Stelle steht.

```
18130 : 2 = 965     8056 : 8 = 17       4253 : 5 = 85 R3
18                  8                   40
 01        q0       0056   q0 q0         25
  0                   56                 25        q01
  13                                      03
  12
   10
   10
    0
```

Bei diesen Fehlerbeispielen zum Fehlermuster q0 (im Quotienten fehlt eine Null) wurden Teildivisionen der Art 1 : 2, 0 : 8 oder 5 : 8 nur teilweise oder überhaupt nicht ausgeführt. Ursache dafür ist die verbreitete, aber dennoch falsche Sprechweise „5 : 8 geht nicht“ statt „5 : 8 geht 0mal“. Im ersten Beispiel wurde zwar die entsprechende Teildivision in der Divisionsstaffel notiert, im Ergebnis aber keine Null geschrieben. Im zweiten Beispiel dagegen wurden „so lange Ziffern heruntergeholt, bis die Division wieder geht“.
Besonders tückisch ist das dritte Aufgabenbeispiel. Hier geht die Teildivision in der vorletzten Stelle auf. Beim Herunterholen der letzten Ziffer denkt der Schüler etwa: „3 ist kleiner als 5, also ist 3 der Rest“. Dadurch fehlt der letzte Divisionsschritt und somit im Quotienten eine Null (Fehlermuster q0l: Im Quotienten fehlt an letzter Stelle eine Null).
Bei den nachfolgenden Fehlerbeispielen wurde im ersten Divisionsschritt die Quotientenziffer zu niedrig geschätzt.

```
32884 : 4 = 71221          32884 : 4 = 71221
28                         28|
 48        q2               4|        qm
 48                         4|
  08                        08
   8                         8
   04                       08
    4                        8
    0                       04
                             4
                             0
```

Im ersten Fehlerbeispiel bemerkt der Schüler nicht, daß der Rest nach dem ersten Divisionsschritt nicht kleiner als der Divisor ist. Er holt die nächste Ziffer herunter und rechnet 48 : 4 = 12. Dabei stört ihn nicht, daß er bei diesem Divisionsschritt den zweistelligen Teilquotienten 12 erhält (Fehlermuster q2: zweistelliger Teilquotient bei einem Divisionsschritt) und die Ziffer 1 eigentlich zur 7 addiert werden müßte.
Auch beim zweiten Fehlerbeispiel ist der Rest nach dem ersten Divisionsschritt zu groß. Der Schüler bemerkt, daß die 4 noch einmal im Rest enthalten ist, schreibt aber die 1 als weitere Stelle in das Ergebnis, statt sie zur 7 zu addieren. In der Divisionsstaffel sieht man bei diesem Fehlermuster eine zu hohe Stufe (Fehlermuster qm: mehrmaliges Dividieren bei gleichem Stellenwert). Diese und weitere Fehlerbeispiele fordern zu vorbeugenden Maßnahmen bei der Einführung und Einübung des Verfahrens der schriftlichen Division heraus.

2.3.5.4 Weitere Hinweise zur Behandlung im Unterricht

Einstellige Divisoren

Stufenfolge

Beim ersten Zugang zur schriftlichen Division beschränkt man sich auf Division durch einstellige Divisoren. Als Stufenfolge bietet sich an:

1. Schritt: Alle Teildivisionen gehen auf. Kein Umwandeln erforderlich. Beispiel: 693 DM gleichmäßig an drei Personen verteilen.
2. Schritt: Nicht alle Teildivisionen gehen auf. Umwandeln erforderlich. Erster Teildividend einstellig. Beispiel: 534 DM gleichmäßig an drei Personen verteilen.
3. Schritt: Wie beim zweiten Schritt, jedoch erster Teildividend zweistellig (das Ergebnis hat eine Stelle weniger als der Dividend). Beispiel: 1536 DM gleichmäßig an drei Personen verteilen.

Bei der Einführung der schriftlichen Division könnte man an das halbschriftliche Dividieren anknüpfen (Abschnitt 2.2.4.3). Dieser Weg ist jedoch nicht unproblematisch, wie folgendes Beispiel zeigt:

536 : 4	oder	536 : 4	oder	536 : 4
400 : 4 = 100		500 : 4 = 125		400 : 4 = 100
100 : 4 = 25		36 : 4 = 9		120 : 4 = 30
36 : 4 = 9				16 : 4 = 4
536 : 4 = 134		536 : 4 = 134		536 : 4 = 134

Halbschriftliches Dividieren

Beim halbschriftlichen Dividieren ist die Art der Zerlegung des Dividenden grundsätzlich freigestellt und darf den Schülern nicht vorgeschrieben werden. Von obigen drei Varianten entspricht nur die letzte dem Vorgehen beim schriftlichen Dividieren. Beim schriftlichen Dividieren wird der Dividend stets so in Teildividenden zerlegt, daß sich bei jedem Divisionsschritt nur eine Ziffer des Quotienten ergibt. Das Verfahren selbst liefert die geeignete Zerlegung.

```
536 : 4 = 134
4
13
12
 16
 16
  0
```

Handeln

Günstiger als der Zugang über das halbschriftliche Dividieren ist der Zugang über das Verteilen von Rechengeld (oder Mehrsystemblöcken), das an obigem Zahlenbeispiel erläutert werden kann.

Beispiel
536 DM sollen gleichmäßig an vier Personen verteilt werden. Wieviel bekommt jede Person?

Diese Verteilaufgabe verläuft ganz zwanglos so, wie auch beim schriftlichen Dividieren gerechnet wird:

- Von den 5 Hundertmarkscheinen kann man zunächst 4 Hunderter an die vier Personen verteilen. Jeder bekommt 1 Hundertmarkschein. Den restlichen Hundertmarkschein tauscht man in 10 Zehnmarkscheine um.
- Von den jetzt vorhandenen 13 Zehnmarkscheinen kann man 12 Zehner an die vier Personen verteilen. Jede bekommt 3 Zehnmarkscheine. Den restlichen Zehnmarkschein tauscht man in 10 Einmarkstücke um.
- Die 16 Einmarkstücke kann man ohne Rest an die vier Personen verteilen. Jede bekommt 4 Einmarkstücke.

Die Verteilhandlung kann man an der Tafel (oder mit Rechengeld an der Magnettafel) auch bildhaft darstellen:

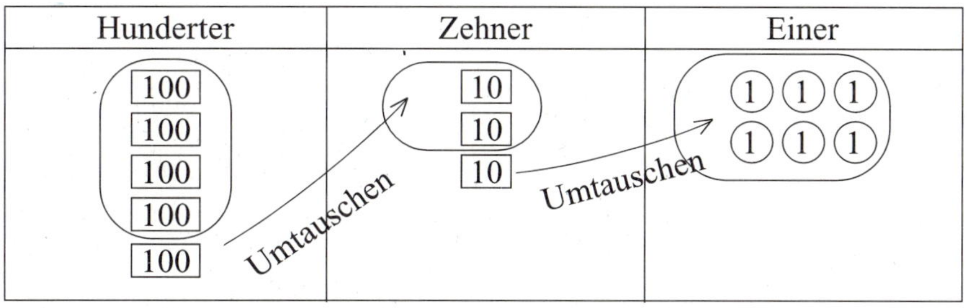

In schriftlicher Darstellung (zunächst mit Stellenwerten):

H	Z	E				H	Z	E
5	3	6	:	4	=	1	3	4
4								
1	3							
1	2							
	1	6						
	1	6						
		0						

Sprechweise

Zum Problem der Sprechweise beim schriftlichen Dividieren
Im Lehrplan ist für die schriftliche Division keine begleitende Sprechweise angegeben. Die Formulierung „5 H geteilt durch 4 gleich 1 H“ oder kurz „5 geteilt durch 4 ist gleich 1“ wäre nicht korrekt, wie Begründung („denn 1 H mal 4 gleich 4 H“) zeigt.
Eine geeignete Sprechweise lautet: „5 (Hunderter) geteilt durch 4 ergibt 1 (Hunderter), denn 1 (Hunderter) mal 4 ist gleich 4 (Hunderter)“. Diese Sprechweise schließt sich eng an die Verteilhandlung an, deren erster Schritt für jede Person das Ergebnis 1 Hunderter „ergibt“.
Eine andere Möglichkeit wäre, der Sprechweise für 5 : 4 auszuweichen und zu

sagen „5 ist keine Viererzahl. 4 ist eine Viererzahl. 4 H : 4 = 1 H. 1 H bleibt übrig. 1 H + 3 Z = 13 Z. 13 ist keine Viererzahl ...“. Diese Sprechweise ist allerdings umständlich und würde bei Aufgaben wie 413 : 4 beim zweiten Divisionsschritt eigenartig klingen („1 ist keine Viererzahl. 0 ist eine Viererzahl. 0 : 4 = 0“). Bei zweistelligen Divisoren müßte man entsprechend von „Siebzehnerzahlen“ sprechen.
Bewährt hat sich auch die an das Messen (Enthaltensein) anschließende Sprechweise: „Wie oft ist 4 in 5 enthalten?“ kürzer: „Wie oft geht 4 in 5?“ Antwort: „4 in 5 geht 1 mal“.

Bestimmung des Stellenwertes der Ergebnisziffern

Stellenwerte

Spätestens beim Übergang zur Kurzform der schriftlichen Division (ohne Mitschreiben oder Mitsprechen der Stellenwerte) ist es zur Vorbeugung gegen die zahlreichen Stellenwertfehler (Fehlermuster H0, q0, q2, qm in Abschnitt 2.3.5.3) zweckmäßig, *vor Beginn der eigentlichen Rechnung* die Anzahl der Ergebnisziffern zu bestimmen. Dazu einige Beispiele:

T	T			
18130 : 2 =	9		18130 : 2 =	9_ _ _
T	T			
8056 : 8 =	1		8056 : 8 =	1_ _ _
H	H			
4253 : 5 =	8		4253 : 5 =	8_ _
ZT	ZT			
320350 : 4 =	8		320350 : 4 =	8_ _ _ _

Bei dieser Methode wird der erste Teildividend durch einen Bogen gekennzeichnet. Er liefert die erste Ziffer des Ergebnisses, deren Stellenwert sofort am Dividenden abgelesen werden kann oder sich durch Abzählen der Divisionsschritte ergibt: jede weitere herunterzuholende Ziffer erfordert einen Divisionsschritt und liefert eine Ergebnisziffer.

Überschlagsrechnung

Überschlagsrechnung

Auch Überschlagsrechnen dient der Vorbeugung gegen Stellenwertfehler. Bei einstelligen Divisoren wird der Dividend so gerundet, daß er leicht durch den Divisor zu teilen ist.

Beispiel: 1994 : 7
Das naheliegende Runden von 1994 auf 2000 führt zu 2000 : 7, was nicht einfach zu überschlagen ist. Das Beispiel macht deutlich, daß bei der schriftlichen Division der Divisor nicht auf Zehner, Hunderter, Tausender usw. gerundet wird, sondern auf *leicht zu dividierende Vielfache des Divisors,* im Beispiel also auf 2100 : 7. Jetzt folgt noch die Überlegung: 21 : 7 = 3, also 210 : 7 = 30, also 2100 : 7 = 300.
Manchen Kindern fällt das Runden des Dividenden auf Vielfache des Divisors schwer. Sie kommen mit der oben vorgeschlagenen Bestimmung des Stellenwertes bei der ersten Teildivision besser zurecht.

Beispiel: 1994 : 7
Die Bestimmung des Stellenwertes ergibt 1994 : 7 = 2 _ _. Das Ergebnis liegt also zwischen 200 und 300, offensichtlich näher bei 300.

Probe

Probe durch Multiplikation

Die Bereitschaft von Kindern, bei der schriftlichen Division nach der Überschlagsrechnung und der exakten Ausrechnung auch noch die Probe durch die Multiplikation zu machen, ist nicht leicht zu wecken. Erfahrungsgemäß führt die Proberechnung nur sehr selten zur Verbesserung der ursprünglich falsch gelösten Divisionsaufgabe. Insofern ist der Wert der Proberechnung umstritten. Dennoch sollten die Kinder das Prinzip verstanden haben. Beispiele für Schreibweisen sind in Schulbüchern zu finden.

Zweistelliger Divisor

Aufgaben mit zweistelligen Divisoren bis 20 sind deutlich schwieriger als solche mit einstelligem Divisor, weil das Abschätzen, wie oft beispielsweise 16 in 100 enthalten ist, für Grundschulkinder schwierig ist. Der Lehrplan gestattet deshalb ausdrücklich die Verwendung von Tabellen zum großen Einmaleins.

Für den Fall, daß solche Tabellen nicht zur Verfügung stehen, ist es zweckmäßig, eine praktikable Strategie zur Bestimmung der Vielfachen zweistelliger Zahlen zu behandeln. Denn das schrittweise Addieren in der Form

16	48	64	
16	16	16	
16	64	80	
48			usw.

ist sehr fehleranfällig, sowohl beim Addieren als auch beim Bestimmen, wie oft die 16 addiert wurde.

Hier bietet sich an, die vom Einmaleinslernen bekannte Strategie der Ableitung aus Kernaufgaben anzuwenden.

Beispiel: Wie oft ist 16 in 100 enthalten?

Wie beim kleinen Einmaleins berechnet man zuerst das Doppelte, das 10fache und das 5fache von 16. Dann sieht man leicht, daß 16 in 100 sechsmal enthalten ist und der Rest 4 bleibt. Enssprechend könnte man an der Tabelle leicht erkennen, daß 16 in 120 siebenmal enthalten ist, denn 80 + 32 = 112.

1	*16*
2	*32*
.	.
.	.
5	*80*
.	*96*
.	.
.	.
.	.
10	*160*

Überschlagsrechnen

Überschlagsrechnung bei zweistelligen Divisoren

Am Beispiel 4500 : 16 ist zu erkennen, daß *Überschlagsrechnen* vielen Grundschülern schwerfällt. Sollen sie zuerst 16 auf 20 runden und dann 5000 : 20 berechnen, was auch nicht gerade einfach ist, oder sollen sie 4500 : 15 rechnen oder 4000 : 20? Erfahrungsgemäß fällt es den Kindern leichter, den Divisor unverändert zu lassen und ein Überschlagsergebnis durch Bestimmen des Stellenwertes der ersten Ergebniszifffer zu finden, wie nachfolgend gezeigt wird.

Bestimmung des Stellenwertes der Ergebnisziffern

Beispiele

4500 : 16 = 2_ _ (also Ergebnis zwischen 200 und 300, näher bei 300).

40700 : 17 = 2_ _ _ (also Ergebnis zwischen 2000 und 3000).

Vorteile dieser Methode liegen darin, daß der erste Schritt der schriftlichen Division bereits weitgehend erledigt ist und damit zugleich ein Überschlagsergebnis gefunden ist.

Kapitel 3
Geometrie im dritten und vierten Schuljahr

Albrecht Abele

3.1 Fachdidaktische Systematisierung des Stoffgebiets

Raumgeometrie
Geometrie der Ebene

Die Inhalte des Geometrieunterrichts in der Grundschule sind sowohl der „Raumgeometrie" wie auch der „Geometrie der Ebene" entnommen. Die beiden Bereiche bleiben im Unterrichtsgeschehen jedoch eng miteinander verbunden; so z. B., wenn im ersten Schuljahr die geometrischen „Grundformen" (Quadrat, [nicht-quadratisches] Rechteck, Dreieck, Kreis) als Begrenzungsflächen geometrischer Körper gewonnen werden, im dritten Schuljahr Quadernetze hergestellt und untersucht werden oder Spiegelsymmetrie an Körpern hinführt zur Achsensymmetrie bei ebenen Figuren. Erst im vierten Schuljahr wird die Systematik „Raumgeometrie" – „Ebene Geometrie" durch entsprechende Überschriften in den Lehrplan eingeführt.

Vier Erfahrungsbereiche

Die Inhalte des Geometrieunterrichts lassen sich andererseits vier Erfahrungsbereichen zuordnen, die den Geometrieunterricht in allen Schularten bestimmen.

(1) Geometrie der qualitativen Erfahrungen an Körpern sowie mit ebenen Figuren („Formenkunde")
Aus den vorhergehenden Schuljahren bringen die Kinder Erfahrungen ein im Umgang mit Würfeln und (nicht würfelförmigen) Quadern: Halbieren eines Würfels, Aufbauen eines großen Würfels aus kleinen Wüfeln, Zerlegen eines großen Würfels in kleine Würfel. Ähnliche Tätigkeiten bei Quadern förderten die Raumvorstellung der Kinder und stellten immer wieder Erfahrungen bereit zur räumlichen Symmetrie der bearbeiteten Körper und zum Begriff des Rauminhalts.

Formenkunde

Im dritten und vierten Schuljahr werden die qualitativ orientierten, formenkundlichen Betrachtungen zunächst an Walze (Rundsäule) und Kugel, dann auch an Säulen mit anderen Grundflächen, Pyramiden und Kegel weitergeführt. Sie werden wieder ergänzt durch Aktionen an und mit Körpern. Vor allem das Zerlegen eines Körpers in kleinere Körper vermittelt nun vertiefte Erfahrungen zur Raumsymmetrie und zum Begriff des Rauminhaltes.

(2) Quantitative Betrachtungen an ebenen Figuren und Körpern (Messen und Rechnen in der Geometrie)

Flächeninhalt

Die quantitative Geometrie vertieft – im Zusammenhang mit dem Sachrechnen – die Erfahrungen und Kenntnisse zur Längenmessung und präzisiert durch vielfältige Handlungserfahrungen den Begriff des Flächeninhalts an einfachen, geradlinig begrenzten, ebenen Flächenstücken. Die zugehörigen Lerninhalte sind

- Flächeninhalte durch Zerlegen oder durch Auslegen mit Plättchen vergleichen,
- Flächeninhalte – nach Vereinbarung geeigneter Normgrößen als Flächeneinheit – zahlenmäßig bestimmen,
- Entwicklung geeigneter Berechnungsstrategien für Inhalt und Umfang einfacher geradlinig begrenzter Figuren, ohne jedoch eine strikte Formalisierung anzustreben.

Rauminhalt

In entsprechender Weise wird der Begriff des Rauminhalts durch den konstruktiven Aufbau von Würfeln oder Quadern aus Steckwürfeln vorbereitet, ohne daß dieser Begriffsbildungsprozeß bis zum Ende der Grundschulzeit abgeschlossen wird. Das Ausfüllen von Hohlkörpern mit Sand oder Wasser bildet für die Einführung der Rauminhaltsmaße Liter und Milliliter (Arbeitsbereich Größen und Sachrechnen) eine solide begriffliche Grundlage.

(3) Lage- und Symmetriebeziehungen an ebenen Figuren und geometrischen Körpern; Transformationen („Abbildungen")

Transformationsspiele

Achsensymmetrie

Parkettierungen

Drehsymmetrie

Das Abbilden als „Handeln nach einer Spielregel" ist den Schülern aus den beiden ersten Klassen bekannt. Die Arbeit mit Transformationen vorgegebener Muster verschärft im dritten Schuljahr die Regeln für achsensymmetrisches Abbilden und für Parkettierungen (Fliesenmuster). Im vierten Schuljahr werden dann einige Regeln für Abbildungen mit Drehsymmetrien erarbeitet. Besonders wichtig sind auf diesem Arbeitsfeld offene Aufgabenstellungen, die der Entfaltung der kindlichen Kreativität genügend Raum lassen.

(4) Geometrisches (Freihand-)Zeichnen und Konstruieren

Zeichnen

Da die motorische Geschicklichkeit der Kinder weiter zunimmt, wird bis zum Ende des vierten Schuljahres auch der Gebrauch der üblichen Zeichengeräte, Lineal, Geodreieck, Zirkel eingeübt. Damit verlagert sich auch der Schwerpunkt der Schülertätigkeiten bei der Achsensymmetrie und im vierten Schuljahr bei der Drehsymmetrie deutlich vom Plättchenlegen zum Zeichnen und Konstruieren. Der Einsatz von Gitterpapier erleichtert die Ausführung der Konstruktionen und vermittelt vertiefte Einsichten in die Gesetzmäßigkeiten geometrischer Abbildungen.

3.2 Analyse der Zielangaben

Ziele

Die Ziele der einzelnen Arbeitsbereiche sind im Bildungsplan den Inhalten jeweils vorangestellt, decken diese aber nicht immer vollständig ab. Daher werden in der folgenden Liste, wenn nötig, die zugehörigen Inhalte in ergänzenden Klammern hinzugefügt. Um einen längsschnittähnlichen Analyseansatz der Lehrplanformulierungen zu gewinnen, werden außerdem die Ziele für das dritte und vierte Schuljahr nach inhaltlichen Kategorien zusammengefaßt (vgl. BP, 1994, S. 146 bzw. S. 203 oder Abschnitt 8.6 bzw. Abschnitt 8.7 in diesem Handbuch).

- Qualitative Geometrie
  Fortführung der Erfahrungen mit geometrischen Körpern an Kugel und Walze (3. Klasse),
  Formenkunde
  Gewinnen genauerer Vorstellungen von geometrischen Formen durch handelnden Umgang mit Gegenständen, durch geeignete Veranschaulichung, durch eigenes, auch freihändiges Zeichnen (4. Klasse),
  Raumvorstellung
  Vertiefung der Raumvorstellungen durch Auffinden bekannter (geometrischer) Körper in der Lebensumwelt (4. Klasse),
  Weiterführung der formenkundlichen Betrachtungen an Körpern (Säulen [nicht nur Rundsäulen], Kegel, Pyramiden) (4. Klasse).
- Quantitative Geometrie
  Flächeninhalt
  Gewinnen von Erfahrungen zum Flächeninhaltsbegriff durch Auslegen und Vergleichen von Flächenstücken (3. Klasse),
  Rauminhalt
  Vorbereitung des Rauminhaltsbegriffes durch Zusammenbauen und Zerlegen von Quadern (3. Klasse),
  Messen von Flächen- und Rauminhalten (Weiterführung) (4. Klasse).

Zeichengeräte

- Zeichnen
  Einsatz von Zeichengeräten (Lineal, Schablonen); Zeichen- und Orientierungshilfe ist das Gitternetz (3. Klasse),
  Sachgerechter Umgang mit Lineal, Geodreieck und Zirkel zur Anfertigung genauer und sauberer Darstellungen (4. Klasse).

Abbilden

- Abbildungsgeometrie
  Entwerfen von Fliesenmustern (Parkettierungen) (3. Klasse),
  Zeichnen (achsen)symmetrischer Figuren (3. Klasse),
  Weiterführung der Auseinandersetzung mit (achsen)symmetrischen Figuren (4. Klasse).

Sprache

- Sprache
  Sprachliche Erziehung der Kinder durch Präzisierung umgangssprachlicher Begriffe (z.B. Ecke, Kante, Seite) (3. Klasse).

3.3 Raumgeometrie

Die Erfahrungen der Kinder beim Umgang mit geometrischen Körpern weisen in zwei Richtungen

(1) Zielrichtung *Formenkunde*, wenn Eigenschaften entdeckt werden, Körper aus Plastilin hergestellt werden, Körpernetze hergestellt und untersucht werden, Flächen- und Kantenmodelle gebaut werden.
(2) Zielrichtung *Rauminhalt*, wenn Erfahrungen zum Rauminhalt gesammelt werden, Körperinhalte von Würfeln und Quadern verglichen werden.

3.3.1 Formenkunde

Formenkunde Beschreiben ist nicht genug!

Die alte Bezeichnung *Formenkunde* darf nicht dazu verleiten, sich auf das Beschreiben der Körper zu beschränken. Es ist nicht genug festzustellen, daß ein Quader (auch der Spezialfall „Würfel") 6 Begrenzungsflächen, 12 Kanten und 8 Ecken hat, die Kugel weder Kanten noch Ecken und nur eine (gekrümmte oder gewölbte) Begrenzungsfläche hat, und daß bei Säulen, Zylinder, Pyramiden, Kegel das Augenmerk ebenfalls auf diese Eigenschaften gelenkt wird. Daß die Kanten beim Quader in den Ecken paarweise senkrecht aufeinanderstehen, merken die Schüler „handgreiflich", wenn sie versuchen einen solchen Körper aus Plastilin zu formen oder auszuschneiden. Daß eine Kugel wegrollt, weil sie *rund* ist, eine *runde* Säule auch wegrollt, aber nur in einer Richtung, daß man mit einem Würfel gar nicht „würfeln" kann wie mit einem Spielwürfel, weil seine Ecken zu spitz sind, daß ein Kegel beim Wegrollen eine *Kurven*bahn beschreibt (woher kommt das?); dies alles kann man erfahren im eigenen Ausprobieren und gezielten Experimentieren mit unterschiedlich geformten Exemplaren der einzelnen Körpersorten.

3.3.2 Körpermodelle

Beim Herstellen geometrischer Körper werden Quaderformen in aller Regel bevorzugt. Dies ist nicht verwunderlich; denn bei der Verwendung von kleinen Würfeln als Bauelemente (Steckwürfel, kleine Würfel eines Baukastens) können nur Quader (auch in der Spezialform „Würfel") oder aus Quadern (Würfeln) zusammengesetzte Körper entstehen. Aufgrund der verschiedenen Bau- und Darstellungsmöglichkeiten sind drei Modelltypen zu unterscheiden.

Modelltypen

(1) Massive Bauten – Quader aus Würfeln oder kleineren Quadern aufbauen,

(2) Flächenmodelle – Quader aus Netz herstellen,

(3) Kantenmodelle – Quader aus Stäben zusammenfügen.

Die unterschiedlichen Aufgaben zu den drei genannten Modelltypen haben seit einiger Zeit Eingang in die Schulbuchliteratur gefunden, so daß hier einige wenige Beispiele zur Illustration des Sachverhaltes genügen.

3.3.2.1 Quader aus Würfeln aufbauen

Beispiele

- Quaderkonstruktionen

  Nimm 40 kleine Würfel. Baue daraus einen großen Würfel!

  Bei dieser Tätigkeit merken die Kinder schnell, daß mit allen 40 Würfelchen kein großer Würfel gebaut werden kann. Es reichen 27 Würfelchen, 13 bleiben übrig. Zum nächstgrößeren Würfel jedoch fehlen 24 Stück.

  Würfelzahlen

  Gibt es noch andere „Würfelzahlen"?

  – Aber aus 40 Würfelchen kann man verschiedene *Quader* bauen. Welche

  Nimm 48 Würfelchen. Du kannst daraus mehr Quader bauen als mit 40 Würfelchen. – Warum?

Baupläne

- Baupläne

  Bekannt geworden sind die Vorschläge von Rickmeyer (Radatz & Rickmeyer, 1991) beim Aufbauen und bei der Analyse von Würfelkörpern Baupläne zu verwenden. Die Aufgabentypen weisen in verschiedene Richtungen:

  – Zu einem gebauten Würfelkörper den Plan zeichnen,

  – Zu einem vorgegebenen Plan den Körper bauen,

  – Aus einem Plan erkennen oder berechnen können, wie viele Würfelchen zum Bauen des Körpers benötigt werden.

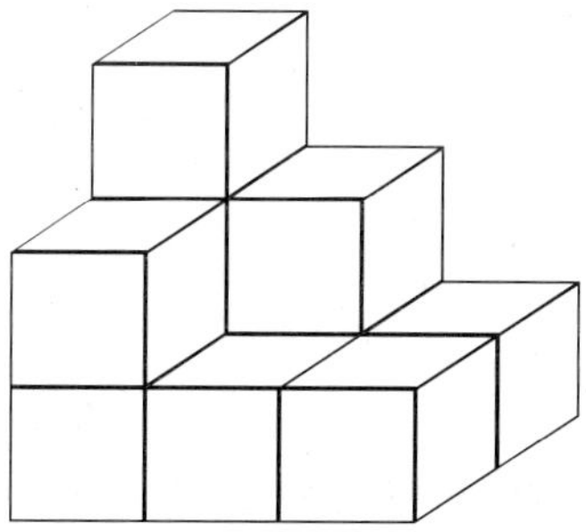

3	2	1
2	1	1

3.3.2.2 Würfel und Quadernetze

Beispiele

Würfelnetze

- Würfelnetze

  Eine Variation der bekannten Aufgaben mit Würfelnetzen erhält man, wenn als Materialbasis alle „Quadratfünflinge" verwendet werden. Aus welchen dieser Quadratfünflinge kann man eine oben offene, würfelförmige Schachtel falten?

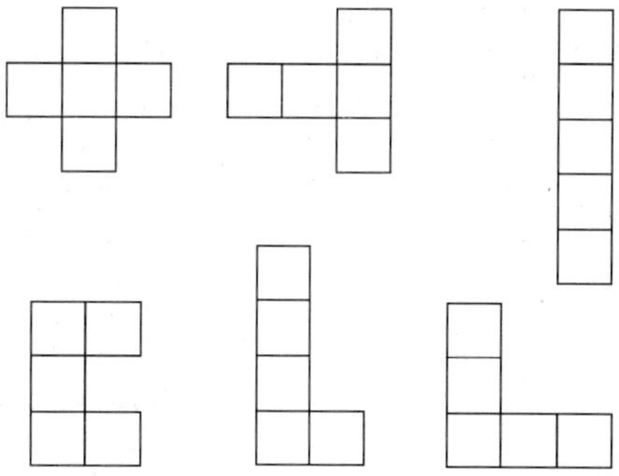

Typisch für Aufgaben aus diesem Arbeitsbereich ist, daß sich von selbst eine geeignete Binnendifferenzierung ergibt: Schüler mit einem ausgeprägten Raumvorstellungsvermögen lösen die Aufgabe „im Kopf", andere Schüler können ihre Handlungserfahrung mobilisieren und mit Papier und Schere zu einem guten Ergebnis gelangen. (Kopiervorlage 19)

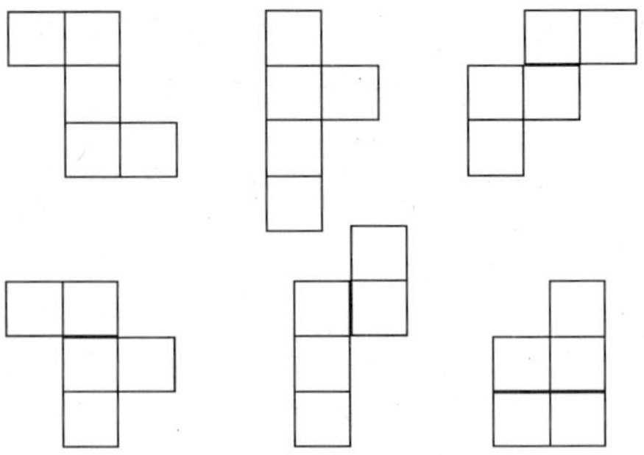

Wege auf der Quaderoberfläche

- Spaziergang auf dem Quader
  Eine Ameise wandert auf einem quaderförmigen Ziegelstein von einer Ecke zur gegenüberliegenden Ecke.
  Welches ist der nächste Weg?
  Die Maßangaben zu Länge, Breite und Höhe erlauben nützliche Variationen:

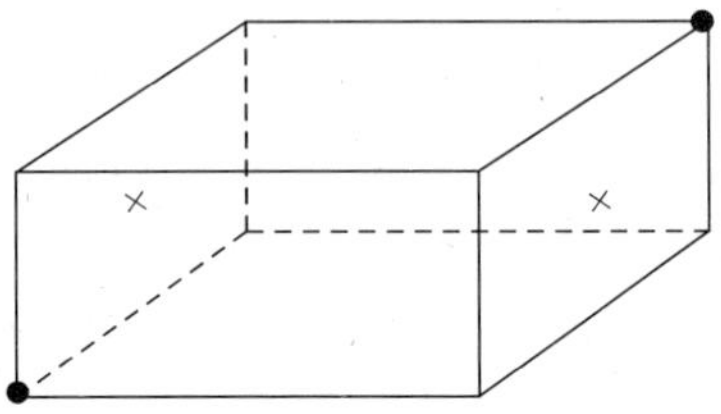

  – Wie lang ist dieser Weg (am gezeichneten Netz abmessen)
  – Wie lang sind die verschiedenen Wege, wenn man den Kanten entlang geht?
  – Wie lang ist der kürzeste Weg von rechter Seitenflächenmitte zum Mittelpunkt der gegenüberliegenden Fläche?

3.4 Flächenzerlegungen

Die Lehrplanformulierungen „Ebene Figuren mit Flächeneinheiten auslegen", „Flächeninhalte vergleichen" aus dem 3. Schuljahr (vgl. Abschnitt 8.6, S. 213) und „Flächeninhalte bzw. Umfänge einfacher geradlinig begrenzter Flächen durch Auslegen bzw. Abmessen ermitteln und *durch Berechnungen feststellen*" (vgl. S. 214) könnten dazu verleiten, die den weiterführenden Schulen vorbehaltene Herleitung der Flächeninhaltsformel für das Rechteck schon in die Grundschule zu verlegen. In der Hinweisspalte des Lehrplans wird davor ausdrücklich gewarnt, wenn empfohlen wird: „Entwickeln von Berechnungsstrategien, keine Formeln" (vgl. S. 214). Aufbauend auf den Vorerfahrungen der ersten beiden Schuljahre

- zum Aufbauen und Umbauen von Flächenstücken aus Grundformen,
- zum direkten Vergleichen von Flächenstücken durch Ausschneiden und Aufeinanderlegen,
- zum Zerlegen (Zerschneiden) von Flächenstücken in geeignete Teile,
- zum Auslegen mit Plättchen,

Direktes Vergleichen

Mittelbares Vergleichen

Selbstgewählte Einheiten

werden die bekannten Aufgabentypen (vgl. Band 1 dieses Handbuches, S. 108–112) wieder aufgegriffen. Das direkte Vergleichen der Flächeninhalte durch Aufeinanderlegen der ausgeschnittenen Flächenstücke erweist sich mehr und mehr als ein umständliches Verfahren, das durch das mittelbare Vergleichen abgelöst wird. Die eingeführten Vergleichsgrößen – Rechtecke, Quadrate, Dreiecke aus den bekannten Legespielen – dienen als *Einheitsflächen*. Es wird als „grundschulgemäß" angesehen, sich bei den Berechnungen auf diese *selbstgewählten* Einheiten zu beschränken; die den Begriffsbildungsprozeß abschließende Normierung auf cm^2, dm^2 oder m^2 wird noch vermieden und bleibt den weiterführenden Schulen vorbehalten.

Erhöhte Anforderungen

Erhöhte Anforderungen, die wie bisher im qualitativen Arbeitsbereich liegen, sollen methodisch abgestuft den Unterricht in diesen Schuljahren bestimmen.

Tangram

3.4.1 Tangram

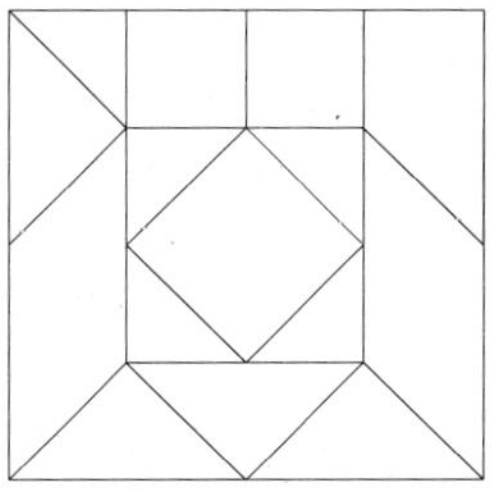

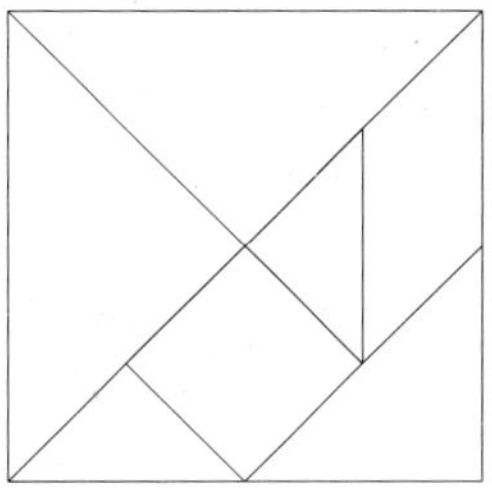

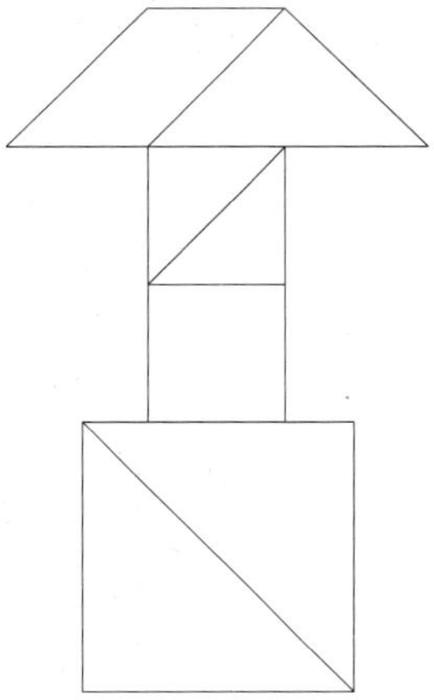

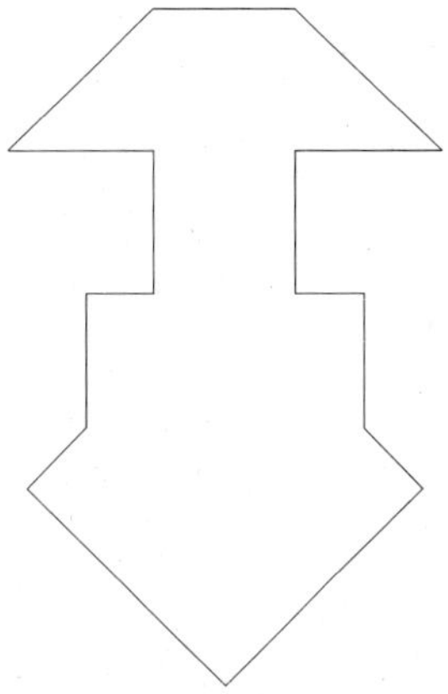

Auf der Suche nach einem anspruchsvolleren Legespiel greifen Lehrer (und Schüler in Phasen der Freiarbeit) immer wieder die Tangram-Puzzles auf (vgl. Abschnitt 6.1.3.1 und Kopiervorlagen 20–23). Die 7 bzw. 15 Teile, in die das Quadrat zerlegt wurde, werden in der Regel immer alle verwendet, um neue Figuren zu legen. Drei wichtige Aufgabentypen sind:

(1) Freies,
phantasiegesteuertes Legen einer Figur aus allen Plättchen. Wird anschließend der Umriß nachgezeichnet, entsteht eine Vorlage für Aufgabentyp (2) oder (3).

(2) Auslegen
einer Umrißvorlage mit eingezeichneten Begrenzungslinien der Teilstücke. (Kopiervorlage 21)

(3) Auslegen
einer Umrißvorlage ohne eingezeichnete Begrenzungslinien der Teilstücke (Kopiervorlage 22). Speziell gehört zu dieser Aufgabengruppe auch der schwere Einstieg, aus den ausgeschnittenen Teilstücken ein Quadrat zu legen, ohne gesehen zu haben, wie das Quadrat zerschnitten wurde!

Die Schüler sammeln bei diesen Puzzles weitere Erfahrungen zur Zerlegungsgleichheit, da ja durch die Verwendung *aller* Plättchen alle entstehenden Figuren „von selbst" zerlegungsgleich sind. Allerdings wird die Aufmerksamkeit der Schüler beim Arbeiten mit Vorlagen deutlich stärker gebunden durch die Schwierigkeiten, die darin bestehen, die Plättchen in die richtigen Positionen zu bringen.

3.4.2 Flächeninhalte vergleichen

3.4.2.1 Üblicher Aufgabentyp

Zerlegen
Rechnen

Üblicherweise bietet man dem Schüler einige Flächenstücke zum Sortieren an. Möchte man den Schwierigkeitsgrad erhöhen, wählt man gerne außer Rechteckflächen, auch aus Rechtecken *zusammengesetzte*, aber sonst einfach gestaltete Flächen (vgl. Abb.). Die Längen und Breiten der Figuren, deren Maße zumeist auf den vorbereiteten Arbeitsblättern nicht angegeben sind, verleiten zunächst zum direkten Vergleichen. Da dies aber nicht zu einem schnellen Ergebnis führen kann, werden Überlegungen ausgelöst, wie man geschickt zerlegen oder auslegen oder auch *rechnen* könnte. Eine Zeichnung auf Karopapier ist dabei eine deutliche methodische Hilfe. Auch die Zählstrategien, die im Zusammenhang mit dem kleinen Einmaleins durch die räumlich-simultane Darstellung von Produkten in Rechteckfeldern o. ä. bekannt sind, werden in diesem Zusammenhang wieder eingesetzt.

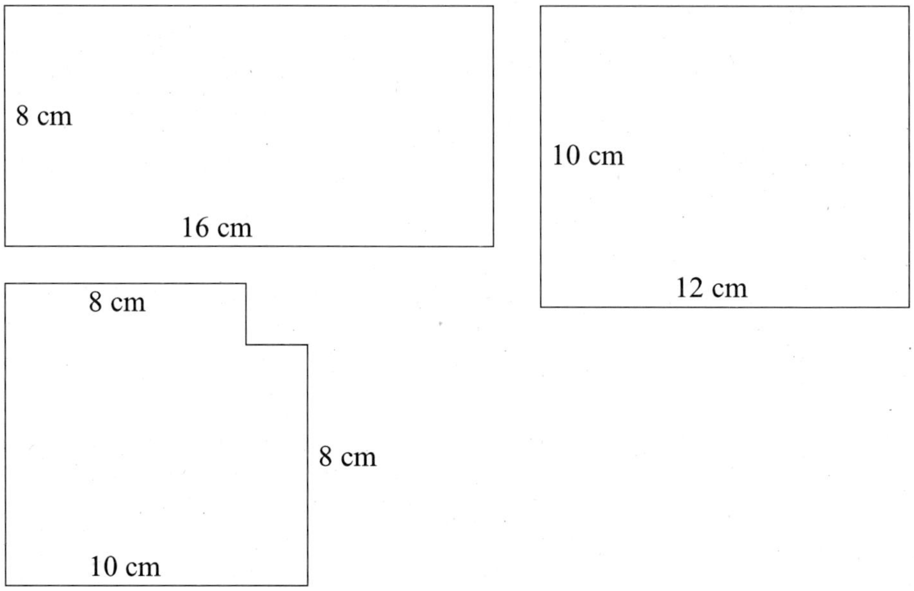

3.4.2.2 Variation der „Einheiten“

Variation der Formen

Eine deutliche Steigerung der Schwierigkeiten entsteht durch die Variation der Formen, mit denen die Flächen ausgelegt werden. Die bisher schon verwendete prägnante Darstellung der Ergebnisse in einer Tabelle schärft den Blick für neue Möglichkeiten des Auslegens

Beispiel: Tangram

Die erste Zeile der Tabelle enthält die Tangram-Lösung. Weiterführende Fragestellungen sind dann:
Wie kann man auslegen, wenn man *mehr* Teile von jeder Sorte hat?
Kann man mit *einer einzigen* Sorte auslegen?

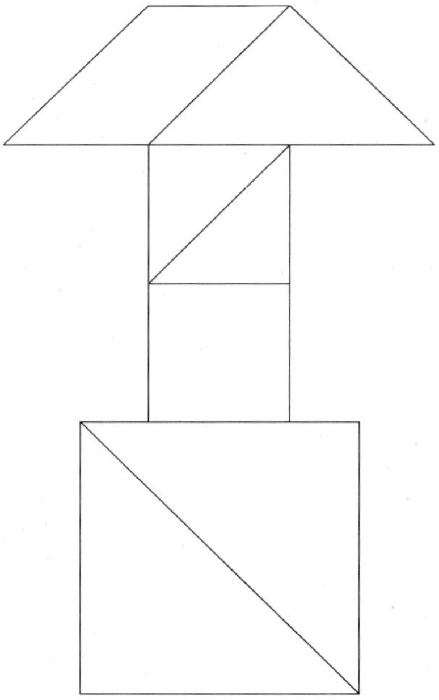

△	△	△	□	▱
2	1	2	1	1
2	1	4	1	0
2	0	8	0	0
0	1	10	1	1
0	0	16	0	0
0	1	0	6	1
0	0	2	7	0
0	6	2	0	1
0	5	0	2	1

Beschränkung des Materials

Auch eine Beschränkung des vorhandenen Materials führt zwangsläufig zu erhöhten Anforderungen.

Beispiel: Flächenvergleich Rechteck – Parallelogramm

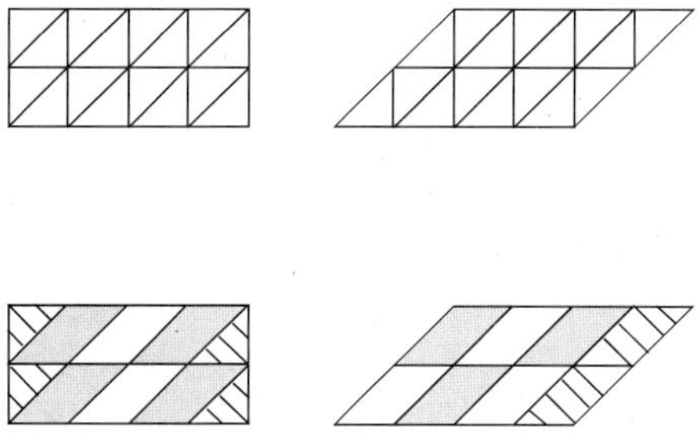

Leicht ist die Aufgabe, wenn die Schüler passende Formen – hier sind es die kleinen Dreiecke (vgl. Abb.) – auswählen können, mit denen beide Flächen ausgelegt werden können. Anspruchsvoller wird das Problem, wenn als Vergleichsgröße beispielsweise die kleine Parallelogrammform aus dem Tangramspiel verwendet wird. Das Rechteck läßt sich mit diesen Formen nicht vollständig auslegen, und man muß den nicht bedeckten Teil des Rechtecks mit dem entsprechenden „Reststück" des Parallelogramms vergleichen. (Vgl. Abb.)

Passende Zerlegungen

Der Übergang auf die zeichnerische Ebene unter Verzicht auf konkretes Material stellt neue Anforderungen an die Schüler. Zuerst wird man Papier mit Karo- oder Dreieckraster verwenden, später auch unliniertes Papier. In diesem Falle müssen die Schüler Zerlegungen (er)finden, die für alle Figuren passen, die verglichen werden sollen.

Beispiel: Figuren ordnen

Ordne die abgebildeten Figuren der Größe nach!

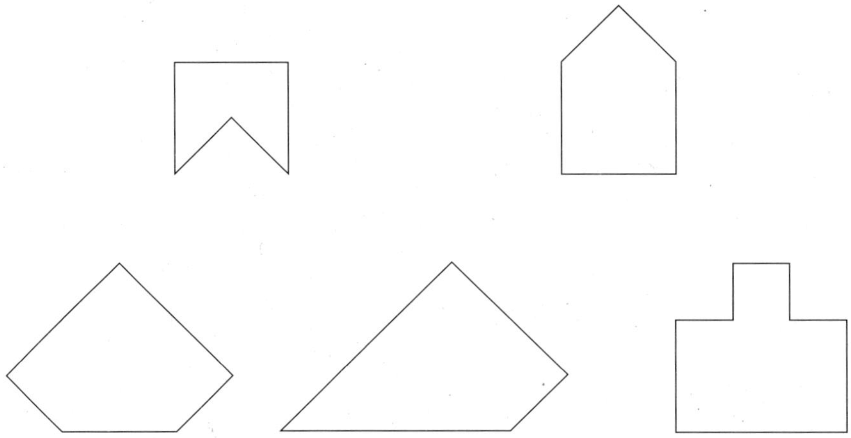

3.5 Abbildungen

3.5.1 Achsensymmetrie – Spiegeln

Geradenspiegelung

Schon im zweiten Schuljahr wurde der Zusammenhang – aber auch der Unterschied – der „echten" Spiegelung im Raum an einer Spiegel*ebene*, die durch einen konkreten Spiegel dargestellt ist, und der abstrakten *Spiegelung an einer Geraden,* welche die Ebene als Ganzes auf sich abbildet, erkannt (vgl. Band 1 dieses Handbuches, Abschnitt 3.1.5). Dort wurden den Schülern auch mehrere Möglichkeiten zur Erzeugung und Analyse achsensymmetrischer Figuren angeboten: Klecksbilder, Falten und Ausschneiden, Falten und Durchpausen, Falten und Durchstechen, Plättchenmuster spiegeln und nachlegen, Spiegelbilder zeichnen, Teilfiguren achsensymmetrisch ergänzen, angeblich achsensymmetrisch gezeichnete Bilder auf Fehler untersuchen. Im dritten Schuljahr werden diese bekannten Aufgabentypen aufgegriffen, erweitert und vertieft durch

- Änderung der Richtung der Spiegelachse (nicht mehr nur senkrecht zum unteren Blattrand),
- Steigerung der Komplexität der Figuren,
  Verteilung der Urbildfigur rechts und links der Spiegelachse (falls diese „senkrecht" liegt),
- Verwendung von unliniertem Zeichenpapier,
- Hinzunahme von Kreisbögen als Berandungsstücke der Figur (viertes Schuljahr),
  Konstruktion von Spiegelbildern, die durch sukzessives Spiegeln an zwei Achsen entstehen: F zuerst an 1, dann das Spiegelbild an 2 spiegeln; oder zuerst an a, dann das 1. Spiegelbild an b, das 2. Spiegelbild dann an c.
  Frage: Wie gewinnt man Bild 2 (B_2) aus Bild 1 (B_1)?

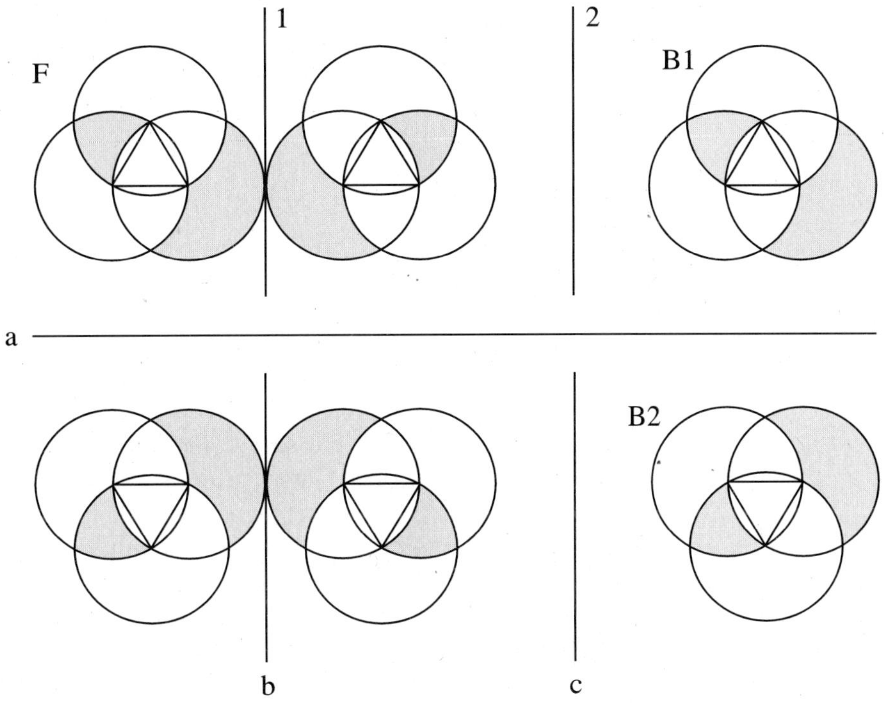

3.5.1.1 Senkrechte Spiegelachse?

Beim freien Experimentieren mit Plättchen und konkreten Spiegeln schenken die Schüler am Anfang der Lage der „Spiegelachse", auf welcher der Spiegel senkrecht zur Arbeitsfläche aufgestellt ist, wenig Beachtung. Beim Zeichnen auf Karopapier jedoch wird üblicherweise die Spiegelachse senkrecht zum unteren Blattrand (und mit einer Karolinie zusammenfallend) gezeichnet. In einer ersten Variation wird die Achse dann parallel zum unteren Blattrand, waagrecht ausgerichtet. Weitere Variationen mit schräger Lage der Achse stellen erhöhte Anforderungen an das Vorstellungsvermögen der Kinder insbesondere dann, wenn auf unliniertem Papier gezeichnet werden soll.

Waagrechte Spiegelachse
Schräge Spiegelachse

Um die Abbildungseigenschaften der Achsenspiegelung beim Konstruieren zu handhaben, ist es hilfreich, weitere Variationen an einer Figur durchzuführen. Wichtige Einzelfälle werden im folgenden kurz beschrieben.

Variation

- Feste Achse – Bewegung der Ausgangsfigur auf einer vom Schüler frei gewählten oder auf einer vorgeschriebenen Bahn
  Wie bewegt sich dann das Spiegelbild?
- Feste Achse – Durchwandern der Ausgangsfigur
  Wie wird dabei das Spiegelbild durchwandert? Diese Situation eignet sich besonders gut für die partnerschaftliche Arbeitsform: Zuerst wird von beiden Schülern das Spiegelbild der Figur gezeichnet. Dann beschreibt der erste Schüler das erste Wegstück, der zweite Schüler nennt den Endpunkt dieses Wegstückes im *Spiegelbild* und beschreibt das nächste Wegstück im Spiegelbild. Der Endpunkt im *Urbild* wird vom ersten Schüler genannt usw.

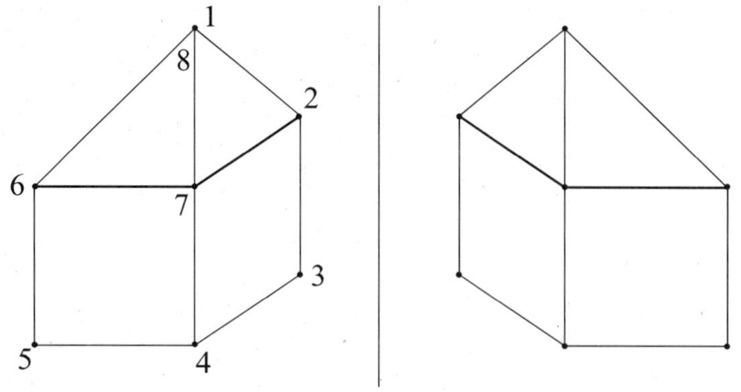

Bekannt geworden ist eine Abwandlung dieser Situation, bei der auf die Ausgangsfigur gänzlich verzichtet wird: Bei fest vorgegebener Spiegelachse auf Karopapier beschreibt der erste Spieler seinen gedachten Weg (z. B.: 2 nach rechts, 3 nach oben). Der Partner setzt den Spielstein auf den *gespiegelten* Endpunkt und liefert nun seinerseits eine neue Wegbeschreibung. Die Schüler erkennen im Verlauf dieses Spiels, daß lediglich Richtungen *parallel* zur Spiegelachse sich im Spiegelbild nicht ändern. Alle andern Wege ändern im Spiegelbild ihre Richtung: Entfernt man sich beispielsweise von der Achse nach links (bei senkrechter Spiegelachse), so entfernt man sich im Spiegelbild von der Achse nach rechts und umgekehrt. Wo liegt der gespiegelte Endpunkt, wenn der Weg die Achse überschreitet?

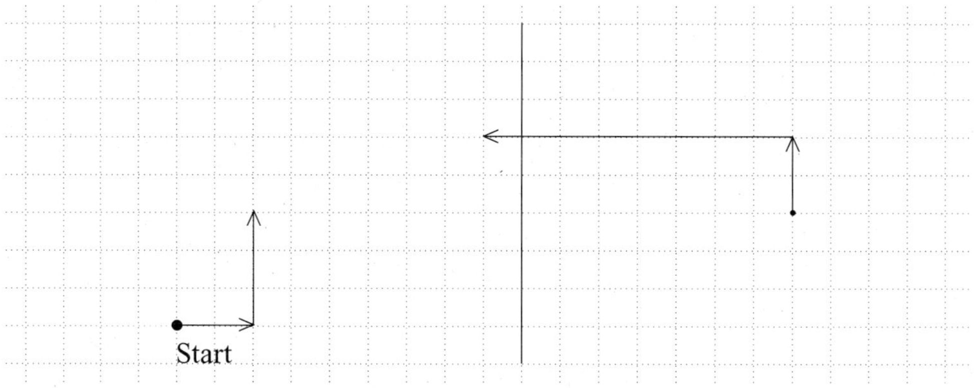

3.5.1.2 Parallelverschiebung und Drehung der Spiegelachse

Dynamisierung

Eine weitere Dynamisierung der Situation erhält man, wenn eine Figur, die nicht zu komplex sein sollte, an Achsen gespiegelt wird, die durch gezielte Variation auseinander hervorgehen und somit ihre Lage verändern. Die Leitfrage heißt dann: Wie ändert sich das Spiegelbild, wenn sich die Achse verändert? Einige wichtige Fälle sind hier dargestellt.

- Parallelverschiebung der Achse
  Wie ändert sich das Spiegelbild B, wenn sich die Achse von der Figur F entfernt (Achse 1 → 2), sich der Figur nähert, die Figur durchläuft und auf der andern Seite sich wieder entfernt (Achse 1 → 3 → 4 → 5)? Die qualitativen Erfahrungen beim Ausprobieren mit dem konkreten Spiegel, können im vierten Schuljahr beim Konstruieren von Parallelen mit dem Geodreieck auch in einer exakten Zeichnung festgehalten werden.

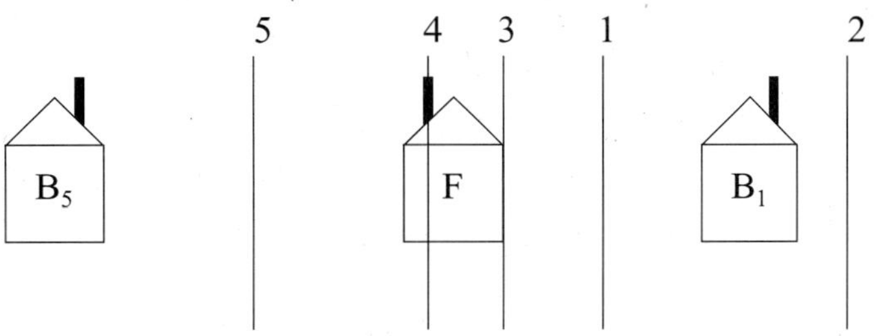

- Drehung der Achse, „um die Figur herum“
  Drehpunkt ist ein Punkt D, der außerhalb der Figur F liegt. Zeichnet man nun die erste Achse in einem gewissen Abstand zur Ausgangsfigur, läßt sich die Wanderbewegung des Spiegelbildes von Lage 1 → 2 → 3 ... besonders gut verfolgen. Wenn der Abstand der ersten Achse zur Ausgangsfigur groß genug ist und der Drehpunkt D günstig gewählt wird, wird diese von keiner der Achsen berührt oder durchschnitten.
- Drehung der Achse um einen Punkt *auf* der Achse
  Im dritten Schuljahr sind qualitative Erfahrungen mit dem konkreten Spiegel angebracht; im vierten Schuljahr können einzelne Stationen dieser Drehung durch genaue Konstruktion mit dem Geodreieck festgehalten werden: Konstruieren des Spiegelbildes, das durch Spiegelung an einer (um wenig, um viel um einen bestimmten Winkel) gedrehten Achse entsteht.

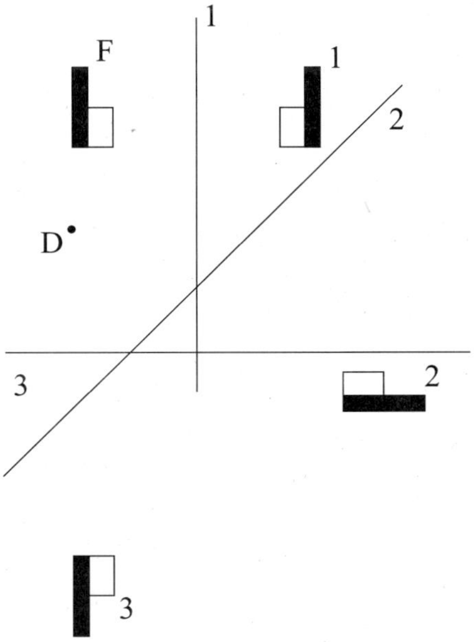

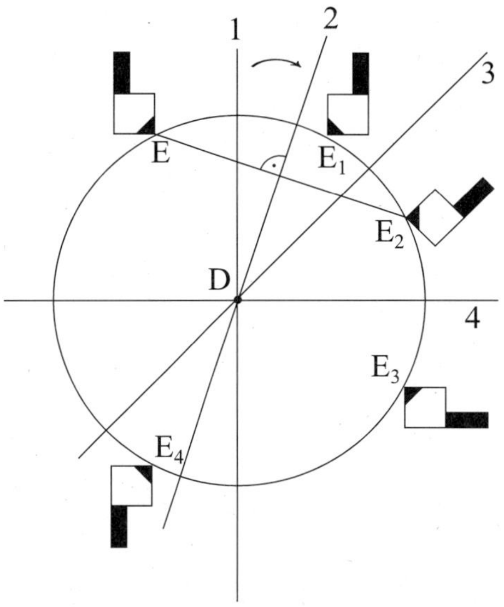

Entdecken

Das Konstruieren und die Entdeckungen, die bei der Analyse der entstandenen Zeichnungen gewonnen werden können, vertiefen und festigen die Kenntnisse über die Eigenschaften der Achsenspiegelung. Sie machen neugierig:

? Warum wandern die Spiegelbilder der Ecke E auf einem Kreis? (Vgl. Abb.)
? Wo muß die Spiegelachse liegen, damit der Bildpunkt von E bei E_3 „gegenüber“ liegt?
? Welche Spiegelung bringt den Punkt E nach E_4?
? Wie sieht das Bild von E und der ganzen Figur aus, wenn die Spiegelachse die Figur durchquert?

3.5.2 Drehsymmetrie – Drehen

Zirkel

Eine wesentliche Bereicherung erfährt der Geometrieunterricht im vierten Schuljahr gegenüber dem bisherigen Lehrplan durch die Einbeziehung des Zirkels in die Liste der Zeichenwerkzeuge. Es eröffnet sich damit ein weiteres, sehr motivierendes und äußerst anregendes Experimentierfeld für die Kinder. Wichtige Tätigkeitsfelder und Aufgabentypen sind im folgenden zusammengestellt.

- Basteln eines Windrades,

Sternfiguren

- Falten und Ausschneiden von drehsymmetrischen Sternfiguren
  Wie schneidet man aus einem gefalteten Papier einen vierstrahligen Stern aus?
  Wie muß man schneiden, um aus einem zweifach gefalteten Blatt Papier einen vierstrahligen Stern zu erhalten?
  Wie muß man falten und schneiden, um aus einem dreifach gefalteten Blatt Papier einen vierstrahligen Stern zu erhalten? – (Vorsicht, sonst erhältst du zwei getrennte Sterne und nicht einen!)
  Wie muß man schneiden, um aus einem dreifach gefalteten Blatt Papier einen achtstrahligen Stern zu erhalten? (Kopiervorlage 24)
  Wie muß man falten und schneiden, um aus einem vierfach gefalteten Papier einen achtstrahligen Stern zu erhalten

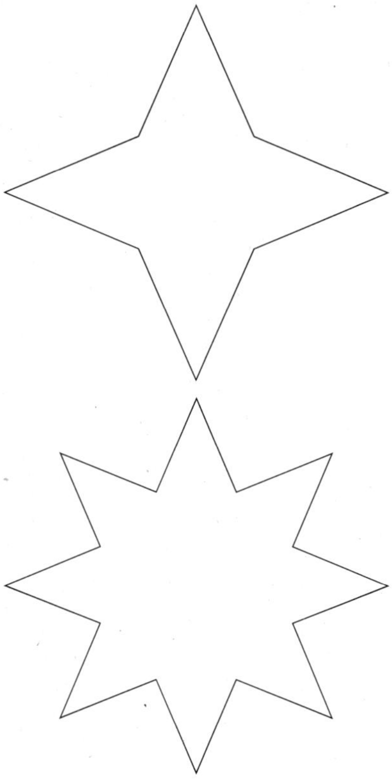

- Nachzeichnen dieses Sternes
- Freies Zeichnen mit dem Zirkel
- Zeichnen von Kreisornamenten nach Vorlagen

- Erzeugen drehsymmetrischer Figuren
- Abbilden einer gegebenen Figur durch Drehung um einen Punkt, Drehwinkel 90°

Bei den beiden letztgenannten Aufgabenfeldern sind das Legen von Plättchen, das Nachzeichnen der entstandenen Figur, das Konstruieren der Figur, ohne sie vorher mit Plättchen zu legen, die wichtigsten Tätigkeiten. Der folgende Abschnitt greift diese Themen mit einigen Beispielen auf.

Drehsymmetrische Figuren

Drehen

Der Begriff „Drehung" wird hier – wie in der Mathematik üblich – in eingeengter, aber präzise definierter Weise verwendet. Ein zweifarbiges Plättchen „herumzudrehen", so daß die oben liegende Farbe sich ändert, fällt beispielsweise nicht unter diese Sinngebung einer Drehung. Gemeint ist: Ein Blatt Papier mit einer Nadel auf der Unterlage festzuhalten und dieses dann um einen bestimmten Winkel um die Nadel (d. h. um den Durchstoßpunkt der Nadel im Papier) herumzudrehen. Da nach dem Lehrplan für das vierte Schuljahr lediglich rechte Winkel zu behandeln sind (vgl. S. 214), werden bei den folgenden Aufgabentypen lediglich Drehwinkel von 90°, 180° oder 270° verwendet, ohne daß dies bei den einzelnen Beispielen immer ausgeführt wird. In der folgenden Liste sind einige Aufgabentypen zusammengestellt, welche als Basis für handlungsorientierte Schüleraufgaben dienen können.

Aufgabentypen

- Freies Legen von drehsymmetrischen Figuren mit Vorgabe eines Themas (Windrad, Stern, Blume o. ä.) aus Formenplättchen.
- Nachzeichnen des Randes der gelegten Figur, d.h. also: Herstellen einer Umrißvorlage.
- Abzeichnen der vollständigen Figur mit Inneneinteilung, d.h.: Herstellen einer Vorlage mit vollständiger Flächeneinteilung.
- Vorgegebene Figur aus unterschiedlichen Anfangslagen um 90° drehen. Der feste Drehpunkt, um den bei dieser Abbildung gedreht wird, liegt in einer Ecke der Ausgangsfigur.
  Das Legen mit Formenplättchen ist zwar auch hier eine sinnvolle Tätigkeit. Falls jedoch eine gewisse Fertigkeit im Umgang mit dem Zirkel schon erreicht ist, ist die Konstruktion mit dem Zirkel „leichter", da dann die *Dreh*bewegung sinnfällig nachvollzogen wird.
  Es ist von der Gestalt der Ausgangsfigur abhängig, ob – anders als bei obigem Beispiel – eine kompakte Gesamtfigur erzeugt wird. Allerdings bereitet der rechte Winkel beim Drehpunkt manchen Kindern auch gewisse Schwierigkeiten, die einzelnen Schritte der Konstruktion auszuführen; die gedrehte Figur, das *Bild*, ist von der ursprünglichen Figur, dem *Urbild*, räumlich nicht mehr getrennt.

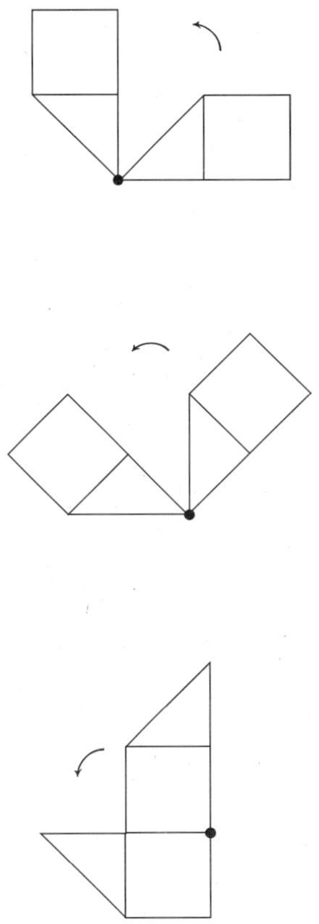

- Vorgegebene Figur aus unterschiedlichen Anfangslagen so oft um 90° drehen, bis eine drehsymmetrische Figur entstanden ist.
- Vorgegebene Figur aus unterschiedlichen Anfangslagen um 90° drehen. Der feste Drehpunkt, um den bei dieser Abbildung gedreht wird, liegt in einem gewissen Abstand zur Ausgangsfigur.
  Es sollte immer darauf geachtet werden, daß die Bildfigur und die Ausgangsfigur sich nicht gegenseitig überschneiden. Aus demselben Grunde ist es auch unzweckmäßig, den Drehpunkt auf einer geradlinigen Begrenzungslinie zwischen zwei Eckpunkten zu wählen.

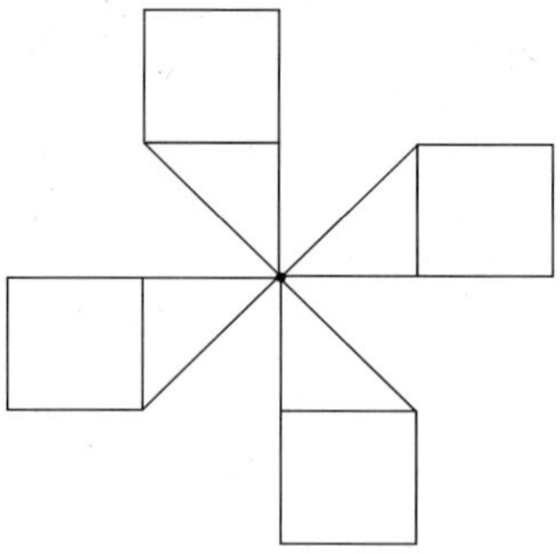

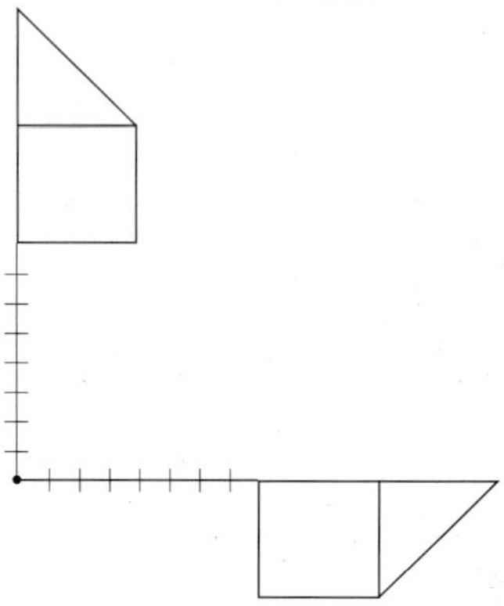

- Vorgegebene Figur aus unterschiedlichen Anfangslagen so oft um 90° drehen, bis eine drehsymmetrische Figur entstanden ist. Der Drehpunkt liegt in einem geeigneten Abstand zur Ausgangsfigur.
- Eine nicht zusammenhängende Figur wird um 90° gedreht. Überschneidungen von Bild und Ausgangsfigur vermeiden!
- Eine einfache Figur wird um einen Punkt um 90° gedreht, der sich seinerseits auf dem Rand eines Quadrates bewegt.
  Welche Bilder entstehen? Welchen Weg legt das Bild der Ecke E zurück?

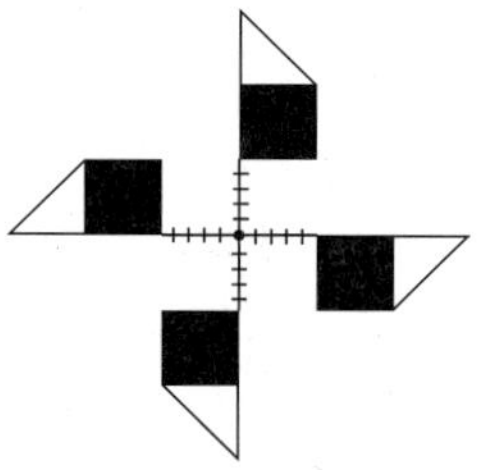

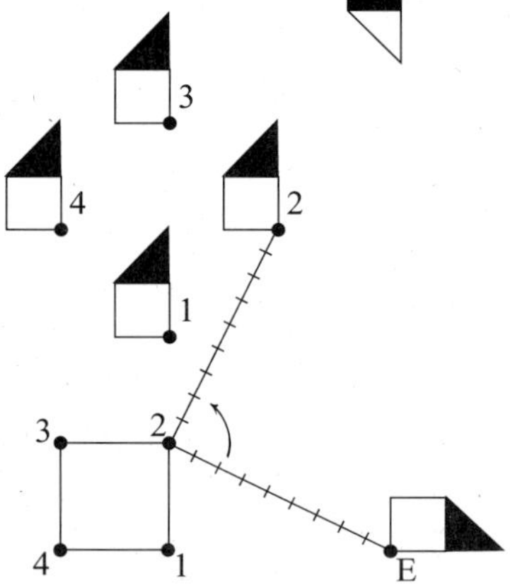

3.6 Zeichnen und Konstruieren

Freihandzeichnen
Schablonen
Lineal
Geodreieck

Das freihändige Zeichnen und das Zeichnen mittels Schablonen wird mit Ende des zweiten Schuljahres und im Verlauf des dritten mehr und mehr in ein Zeichnen mit dem Lineal übergeführt. Auch das Geodreieck wird zum Zeichnen gerader Linien als „Lineal" verwendet. Die Schüler bemerken dabei aber die Linienführung auf dem Geodreieck und gewinnen beim zeichnerischen Experimentieren erste Erfahrungen mit parallelen und zueinander senkrecht stehenden Linien – als Lerninhalt erst im vierten Schuljahr explizit verlangt.
Geometrisches Zeichnen im dritten und vierten Schuljahr steht unter einer zweifachen übergeordneten Zielsetzung:

Zeichnen als Hilfstechnik

(1) Geometrisches Zeichnen ist anderen Lerninhalten als wichtige Hilfstechnik zugeordnet, wie beim

- Zeichnen achsensymmetrischer Figuren (3. und 4. Schuljahr),
- Entwerfen von Parkettierungen (3. und 4. Schuljahr) und von Bandornamenten (4. Schuljahr),
- Zeichnen von Strecken gegebener Länge (3. Schuljahr),
- Herstellen von Netzen (3. und 4. Schuljahr),
- Zeichnen von einfachen Figuren auf Gitterpapier (beim Vergleichen von Flächeninhalten) (4. Schuljahr)
- Zeichnen drehsymmetrischer Figuren (Rosetten, Ornamente usw.) (4. Schuljahr),
- Anfertigen von Planskizzen (4. Schuljahr).

Zeichnen als selbständiger Lerninhalt

(2) Geometrisches Zeichnen ist als „Konstruieren" selbständiger Lerninhalt, wie beim

- Konstruieren von rechten Winkeln (4. Schuljahr),
- Konstruieren von parallelen Linien (4. Schuljahr),
- Herstellen von Zeichnungen mit Lineal, Geodreieck und Zirkel (4. Schuljahr)

Bei der Umsetzung der Lernziele aus Gruppe (2) tun sich die meisten Schulbücher schwer. Sie versäumen es häufig, die Zeichentechnik, die vom Schüler erlernt werden soll, gleichzeitig zu funktionalisieren: Zeichnen zum Zwecke von ... Es läßt sich dies über die Inhalte aus Gruppe (1) leicht erreichen, vor allem im Zusammenhang mit Achsenspiegelungen oder beim Zeichnen von Bandornamenten.

Beispiel: Bandornament

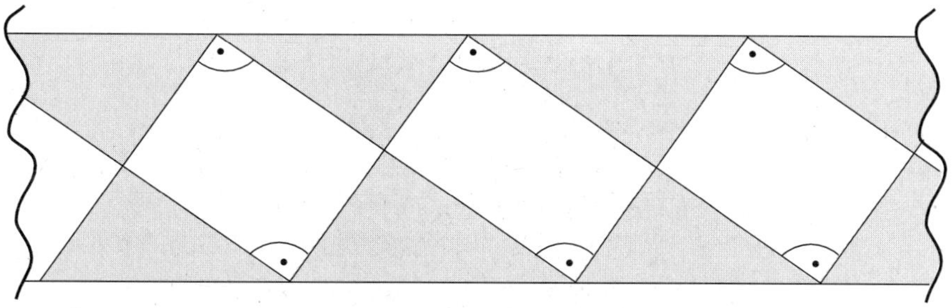

Auch kompliziertere Bandornamente, wie sie in Band 1 dieses Handbuches (S. 113) schon vorgeschlagen wurden, können nun nicht nur durch das Legen von Plättchen erzeugt werden; beim Zeichnen der rechten Winkel und der Parallelen ist auf große Genauigkeit zu achten, damit ein „schönes" Muster entsteht.

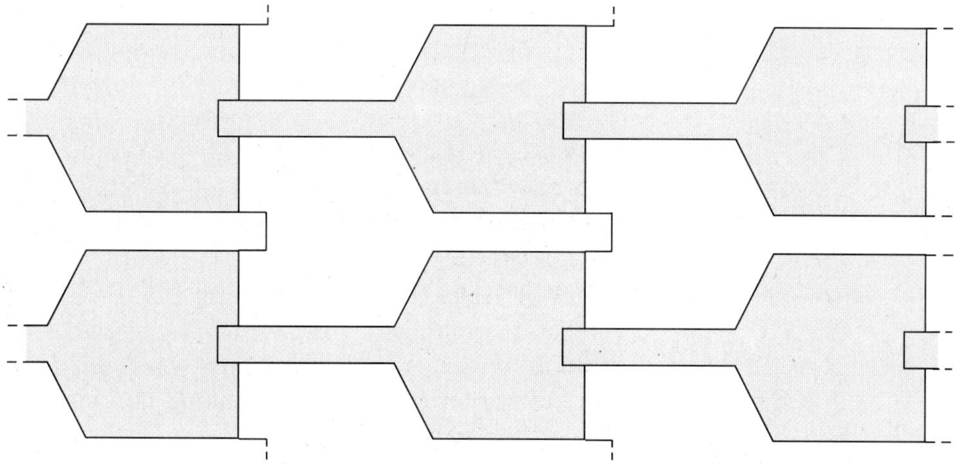

Zeichnen als selbständiger Lerninhalt

Bedeutungsvolle Aufgaben

Die direkte Thematisierung gleitet oftmals ab in die für die Motivation ungüstige methodische Spielart der „Nur-Anweisung“: „Zeichne 8 parallele Linien mit dem Abstand 15 mm.“ – „Zeichne mit dem Geodreieck zwei Geraden, die senkrecht zueinander sind.“ – „Zeichne mit dem Geodreieck Rechtecke, mit folgenden Seitenlängen …“ usw. Diese ohne Sinngebung vermittelten Aufträge können leicht ersetzt werden durch *bedeutungsvolle* oder *problemhaltige* Aufgaben, für die eine genaue Zeichnung einen substantiellen Bestandteil darstellt.

Beispiel: Stadtplan mit quadratischem Straßennetz

Stadtplan

- Stadtplan herstellen
  Zeichne den Stadtplan von Mannheims Innenstadt!
  Da sehr viele Parallelen und rechte Winkel gezeichnet werden müssen, ist dies ein typisches „Üben“, bei dem die unterschiedlichen Strategien dieses Konstruierens ausprobiert werden können.
  Falls gewünscht wird, daß die Schüler einheitliche Zeichenergebnisse erzeugen, kann man vorschlagen, den Abstand der Parallelen zunächst doppelt so groß (oder dreimal so groß) zu wählen wie der auf dem Geodreieck sichtbare Abstand der dort eingeprägten Parallelen. Die gezeichneten Parallelen haben dann den Abstand 10 mm bzw. 15 mm. Dies hat den Vorteil, daß die Schüler recht große Planquadrate erhalten, in welche die üblichen Bezeichnungen A1, A2, …, B1, B2, … bequem eingetragen werden können.
  Da sich in der Regel weitere Aufgaben anschließen, bei denen der gezeichnete Plan wichtiges Hilfsmittel ist, diese Fortsetzungstätigkeit aber nicht von Erfolg oder Mißerfolg der vorhergehenden Arbeit abhängig sein soll, wird der Lehrer einige fertige Pläne vorbereitet haben, um in „Notfällen“ helfend eingreifen zu können. (Kopiervorlage 25)

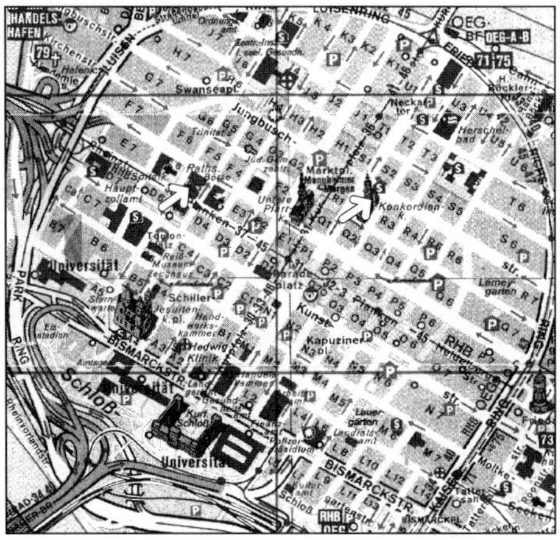

					K1	U1			U4
					J1	T1			T4
					H1	S1			S4
					G1	R1	R2	R3	R4
					F1	Q1			Q4
E6	E5	E4	E3	E2	E1	P1			P4
D6					D1	O1			O4
C6					C1	N1			N4
B6					B1	M1	M2	M3	M4
	A5	A4	A3	A2	A1	L1	L2	L3	L4

- Analyse des Planes
  – Wie lang ist der kürzeste Weg von der Schule (R2) bis zum Rathaus (E5)?
  – Wie viele gleichlange Wege von der Schule zum Rathaus gibt es?
  – Welche (Plan-)Quadrate kann man mit Wegen erreichen, die gleich lang sind wie von R2 nach E5?
- Stadtplanausschnitte
  Zeichne Wege von R2 nach E5 mit 1(2, 3) rechten Winkel(n).
  Diese oder ähnliche Aufgaben mit geeigneter Variation der Problemstellung erfordern wieder das Konstruieren von rechten Winkeln, dienen aber gleichzeitig der Vertiefung und dem Training im Umgang mit Planquadraten und quadratischen Wegenetzen.

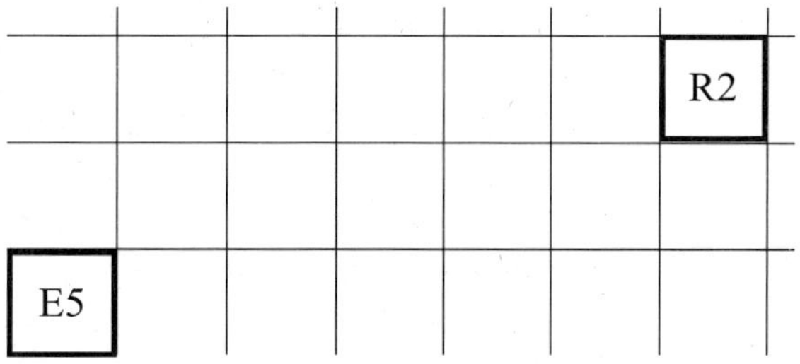

- Mathematische Vertiefung Die Loslösung vom quadratischen Straßennetz erlaubt Konstruktionen, bei denen die rechten Winkel nicht mehr vororientiert sind. Der Aufgabentext könnte derselbe bleiben:
  Zeichne zwischen den Punkten R2 und E5 möglichst viele Verbindungswege mit einem rechten Winkel!

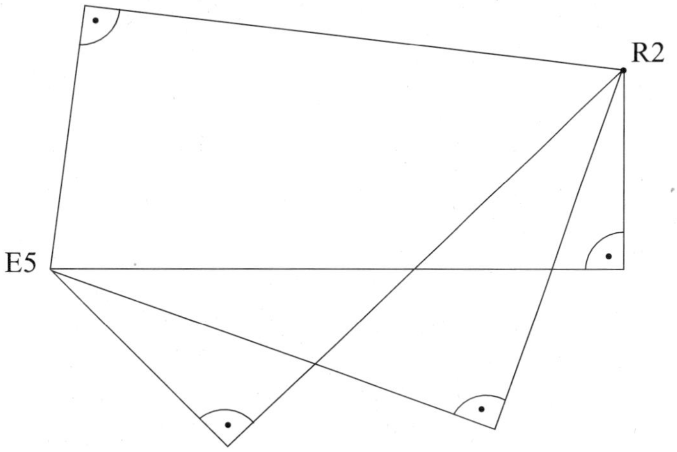

Beispiel: Irrgarten

Irrgarten

Schatzsuche im Irrgarten – ein beliebtes Thema aus dem ersten und zweiten Schuljahr – liefert in der Umkehrung der Zielrichtung eine starke Motivation zum Konstruieren: Jeder Schüler zeichnet für seinen Nachbarn einen Irrgarten. Zusatzbedingung: Die Wege ändern ihre Richtung stets im rechten Winkel.

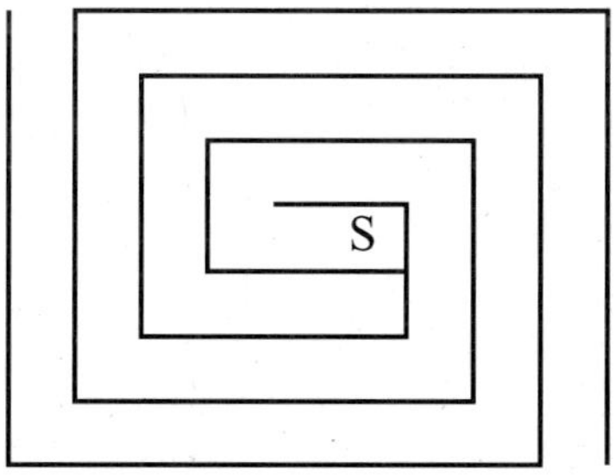

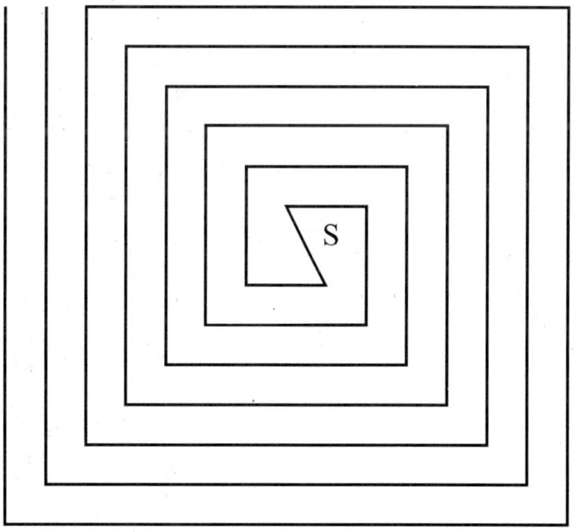

Optische Täuschungen

Beispiel: Optische Täuschungen

Optische Täuschungen motivieren nicht nur zum Betrachten, Analysieren, Kontrollieren, sondern bieten sich auch für eigene Konstruktionen an, bei denen es oft auf das genaue Zeichnen von Parallelen, rechen Winkeln, Kreisen ankommt und auf das Zusammenwirken dieser Einzelelemente in einer Gesamtfigur. Geeignete Vorlagen regen zu eigenen Experimenten der Schüler an, die auch dann zu sinnvollem Üben führen, wenn am Ende keine „optische Täuschung" gelungen ist.

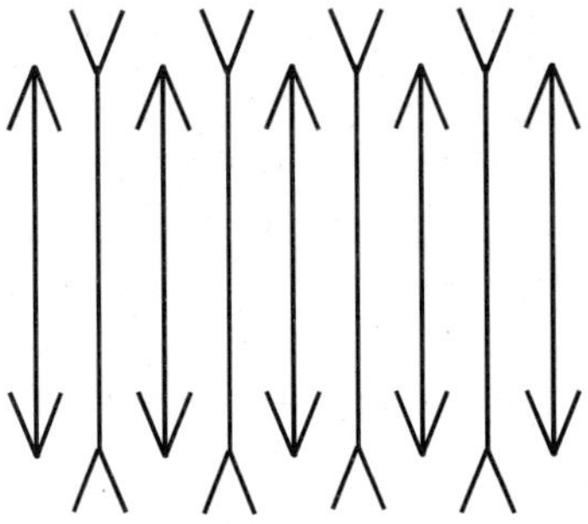

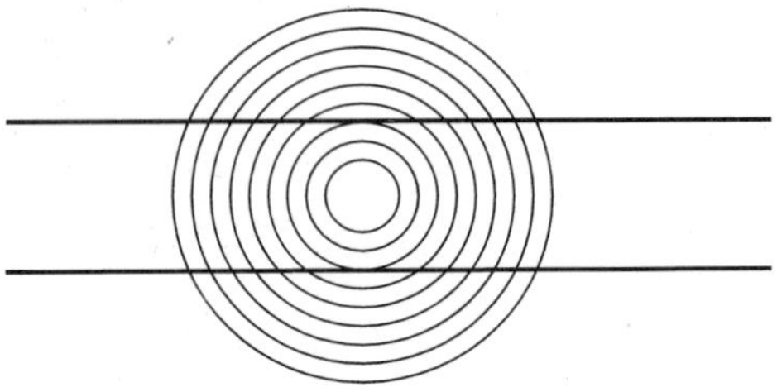

Zirkelkonstruktionen

Beispiel: Zirkelkonstruktionen

Spielerisches und experimentelles Zeichnen mit dem Zirkel führt nicht immer zu drehsymmetrischen Figuren. Deshalb wird auch hier durch einige Beispiele auf mögliche Schmuckformen hingewiesen. Freies, durch eigene Phantasie gesteuertes Zeichnen ist leichter als das Abzeichnen einer Vorlage! Überlegungen zur Analyse einer vielleicht relativ komplexen Figur wie

(?) Wo beginne ich?
(?) Wie groß ist der Radius ?
(?) Was kann/muß ich als nächstes zeichnen?

erübrigen sich. Jeder Schüler kann irgendwo beginnen, weiterzeichnen nach Belieben und gespannt erwarten, was schließlich dabei entsteht. Auch schwache Schüler, die vielleicht „nur" eine einfache Gesamtkonstruktion zustande bringen, legen eine richtige Lösung vor („falsch" ist nur ungenaues Zeichnen) und gewinnen dadurch mehr Zutrauen zu ihrer eigenen Leistungsfähigkeit.

Kapitel 4
Sachrechnen im dritten und vierten Schuljahr

Herbert Kalmbach

Das Sachrechnen hat in allen neuen Lehrplänen eine bevorzugte Stellung erhalten. Anwendungs- und Problemorientierung werden gefordert. Mathematische Sachverhalte sollen mit der Lebenswirklichkeit des Schülers in Verbindung gebracht werden. Der Mathematikunterricht fördert die Fähigkeit, Lebenssituationen unter mathematischem Aspekt zu betrachten, sie zu analysieren und zu strukturieren und dadurch zugänglich zu machen. Fächerverbindendes Unterrichten und die Durchführung von Projekten bieten hierzu besonders günstige Voraussetzungen.

In der Anwendung können wir drei vielfach zusammenhängende Funktionen des Sachrechnens unterscheiden (vgl. Winter, 1977):

Mathematische Begriffsbildung

- Die Sachaufgabe soll mathematische Begriffsbildungen ermöglichen und trainieren. Die einfachste Form ist die eingekleidete Aufgabe. Hier geht es darum, Rechenaufgaben sprachlich zu formulieren. Ziel ist, die Rechenschritte herauszulösen und zu bearbeiten. Die Sachzusammenhänge sind belanglos und beliebig austauschbar. In der *Textaufgabe* geht es um die Quantifizierung von Sachverhalten und um das Verstehen des mathematischen Zusammenhangs. Die Textaufgabe dominiert in den Schulbüchern. Auch nach neueren didaktischen Prinzipien zusammengestellte Lehrwerke enthalten noch viele gekünstelte und „zusammengestoppelte" Aufgaben, die es so in der Realität nirgendwo gibt. Alles ist eingeengt vorgegeben, die Frage wird in der Regel mitgeliefert.

Lerninhalt

- Sachaufgaben als Lerninhalte
  Die Schüler erwerben elementare Kenntnisse über Größen, sie erlernen Lösungsschemata wie Simplexe, Rechenbäume und Diagramme und gewinnen Erfahrungen zu einfachen statistischen Zusammenhängen.

Umwelterschließendes Sachrechnen

- Die echte Sachaufgabe und das umwelterschließende Sachrechnen
  Die Mathematik wird Werkzeug. Sie hilft, die Lebenswelt des Kindes zu erschließen. Das so verstandene Sachrechnen geht immer von einer herausfordernden Situation aus. Offene problemorientierte Aufgaben sind kaum in einer einzigen Unterrichtsstunde zu lösen. Die Situation erfordert oft die Zusammenarbeit mit anderen Fächern; schon die Beschaffung und Aufbereitung der Daten ist meist schwierig. Die Schüler sollen in der Lage sein, mathematische Begriffe, Operationen und Methoden in ihrer Lebenswirklichkeit anwenden zu können.

Das umwelterschließende und problemorientierte Sachrechnen trägt einer alten Forderung der Mathematikdidaktik Rechnung und ermöglicht den Abbau von Defiziten. Mathematik soll nicht nur als abstraktes, von der Realität isoliertes Wissen im Unterricht dargeboten werden. Der Schüler soll sie auch als Instrument zur Beschreibung, Erfassung und Darstellung von Sachverhalten und Problemen aus seiner Umwelt erfahren. Dieses Anliegen, mit dem man früher schon den Rechen- und Raumlehreunterricht der Volksschule begründet hat, rückt nun wieder deutlich in den Vordergrund.
Die Grundschulmathematik wird aber an vielen Stellen, so z. B. bei der Einführung der schriftlichen Rechenverfahren, auf wohlabgestufte Lehrgänge nicht verzichten können. Man kann den „Mathelehrgang" auch nicht beliebig oft unterbrechen, um irgendwo in ein Projekt mit einzusteigen.

Es geht nicht um radikale, sondern um dosierte Änderungen, die den Möglichkeiten der Praxis Rechnung tragen. Der Lehrer soll erkennen, wo und in welcher Situation eine verstärkte Hereinnahme von Anwendungen angezeigt ist. Lebensferne Pseudoprobleme, wie die angepflockte Ziege, die eine kreisrunde Fläche abweidet, oder 3 Bauern, die gleichzeitig einen Acker pflügen, schaden mehr als sie nutzen.
Auch in der heutigen Zeit hat die Grundschule die Aufgabe, das Fundament für die weitere Bildung zu schaffen. Dies bedeutet für die Mathematik, daß die Schüler mathematische Begriffe und Operationen in vielfältigen, in ihrem Erfahrungsbereich liegenden Situationen, erproben und anwenden müssen.

4.1 Sachrechnen – wozu?

Es ist seit langem bekannt, daß Schüler beim Lösen von Textaufgaben große Schwierigkeiten haben. Der Sachverhalt ist vielfach untersucht und beschrieben worden (Stahl, Lompscher, Strehl, Fricke, Winter, Müller & Wittmann). Im wirklichen Leben treten die in den Mathematikbüchern in Textaufgaben beschriebenen Situationen so nicht auf: „Wer rechnet schon so blödsinnig?"
Kann man auf die sehr ernst zu nehmende Kritik eingehen und zukünftig nur noch solche Fragestellungen behandeln, die dem Schüler in der Umwelt unmittelbar begegnen oder die sich in Spielsituationen darstellen lassen, oder kann man dem fächerübergreifenden Unterricht und der Projektarbeit die Lösung der Frage zutrauen?
Für die Arbeit mit Textaufgaben gibt es verschiedene Gründe.

Textanalyse

Mathematisieren

- So können viele Probleme, die für den Schüler wichtig sind, nur verbal vermittelt werden. Selbstverständlich nimmt der Lehrer alle Hilfen wie Modelle, Bilder und Filme in Anspruch. Die Schüler müssen lernen, sprachlich gegebene Aufgabenstellungen in mathematische Abläufe zu übersetzen.

Rechentechnik

- Ein zweiter, sehr wichtiger Grund ist, daß mathematische Begriffsbildungen, Techniken und Fertigkeiten durch längere Übungen gefestigt werden müssen. Meist ist es nicht das einmalige Erlebnis, die interessante Einführungsstunde, die die Einsichten vermittelt, sondern die über lange Übungsstunden reichende Arbeit.

Entdeckendes Lernen

- Daß man heute dem entdeckenden, selbstgesteuerten, problemorientierten, spielerischen Lernen einen hohen Rang einräumt, ist selbstverständlich. Daß aber die Mathematik mit ihrem hohen Abstraktionsniveau oft neben den Interessen der Schüler liegt, kann auch beobachtet werden. Die daraus resultierenden Probleme werden methodisch durch den Einsatz „Kreativer Sachaufgaben" aufgefangen (vgl. Winter, 1977)

4.2 Schwierigkeiten beim Lösen von Sachaufgaben

Schwierigkeiten

Trotz vieler methodischer Bemühungen ist das Sachrechnen und damit das Arbeiten mit Größen nach wie vor der Themenkreis mit den meisten *Lehr-* und *Lernschwierigkeiten* in der Grundschule. In der von Radatz (1981) in Niedersachsen durchgeführten Befragung geben 83 % der Grundschullehrer Sachrechnen und Textaufgaben als das schwierigste Gebiet der Grundschulmathematik an.
Als völlig unproblematisch gilt die Geometrie, die nur von 5 % der Lehrer als schwierig bezeichnet wurde.
Eine empirische Untersuchung, die von vielen Verfassern zitiert wird, hat Stahl schon 1972 durchgeführt. Nach seiner Auffassung spielen folgende Kriterien bei der Lösung von Sachaufgaben eine Rolle:

Mathematische Struktur

- Merkmale, die sich aus dem mathematischen Problem ergeben:
  - mathematische Struktur,
  - Anzahl der Rechenoperationen,
  - Stellung der Variablen in der Gleichung.

Texterfassung

- Merkmale, die sich aus der Gestaltung des Textes ergeben:
  - Art der Verwendung mathematischer Termini,
  - Verhältnis von wesentlichen und unwesentlichen Angaben,
  - Art und Weise der Fragestellung,
  - Reihenfolge der Angaben im Text,
  - Bekanntheitsgrad des Sachverhalts.

Komplexe Struktur

Es ist selbstverständlich, daß der Bearbeitungserfolg mit zunehmendem Komplexitätsgrad der Aufgaben abnimmt.
Die Aufgabe mit der Struktur $a + b = x$ ist leichter zu lösen als $(a + b) : c = x$. Aber alle Untersuchungen haben ergeben, daß man auf diese Weise den Schwierigkeitsgrad von Textaufgaben nur sehr eingeschränkt vergleichen kann. Als wichtiger erweist sich die sprachliche Formulierung oder die Vertrautheit des Schülers mit der Situation.

Beispiel
Aufgabe 1: Tina und Dominik sammeln Tannenzapfen. Tina hat 17 und Dominik hat 19. Sie teilen die Zapfen gleichmäßig unter sich auf. Wieviel bekommt jeder?

Aufgabe 2: In der Klassenkasse sind noch 36 DM. Die Lehrerin, Frau Müller, teilt das Geld gleichmäßig unter die 18 Schüler der Klasse 4 auf. Wieviel bekommt jeder?

In einem Test wurde die Aufgabe 1 mit der komplexeren Struktur $(a + b) : c = x$ häufiger richtig gelöst als die zweite Aufgabe mit der angeblich einfacheren Struktur $a : b = x$

Häufig begegnen den Schülern Sachaufgaben, deren Kontext unbekannt ist. Stadtkinder werden mit dem „Mähdrescher" konfrontiert. Die Zusammenhänge der Größenbereiche sind für die Schüler nicht durchschaubar. Das Problem wird nicht verstanden. Die Situation mit ihren unbekannten Termini ist der Erwachsenenwelt entnommen. Häufig überfordert die sprachliche Struktur und die komplizierte Syntax die Schüler.
Erst wenn die geschilderten Voraussetzungen vorhanden sind, kann der Schüler die komplexe Struktur einer Textaufgabe aufbrechen, sich Teillösungen überlegen; den Zusammenhang zwischen den Größenbezeichnungen herstellen und die einzelnen Daten zu Rechenoperationen verknüpfen. Nur auf der durchschauten Sachebene lassen sich Problemfragen und Lösungshypothesen formulieren. Schüler, die schon

Sachbezug

das sachliche Niveau nicht erreichen, „fabrizieren" oft die kuriosesten Lösungen. Sie finden nichts dabei, daß ein Liter Milch plötzlich 12 Mark kostet oder der Schulvormittag 600 Minuten dauert. Winter meint, daß die Gleichgültigkeit gegenüber den Inhalten von Sachaufgaben im Lauf der Grundschulzeit zunimmt. „Man könnte sogar meinen, in der Mathematik büßen die Schüler im Lauf der Jahre einen Teil ihres gesunden Menschenverstandes ein" (Winter, 1977).
Besonders deutlich wird dies an der von Winter (1980) veröffentlichten Textaufgabe aus einem Test:

Aufgabe für das 4. Schuljahr

Die letzten Weihnachtsferien begannen am 23. 12. Das war der erste Ferientag. Die Ferien endeten am 8. 1., das war der letzte Ferientag. Wie viele Tage dauerten die Weihnachtsferien?

Nur 21,5 % der Schüler lösten die Aufgabe richtig. Ein Nachtest in Klasse 7 brachte kaum bessere Ergebnisse. Ein Schüler bot eine geradezu groteske Lösung an:

$$\begin{array}{r} 23.12 \\ -\ 8.01. \\ \hline 15.11. \end{array}$$

Antwort: Die Weihnachtsferien dauerten 15 Tage und 11 Stunden.

Hier ist in extremer Weise die völlige Verkennung der Situation sichtbar geworden. Wenn Schülern der „Durchblick" fehlt, weichen sie oft ins kalkülhafte aus. Es sind ja nur zwei Zahlen, und mit denen wird irgendwas zu rechnen versucht. Angesichts solcher Fehlleistungen sind Abhilfen dringend nötig, um die sachrechnerische Kompetenz zu verbessern.

4.3 Methodische Maßnahmen

4.3.1 Grundprobleme

Zu bedenken ist, daß die mathematischen Möglichkeiten der Grundschüler sehr begrenzt sind. Im wesentlichen werden die vier Grundrechenarten, einfache Brüche des täglichen Lebens angewandt. Funktionale Zusammenhänge kommen als Proportionalitäten vor (Stück-Preis-Tabelle). Theoretisch gesehen reduziert sich das Lösen einer solchen Aufgabe auf das Erkennen der benötigten Rechenoperationen, das Verketten eben dieser Operationen und die Ausführung in der richtigen Reihenfolge. Die schon mehrfach beschriebenen Probleme können nicht allein mit fehlender Motivation oder der Auswahl falscher Aufgaben erklärt werden. Die meisten Schwierigkeiten liegen in der Sache selbst. Das vermeintlich Einfache erweist sich als kompliziert. Vermeintlich hantiert man ja nur mit Zahlentripeln, in denen aus zwei bekannten Größen die dritte berechnet wird. Aber diesen einfachen Verknüpfungen steht eine Fülle von Sachbereichen gegenüber, die niemals alle im Unterricht thematisiert werden können.

4.3.1.1 Schlüsselwörter

Schlüsselwörter

Die Methode, die textlichen Wendungen zu analysieren, um so hinter die mathematischen Verknüpfungen zu kommen, trägt nicht weit.
„Vermindern" bedeutet dann immer „minus", „vermehren" immer „plus". Die Fülle umgangssprachlicher Formulierungen, hinter denen sich ein Hinweis auf die Rechenoperation verbergen kann, ist unübersehbar und oft irreführend. Niemand kann dem Schüler den Abstraktionsprozeß abnehmen, den er leisten muß, um von der *Situation* oder dem Aufgabentext *„zur Rechnung zu kommen"*.

4.3.1.2 Rechenwege

Verschiedene Rechenwege

Die Reihenfolge der Rechenoperation gehorcht keinen festen Gesetzen und ist oft nicht eindeutig. Es gibt verschiedene Rechenwege. Das Einsetzen von Werten in Formeln, wie es in späteren Schuljahren geübt wird, ist scheinbar leichter als der variantenreiche Umgang mit Textaufgaben in der vierten Klasse. Eine wichtige Schülerqualifikation, die in den vorangegangenen Schuljahren auch beim reinen Zahlenrechnen aufgebaut wurde, besteht gerade darin, mögliche alternative Rechenwege (auch „Umwege") zu finden, um dann aus dem vorhandenen Repertoire *günstige Rechenwege* auswählen zu können.

4.3.1.3 Musteraufgaben

Musteraufgaben

Viele Lehrer versuchen, über die Didaktik der Musteraufgaben das Problem zu bewältigen. Die Schüler sollen für alle Situationen ein Beispiel zur Verfügung haben. „Einkaufsaufgaben gehen so ..." Aber schon eine geringe Variation der

Situation, eine andere Art der Fragestellung, bringt das mühsam errichtete sachrechnerische Gebäude zum Einsturz. „So eine Aufgabe haben wir noch nicht gehabt“, konstatieren die Schüler und lehnen die Bearbeitung ab.

4.3.1.4 Motivation durch „Exotik“

Exotik

In einigen Ansätzen wird das Sachrechnen dahingehend kritisiert, daß die sogenannten lebenspraktischen Aufgaben wie „Familie Müller fährt in Urlaub“ Schüler wenig motivieren. Stattdessen wird vorgeschlagen, interessante und oft exotisch anmutende Phänomene in den Unterricht hereinzunehmen, um auf der verbesserten Motivation die Sachprobleme zu bewältigen. Es mag zwar interessant erscheinen, zu berechnen, um wieviele Zentimter der Bart von Rübezahl in 5 Jahren länger geworden wäre, aber zur Lösung der oben geschilderten Problematik tragen auch solche Aufgaben wenig bei. Die Bemerkung sei erlaubt, daß wir natürlich alles, was zur Verbesserung der Motivation beiträgt, in unseren Unterricht hereinnehmen, aber jeden Tag „Exotik“ nutzt sich sehr schnell ab und wird dann „ganz normal“. Zudem sind wir ja angetreten, über das umwelterschließende Sachrechnen auch Grundschüler schon einige Schritte auf dem Weg zum mündigen Bürger hinzuführen.

4.3.1.5 Ziel: Schlußfolgerndes Denken

Schlußfolgerndes Denken

Im Sachrechnen ist der Lehrer mit seinem ganzen didaktischen Können, noch mehr als in anderen Fächern, gefordert. Er muß eine Lernumgebung arrangieren, in der Entdeckungen möglich werden, kausales und schlußfolgerndes Denken verlangt wird. Unerläßlich ist der Aufbau von Denkstrukturen. Die Schüler müssen fähig werden, Situationen zu analysieren und mathematische Schlußfolgerungen zu ziehen. Schrittweise und auch systematisch muß versucht werden, dieses Denken zu entwickeln. Es ist bei den meisten Schülern nicht einfach vorhanden. Der Lehrer steht vor der schwierigen Aufgabe, jeden einzelnen Schüler auf seinem Niveau abzuholen, seine Art des Denkens zu ergründen und durch behutsame Impulse weiter zu entwickeln. Offenen Unterrichtskonzepten und dem eigenen Erarbeiten sind in diesem Bereich Grenzen gesetzt.

In ganz allgemeiner Form läßt sich folgende Zielsetzung für das Sachrechnen formulieren: Der Schüler soll fähig sein, Sachsituationen zu quantifizieren. Er soll die Beziehungen zwischen Sachen und Zahlen erkennen. Um dies zu leisten, muß er zuvor den Aufgabentext erfassen, die Daten herauslösen und einen sinnvollen Lösungsablauf planen.

Wie lernt aber der Schüler, Sachaufgaben zu lösen? Wie lassen sich Lösungsstrategien aufbauen?

4.4 Bearbeitungshilfen und Übungsmöglichkeiten

4.4.1 Lösungsplan

Jeder Lehrer versucht, seinen Schülern Hilfen für die Analyse und Lösung von Sachaufgaben an die Hand zu geben. In vielen Klassen werden Schüler nur auf ein bestimmtes Ordnungsschema festgelegt, z. B.

Plan

Wir fragen
Wir wissen
Wir rechnen
Wir antworten

Man darf die Bedeutung solcher Bearbeitungshilfen nicht überschätzen. Aber man wird nicht ohne sie auskommen.

4.4.1.1 Simplex-Aufgaben

Schon in den 60er Jahren hat Breidenbach (1969) auf die Elementarstruktur von Textaufgaben aufmerksam gemacht. Wenn man Textaufgaben zerlegt, bleiben zum Schluß immer Größentripel. Aus zwei Größen wird die dritte berechnet.

Simplex

alter Kontostand	—	Einzahlung	—	neuer Kontostand

Solche Größentripel treten bei allen Sachaufgaben auf und werden mit Hilfe der Grundrechenarten gelöst.
Ist der Schüler in der Lage, die Tripel zu erkennen und herauszulösen und sie in die richtige Reihenfolge zu bringen, ist der größte Teil der Lösung bereits bewältigt. Auch für den Lehrer ist die Betrachtung der Größentripel wichtig. Sie geben Hinweise auf die Komplexität und den Schwierigkeitsgrad einer Aufgabe.
Breidenbach hat ein solches Größentripel Simplex genannt.

Anzahl der Päckchen	—	Preis pro Päckchen	—	Gesamtpreis

Die Simplexe zeigen den Sachzusammenhang modellhaft. Nimmt man die Rechenoperationen hinzu, kommt man zu

Anzahl der Päckchen	·	Preis pro Päckchen	=	Gesamtpreis

Nettogewicht	+	Verpackungsgewicht	=	Gesamtgewicht
Anzahl der Liter	·	Literpreis	=	Gesamtpreis
Gesamtverbrauch	:	Anzahl der Tage	=	Tagesverbrauch
Geschwindigkeit	·	Fahrzeit	=	Wegstrecke

4.4.1.2 Komplex-Aufgaben, Rechenbaum

Komplex

Erfahrene Schüler verfügen über viele Simplexe. Sie werden bei komplexen Sachproblemen kombiniert. Wenn in einer Sachaufgabe mehrere Simplexe auftreten, spricht Breidenbach von einer Komplex-Aufgabe. Diese enthält mehrere untereinander zusammenhängende Simplexe.
Bei den Komplex-Aufgaben ist der Zusammenhang der Operationen von entscheidender Bedeutung. Man unterscheidet Aufgaben mit linearer und verzweigter Struktur.

Aufgabe

Peter hat 17 Murmeln
Tina hat 19 Murmeln.
Sie legen alle Murmeln zusammen und teilen sie gleichmäßig auf.

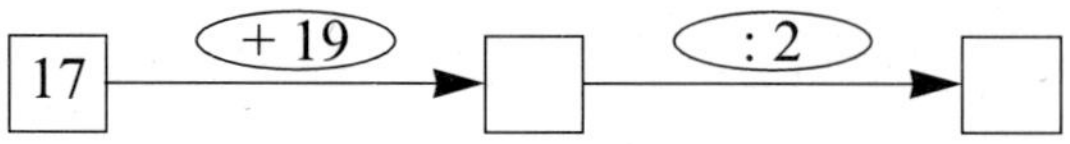

Rechenbaum

Diese lineare Struktur läßt sich auch an einem Rechenbaum aufzeigen

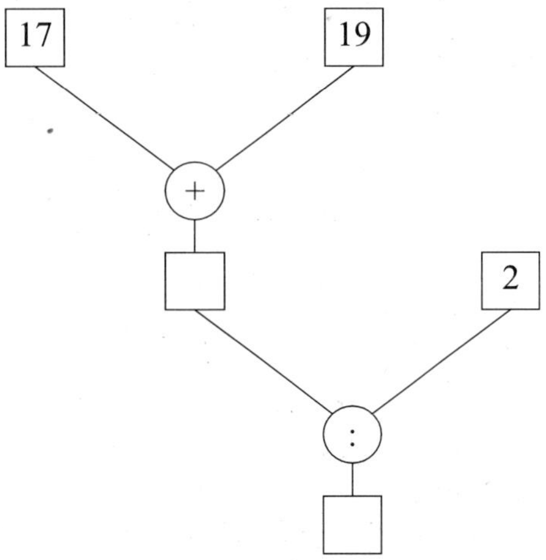

Die lineare Struktur erscheint im Operatordiagramm als Kette von Operationen. Im Rechenbaum erkennt man sie daran, daß immer ein neuer Simplex angehängt wird.

Als Beispiel für die verzweigte Struktur soll die nächste Aufgabe dienen.

Aufgabe

Herr Lenz kauft im Großmarkt 5 Flaschen Cola zu je 2,50 DM, 4 Flaschen Limonade zu je 1,80 DM und eine Flasche Himbeersirup zu 4,20 DM. Er zahlt mit einem Hundertmarkschein. Berechne das Rausgeld.

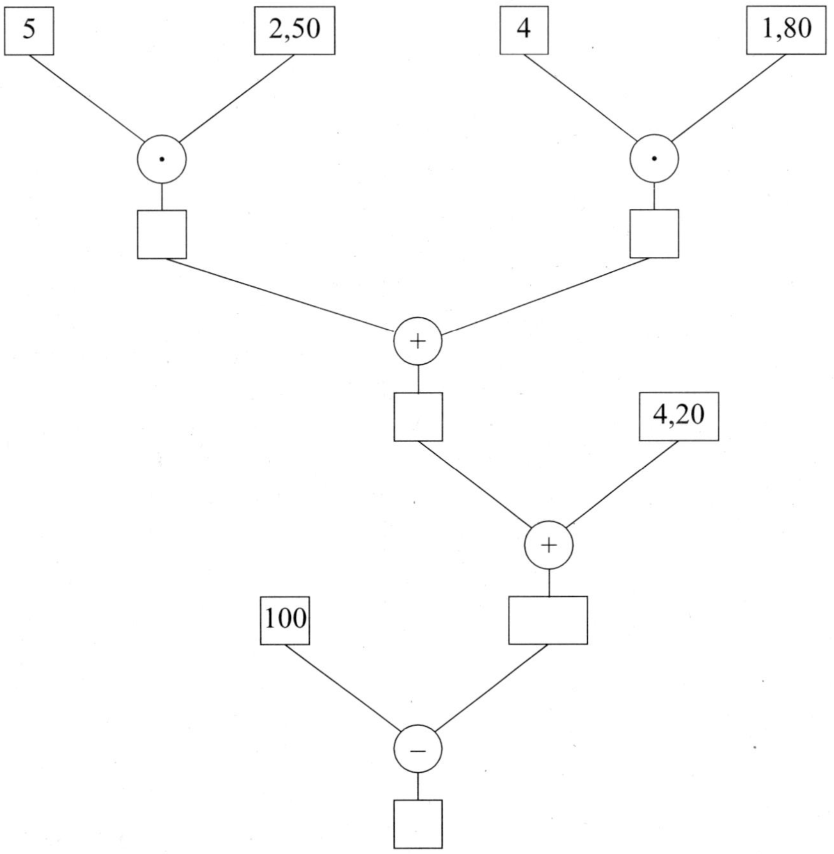

Dieser Rechenbaum zeigt eine verzweigte Struktur. Bei der Berechnung des 3. Simplex der Summe der beiden Einkäufe muß auf die zuerst berechneten Größen zurückgegriffen werden. Es ist also ein Rückgriff erforderlich. Von da an verläuft die Lösung linear. Im Rechenbaum muß eine Ablaufrichtung von links nach rechts vereinbart werden. Die 100,– DM können nur links eingetragen werden, sonst funktioniert die Subtraktion nicht. Die Zahl der Rückgriffe ist ein Maß für die Komplexität einer Aufgabe. Aber Vorsicht, gleiche Komplexität bedeutet noch nicht die gleiche Schwierigkeit beim Rechnen. So können lineare Umkehraufgaben durchaus schwieriger sein als Komplex-Aufgaben mit *einem* Rückgriff, die genau einem Handlungsablauf folgen.
Beide Darstellungen, die Simplex-Darstellung und der Rechenbaum, haben ihre Vorteile. In der Simplex-Darstellung ist die Rechenoperation nicht erkennbar. Dies ist ein Vorteil, wenn es um funktionale Zusammenhänge geht. Mit dem gleichen Simplex sind drei Fragestellungen möglich.

- Der Gesamtpreis wird gesucht.
- Einzelpreis und Preis pro Päckchen sind vorgegeben.
  Die Anzahl der Päckchen ist gesucht.
- Anzahl der Päckchen und der Gesamtpreis sind gegeben.
  Der Preis pro Päckchen ist gesucht.

Wenn gewünscht, kann man auch Simplexe mit Rechenzeichen versehen.
In den Rechenbäumen ist die Rechenoperation immer ersichtlich. Man muß aber eine Ablaufrichtung von links nach rechts und von oben nach unten vereinbaren. Gesuchte Werte springen durch leere Felder ins Auge. Man beginnt im Baum immer da vorwärts oder rückwärts zu rechnen, wo sich 2 Werte verknüpfen lassen. Auch die Rechenbaumtripel lassen sich wie Simplexe zu Komplex-Darstellungen kombinieren. Im Baum sollten nur Zahlen stehen. Größenangaben verwirren mehr als sie nützen. Damit vermeidet man unsinnige Dimensionsrechnungen, in denen häufig abgeleitete Größen auftreten, die Schüler nicht verstehen können. Um eine sachgerechte Antwort zu geben, genügt es, eine Frage mit dementsprechenden Größenangaben zu formulieren.

4.4.2 Die Funktionstabelle

Tabelle

In den neuen Bildungsplänen wird immer wieder das Rechnen mit Funktionstabellen verlangt. Diese finden in den Schulbüchern immer mehr Eingang. Jede Art eines funktionalen Zusammenhangs gestattet die Tabellendarstellung. Mit Tabellen können viele Schüler umgehen, die im späteren Schlußrechnen große Schwierigkeiten haben.

Beispiel
Vergleiche die Preise, die man für das gleiche Gewicht bezahlen muß.

13 DM 5 kg	9 DM 3 kg

Möglichkeit für die Lösung
- Man berechnet jeweils den Preis für 1 kg.
- Man rechnet mehrere Packungen aus und schreibt die Ergebnisse in eine Tabelle.

Große Packung	Gewicht	5 kg	10 kg	15 kg
Preis		13 DM	26 DM	39 DM

Kleine Packung	Gewicht	3 kg	6 kg	9 kg	12 kg	15 kg
Preis		9 DM	18 DM	27 DM	36 DM	45 DM

In den Kleinpackungen kosten 15 kg 45 DM.
In den Großpackungen kosten 15 kg 39 DM.

Operatives Durcharbeiten

Mit zunehmendem Komplexitätsgrad und wegen der großen Vielgestaltigkeit der Aufgaben ist es in der vierten Klasse nicht mehr möglich, direkte Beispiele und Schemata anzugeben. Lösungshilfen können nur noch sehr allgemein und generell angesprochen werden. An gut durchgearbeiteten Beispielen können die Schüler jedoch erfahren, wie die operative Durcharbeitung mit Variation der Daten und der Fragen, ebenso mit einer Variation der Lösungswege, zu einer besseren Erfassung der Struktur führt.

4.4.3 Lösungsstrategien bei komplexen Sachaufgaben

Lösungsplan

Die Darstellung von Sachaufgaben in Rechenbaum und Simplexen ist in der Vergangenheit auch auf Kritik gestoßen. Haupteinwand war: Wer fähig sei, ein baumähnliches Schema für die Lösung aufzuzeigen, könne sich die Zeit für das Aufzeichnen des Rechenbaumes sparen, er habe ja schon einen kompletten Lösungsplan (im Kopf) entworfen.
Dennoch kann man leicht Beispiele angeben, bei denen der Einsatz des Rechenbaumes zur Erhellung der Sachstruktur von Nutzen sein kann.

Beispiel

Frau Burger kauft 5 Flaschen Milch zu je 1,30 DM und 3 Flaschen Kakao zu je 1,50 DM. Sie bezahlt mit einem 20-DM-Schein. Wie hoch ist das Rausgeld?

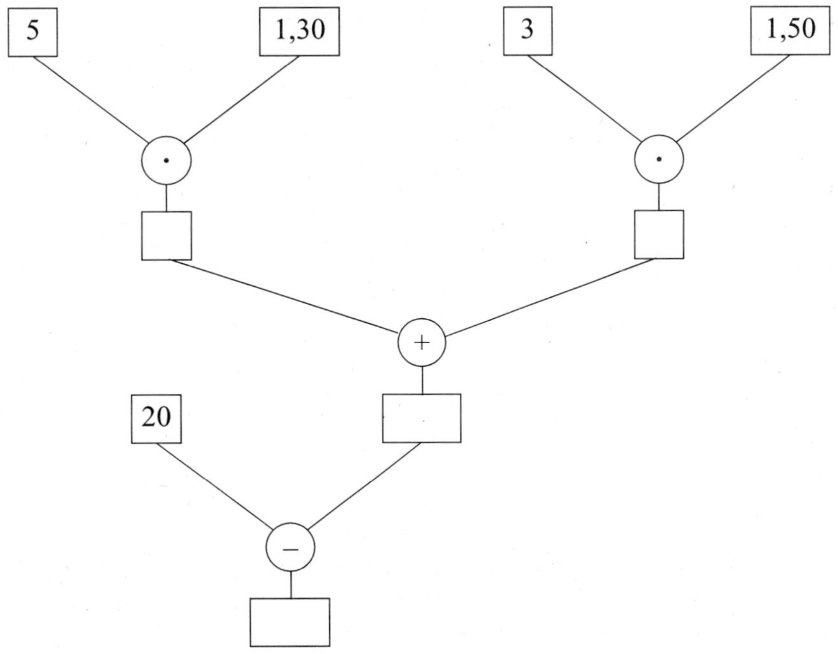

Der Schüler sollte neben der Simplexdarstellung und dem Rechenbaum auch rein argumentative Lösungshilfen vermittelt bekommen. Aber nicht jeder Schüler bringt eine schlüssige Argumentationskette zusammen. Man kann bei dem Einkauf von Frau Burger vorwärts, d. h. progressiv, und rückwärts (regressiv) vorgehen.

Argumentation „vorwärts“

Bei der Vorwärtsargumentation überlegt man: Wenn bekannt ist, wie viele Flaschen zu welchem Preis gekauft werden, kann ich den Preis für den Milchkauf und für den Kakaokauf angeben. Daraus ergibt sich der Preis für den Gesamteinkauf. Diesen Betrag kann ich von 20 DM subtrahieren und komme so auf das Rausgeld.

Argumentation „rückwärts“

Beim Rückwärtsargumentieren, bei der Regression, geht man so vor: Wenn man das Rausgeld ermitteln will, muß man den Preis für den Einkauf berechnen. Dazu muß ich jeden Kauf einzeln berechnen. Dies kann man mit den angegebenen Daten.

Es ist wichtig, daß Schüler ihre Argumentationskette vor der Klasse darstellen. „Schildere deinen Rechenweg.“ Im Unterricht müssen die eigenen Denkwege thematisiert werden, damit auch schwächere Schüler davon profitieren können.

Ist die Aufgabe durch den Baum strukturiert, kann sie leicht variiert werden.

Beispiel

> Frau Burger kauft 5 Flaschen Milch zu je 1,30 DM und 3 Flaschen Kakao. Sie zahlt mit einem 20-DM-Schein und bekommt 9 DM heraus. Was kostet eine Flasche Kakao?

Für die variierte Aufgabe gilt der gleiche Rechenbaum; man braucht keine Argumentationskette mehr. Der Schüler sieht die leeren Felder im Rechenbaum und führt die Rechnungen teilweise unter Anwendung der jeweiligen Umkehroperation aus.

Viele Einkaufsaufgaben haben die mathematische Struktur

$$Z - (W_1 \cdot P_1 + W_2 \cdot P_2) = R$$

Dabei bedeutet

W = Warenmenge	P = Stückpreis
Z = Zwanzigmarkschein	R = Rausgeld

Auf alle Aufgaben mit dieser Struktur paßt der gezeichnete Baum. Begabte Schüler können zu diesem Baum eigene Sachaufgaben konstruieren. Erfahrene Lehrer nutzen dies erfolgreich zur Differenzierung in diesem Bereich.

Lehrgang

Fricke (1984) schlägt vor, auch das Sachrechnen in abgestuften Lehrgängen zu unterrichten und die Sachaufgaben nicht nur im Anschluß an jeweilige Einführungen als vermischte Aufgaben anzuhängen, in denen dann mathematische Schwierigkeiten und vielerlei Sachsituationen wirr durcheinander gehen. Die Schüler sollen lernen, Textaufgaben zu lösen und Lösungsstrategien aufzubauen.

Schon 1972 hat Stahl in seiner Untersuchung einen Plan für die Lösung komplexer Sachaufgaben angegeben (vgl. Stahl, 1972).

Anweisung zur Lösung von Sachaufgaben mit mehreren Lösungsschritten

	Lösungsschritte	Hilfsschritte		
1	Lies die Aufgabe			
2	Suche alle wesentlichen Angaben heraus!	→ Lies noch einmal aufmerksam die Frage!	→ Suche nach wesentlichen Angaben, die keine Zahlen sind!	→ Schreibe alle wesentlichen Angaben heraus! oder → Unterstreiche alle wesentlichen Angaben!
3	Suche die Zwischenfragen in der richtigen Reihenfolge!	→ Zeichne! Bestimme das Gesuchte und das Bekannte!	→ Nenne das Zwischenergebnis, das du zuerst brauchst!	→ Nenne die Angaben, die du zuerst verwenden mußt!
4	Gib die Rechenoperationen in der richtigen Reihenfolge an!	→ Suche die Wörter, an denen du die Rechenoperation erkennst!	→ Verwende die richtige Rechenoperation: addieren (+) oder subtrahieren (–), multiplizieren (·) oder dividieren (:).	
5	Stelle die Gleichungen in der richtigen Reihenfolge auf und löse sie!	→ Bezeichne das Gesuchte durch Buchstaben (Variablen)!		
6	Nenne oder schreibe die Antwort!	→ Verwende beim Antworten den Text der Frage!		
7	Überprüfe deine Antwort!	→ Rechne noch einmal alles nach!	→ Überlege, ob die Antwort sinnvoll ist!	

Die Schritte in der vertikalen Reihe bezeichnen die Ausführungstätigkeiten. Jeweils daneben sind die Hilfen angegeben, die der Schüler in Anspruch nehmen kann (Orientierungstätigkeiten). Der letzte Schritt dient der Kontrolle.
(Vgl. Lompscher 1972, S. 274)

4.4.4 Was muß man üben

Wenn die Komplexität und Vielschichtigkeit der Sachaufgaben wesentliche Ursachen für das Versagen vieler Schüler beim Sachrechnen sind, muß man beim Üben die beiden wesentlichen Komponenten

(1) die mathematische Struktur und ihre Darstellung,
(2) die Texterfassung

Übungsziele

schwerpunktmäßig berücksichtigen. Es empfiehlt sich immer wieder, einzelne Übungsziele besonders zu betonen, und dadurch auch den Schülern deutlicher bewußt zu machen, auf welche Einzelheiten beim Lösen einer Textaufgabe besonders geachtet werden muß. Die beiden folgenden Abschnitte enthalten eine tabellarische Zusammenfassung dieser wichtigen Übungsziele nach Weidner (1991).

4.4.4.1 Übungsziele zur mathematischen Struktur und ihrer Darstellung

Mathematische Struktur

- Klassifizieren von einfachen Sachaufgaben (Simplex) nach den Rechenoperationen, welche für die Lösung erforderlich sind zu vorgegebenen Rechenbäumen
- Zuordnen von Sachaufgaben
- Erfinden von Sachaufgaben zu gegebenen Rechenoperationen oder Rechenbäumen
- Zerlegen des Textes durch Zwischenfragen:
  - Zwischenfragen sind in den Aufgabentext eingearbeitet
  - Zwischenfragen müssen von den Schülern formuliert werden. Es ist jedoch zu erkennen, an welcher Stelle des Aufgabentextes eine Zwischenfrage zu formulieren ist.
  - Allgemeiner Lehrerhinweis auf mögliche Zwischenfragen
- Zusammensetzen verschiedener einfacher Sachaufgaben zu einer zusammengesetzten Aufgabe (Komplex); Fortsetzen und Erweitern einfacher Sachaufgaben.
- Liste der Rechenschritte:
  - Angabe der für die Lösung einer Sachaufgabe erforderlichen Rechenoperationen in der richtigen Reihenfolge
  - Notation durch die Schüler
  - Auswahl aus einem Sortiment von vorgegebenen Möglichkeiten
- Darstellungsmöglichkeiten
  - Darstellung des mathematischen Sachverhalts
  - Zeichnerische Darstellung (Bild, Bildgeschichte)
  - Darstellung durch eine Grafik (Blockdiagramm, Pfeilbild) welche vorgegeben, aufgestellt, verglichen, interpretiert werden muß, z. B.:
    Darstellen der Struktur einer Sachaufgabe durch den Rechenbaum,
    Darstellung im Operatormodell,
  - Weitere Darstellungsformen, z. B. Tabelle, Zahlenstrahl usw.
- Variation der Daten oder des Lösungswegs

4.4.4.2 Übungsziele zur Texterfassung

Texterfassung

- Verstehen von Informationen
  - aus einer Bildgeschichte,
  - aus Tabellen und Tafeln,
  - aus Texten.
- Kennzeichnung der Informationen, die zur Lösung einer Aufgabe wesentlich sind
- Kürzen von Texten
- Ergänzen fehlender Informationen
- Übungen zur Fragestellung:
  - Bei Sachaufgaben ohne Frage passende Fragen suchen und die Vorschläge miteinander vergleichen,
  - Vorgegebene Sachaufgaben und Fragen einander zuordnen.

- Übungen zur Formulierung der Antwort
  - Verschiedene Antworten miteinander vergleichen
  - Zu gegebenen Fragen aus einem Überangebot von Antworten die zutreffenden Antworten auswählen. Dabei können folgende Fälle unterschieden werden:
    Eine inhaltlich richtige Antwort enthält eine falsche Ergebniszahl.
    Eine inhaltlich falsche Antwort enthält die richtige Ergebniszahl.
    Die Antwort enthält lediglich Informationen, die bereits in der Aufgabe schon enthalten sind.
    Inhaltlich richtige Antworten mit richtiger Ergebniszahl (mehrere Möglichkeiten).

4.5 Fächerübergreifende Sachprobleme

Projekt

So oft wie möglich sollte der Lehrer lebensnahe Probleme in seinen Unterricht einbeziehen. Nachgespielte Handlungsabläufe, kleine Experimente im Klassenzimmer, bei denen gemessen, gewogen und die Zeit genommen wird, sollten die Schulbuchaufgaben mehr und mehr ersetzen. Sehr bald merkt man, daß echte Sachprobleme nur gewisse mathematische Aspekte aufweisen. Sie reichen fast immer in den Unterricht anderer Fächer hinein. Fächerübergreifendes und projektorientiertes Arbeiten rückt in den Mittelpunkt. Die Mathematik stellt nur noch die Hilfswerkzeuge bereit.

Offene Aufgaben

Während Textaufgaben meist alle Angaben vollständig enthalten – sogar die Fragen sind schon gestellt –, hat die offene Aufgabenstellung Lücken; es müssen zusätzliche Daten beschafft werden. Die Fragen werden von den Schülern formuliert. Echte Anwendungsaufgaben verlangen oft auch mathematische Verfahren, über die Grundschüler noch nicht verfügen. Diese Art des Unterrichts bürdet dem Lehrer die ganze Last der Vorbereitung auf. Er muß das Material bereitstellen, sich die Arbeitstechniken überlegen und die Umgebung arrangieren. Aber der Aufwand lohnt sich. Auf diesem Weg kommt der Mathematikunterricht aus seiner Isolation heraus. Die Schüler erleben Mathematik als etwas Handfestes, mit dem man auch im täglichen Leben etwas anfangen kann. Die Erfahrungen aus Klassen, die öfter in Projekten arbeiten, gehen dahin, daß die Schüler danach motivierter sind, wieder in einem mehr systematischen Mathematiklehrgang mitzuarbeiten.

4.5.1 Lohnende Sachaufgaben

Umwelterschließung

Gibt es überhaupt Sachaufgaben, die den hehren, bisher formulierten Ansprüchen genügen? Die erfahrbare Wirklichkeit soll Ausgangspunkt und Ziel des Lernens sein. Über die Erschließung der Umwelt soll die Mathematik Kindern helfen, sich besser zurechtzufinden. Auf diese Weise findet man viele Ansatzpunkte. Die Lehrpläne schlagen eine ganze Reihe von Themenkreisen vor, die eine fächerübergreifende Bearbeitung verlangen und den neuen Ansätzen gerecht werden. Fächerübergreifend arbeiten bedeutet in der dritten und vierten Klasse vor allem, die vielen Querverbindungen zum Sach- und Deutschunterricht zu suchen. Umwelterschließung und Anwendungsorientierung sind keine Gegensätze zum Konzept eines strukturorientierten Mathematikunterrichts. Neben den lebensnahen Aufgaben nehmen wir natürlich Wissenswertes, Erstaunliches und Witziges mit in unseren Unterricht herein. So bieten z. B. die Rätselzeitschriften am Kiosk eine Fülle von kindgemäßen Rätsel- und Knobelaufgaben.

Knobelaufgaben

4.5.2 Themenvorschläge

Themen

Die Bildungspläne nennen die folgenden Themenkreise:

- Bundesjugendspiele, Klassen- oder Schulfest, Ausflug, Wandertag
- Arbeit, Freizeit, Wohnen, Urlaub, Reisen, fremde Währungen
- Das Leben in der Gemeinde, Berufe und Verkehr
- Menschen aus anderen Ländern leben unter uns
- Sport, Umweltschutz, soziale Fragen.

4.5.2.1 Der Jahresausflug

Ausflug

Es ergeben sich viele Fragen.

- Wohin soll unser nächster Ausflug gehen?
  Die Schüler schlagen verschiedene Ziele vor: auf die Burg Lichtenstein, in die Bärenhöhle, nach Stuttgart in den Zoo, die Wilhelma, oder eine Neckarschifffahrt.
- Wie ist es mit den Entfernungen, Fahrzeiten, Zeitdauer, Alternativen bei Regenwetter?
- Wie erreicht man die Ziele?
- Was kostet der Ausflug?
- Wie kommt man zu den Zielen? Braucht man einen eigenen Bus oder sind sie mit öffentlichen Verkehrsmitteln erreichbar?
- Wie sieht der Zeitplan aus? Wenn wir nach 9 Uhr mit der S-Bahn fahren, können wir die hohe Gruppenermäßigung in Anspruch nehmen? Wenn wir einen eigenen Bus nehmen, ist er mit 24 Schülern nur halb besetzt.
- Landkarten, Fahrpläne, Fahrpreistabellen, Prospekte werden diskutiert. Vielleicht ist die Parallelklasse zu einem gemeinsamen Ausflug bereit. Mache einen eigenen Ausflugsprospekt.

4.5.2.2 Mein Schülerpaß

Personalausweis

Alle Kinder fertigen gerne Ausweise, Führerscheine, Spielerpässe und anderes mehr an. Unser Klassenausweis wird aus einem A5-Karton gefaltet. Er enthält Adresse, Schule und Klasse, den Geburtsort, das Geburtsdatum und das Lebensalter in Jahren, Monaten, Wochen und Tagen, ebenso die Körpergröße, das Gewicht und die Konfektionsgröße. Auf den beiden Umschlagseiten bleibt viel Raum für Gestaltung.

4.5.2.3 Die Fußballbundesliga

Fußball

Es gibt wenig natürliche Anlässe, um Grafiken und Statistiken in den Unterricht hereinzunehmen. Die Sportseiten der Sonntagszeitungen enthalten dafür Material in großem Umfang. Viele arithmetische, logische und statistische Gesichtspunkte stecken im Sportbericht. Man kann viele Fragen stellen.

- Was bedeuten die Punkte?
- Wo findet das Spiel statt?
- Was versteht man unter Tordifferenz? Man kann das Torverhältnis und die Anzahl der Siege in der Tabelle ablesen.
- Was ist Heimstärke, Auswärtsstärke?
- Wer ist der Torjäger?
- Wo waren die meisten, die wenigsten Zuschauer?
- Berechne den Mittelwert der Zuschauerzahlen.
- Wieviel Eintritt wurde insgesamt eingenommen bei einem angenommenen Durchschnittspreis von DM 40,00?

Bundesliga 1992/93

	Werder Bremen	Bay. München	Eintr. Frankfurt	Bor. Dortmund	Bayer Leverkusen	Karlsruher SC	VfB Stuttgart	Kaiserslautern	Bor. M'gladbach	Schalke 04	Hamburger SV	1. FC Köln	1. FC Nürnberg	Wattenscheid 09	Dynamo Dresden	VfL Bochum	Bayer Uerdingen	1. FC Saarbrücken	Gesamt Tore	Punkte
1. Werder Bremen		4:1 3:1	0:0 0:3	1:0 2:2	1:1 2:2	3:0 2:5	1:1 3:0	1:0 1:3	2:0 1:3	2:0 0:0	5:0 0:0	2:0 0:0	3:0 0:0	3:0 2:2	3:0 3:2	3:1 0:2	2:1 2:0	2:0 4:0	63:30	48-20
2. Bayern München	1:3 1:4		1:0 1:1	2:0 2:1	4:1 4:2	3:3 2:4	5:3 3:2	1:0 3:1	2:2 2:2	1:1 3:3	4:0 1:3	3:0 3:1	1:0 0:0	1:1 0:2	3:1 0:0	3:1 2:2	2:0 3:0	6:0 1:1	74:45	47-21
3. Eintr. Frankfurt	3:0 0:0	1:1 0:1		4:1 0:3	2:2 1:1	4:1 1:4	4:0 2:2	3:0 2:0	1:3 3:3	0:3 0:0	3:3 2:1	2:1 1:0	0:0 2:1	4:1 2:1	1:1 2:0	4:1 0:1	1:0 0:2	1:1 0:0	56:39	42-26
4. Bor. Dortmund	2:2 0:1	1:2 0:2	3:0 1:4		1:2 3:3	3:1 0:3	0:4 0:1	1:0 0:0	4:1 3:0	0:2 0:0	3:1 2:1	4:1 1:0	4:2 2:1	6:0 3:1	3:0 0:3	1:0 2:2	2:0 2:0	3:0 1:3	61:43	41-27
5. Bayer Leverkusen	2:2 1:1	2:4 1:4	1:1 2:2	3:3 2:1		5:1 1:1	4:0 3:0	2:0 0:4	4:0 2:2	6:1 1:2	1:1 0:0	3:0 0:1	2:1 1:0	3:1 3:1	0:0 0:2	3:1 2:2	1:0 1:2	1:1 1:3	64:45	40-28
6. Karlsruher SC	5:2 0:3	4:2 3:3	4:1 1:4	3:0 1:3	1:1 1:5		1:1 1:2	1:1 3:2	4:2 1:3	0:0 2:2	1:0 2:1	3:1 0:2	1:1 0:0	2:1 2:0	3:1 0:3	1:0 2:2	4:0 1:1	2:2 0:2	60:54	39-29
7. VfB Stuttgart	0:3 1:1	2:3 3:5	2:2 0:4	1:0 4:0	0:3 0:4	2:1 1:1		3:1 0:0	3:2 1:1	1:0 0:1	1:1 1:1	2:0 1:3	3:0 2:3	4:1 0:0	4:0 0:0	4:1 0:0	1:2 3:3	2:2 4:1	56:50	36-32
8. 1. FC Kaiserslautern	3:1 0:1	1:3 0:1	0:2 0:3	0:0 0:1	4:0 0:2	2:3 1:1	0:0 1:3		0:0 2:2	3:0 0:4	2:2 2:2	1:0 3:0	2:0 0:0	4:1 0:1	2:0 3:1	3:1 3:1	2:1 5:0	1:1 0:2	50:40	35-33
9. Bor. M'gladbach	3:1 0:2	2:2 2:2	3:3 3:1	0:3 1:4	2:2 0:4	3:1 2:4	1:1 2:3	2:2 0:0		2:0 2:1	0:0 2:0	1:2 2:1	2:1 1:0	4:1 1:3	5:1 0:1	1:1 1:2	0:4 3:1	2:5 4:0	59:59	35-33
10. FC Schalke 04	0:0 0:2	3:3 1:1	0:0 3:0	0:0 2:0	2:1 1:6	2:2 0:0	1:0 0:1	4:0 0:3	1:2 0:2		0:0 2:1	1:0 1:2	0:0 4:1	3:4 0:0	2:0 0:1	0:3 1:0	1:1 2:4	2:2 3:1	42:43	34-34
11. Hamburger SV	0:0 0:5	3:1 0:4	1:2 3:3	1:2 1:3	0:0 1:1	1:2 0:1	1:1 1:1	2:2 2:2	0:2 0:0	1:2 0:0		3:0 2:2	0:1 0:1	1:1 2:2	1:1 1:1	2:0 2:1	3:0 2:0	2:0 3:0	42:44	31-37
12. 1. FC Köln	0:0 0:2	1:3 0:3	0:1 1:2	0:1 1:4	1:0 0:3	2:0 1:3	3:1 0:2	0:3 0:1	1:2 2:1	2:1 0:1	2:2 0:3		2:0 1:2	3:0 2:4	3:1 0:3	1:0 0:0	5:0 0:0	4:2 3:0	41:51	28-40
13. 1. FC Nürnberg	0:0 0:3	0:0 0:1	1:2 0:0	1:2 2:4	0:1 1:2	0:0 1:1	3:2 0:3	0:0 0:2	0:1 1:2	1:4 0:0	1:0 1:0	2:1 0:2		2:1 1:4	0:0 2:1	2:1 0:4	2:0 1:2	4:1 1:0	30:47	28-40
14. Wattenscheid 09	2:2 0:3	2:0 1:1	1:2 1:4	1:3 0:6	1:3 1:3	0:2 1:2	0:0 1:4	1:0 1:4	3:1 1:4	0:0 4:3	2:2 1:1	4:2 0:3	4:1 1:2		2:1 1:2	2:0 1:3	1:1 1:1	3:1 1:0	46:67	28-40
15. Dynamo Dresden	2:3 0:3	0:0 1:3	0:2 1:1	3:0 0:3	2:0 0:0	3:0 1:3	0:0 0:4	1:3 0:2	1:0 1:5	1:0 0:2	1:1 1:1	3:0 1:3	1:2 0:0	2:1 1:2		0:0 2:2	1:1 1:1	0:0 1:1	32:49	27-41
16. VfL Bochum	2:0 1:3	2:2 1:3	1:0 1:4	2:2 0:1	2:2 1:3	2:2 0:1	0:0 1:4	1:3 1:3	2:1 1:1	0:1 3:0	1:2 0:2	0:0 0:1	4:0 1:2	3:1 0:2	2:2 0:0		4:1 1:2	4:0 1:1	45:52	26-42
17. Bayer Uerdingen	0:2 1:2	0:3 0:2	2:0 0:1	0:2 0:2	2:1 0:1	1:1 0:4	3:3 2:1	0:5 1:2	1:3 4:0	4:2 1:1	0:2 0:3	0:0 0:5	2:1 0:2	1:1 1:1	1:1 1:1	2:1 1:4		1:1 3:3	35:64	24-44
18. 1. FC Saarbrücken	0:4 0:2	1:1 0:6	0:0 1:1	3:1 0:3	3:1 1:1	2:0 2:2	1:4 2:2	2:0 1:1	0:4 5:2	1:3 2:2	0:3 0:2	0:3 2:4	0:1 1:4	0:1 1:3	1:1 0:0	1:1 0:4	3:3 1:1		37:71	23-45

Versandhaus

4.5.2.4 Kleider und Schuhe aus dem Versandhaus

In Katalogen zu blättern bedarf keiner besonderen Motivation. Peter möchte Schuhe im Versandhaus kaufen. Natürlich nicht im Schuhgeschäft. Dort probiert man. Aber im Versandhaus muß man die Größe angeben. Alle Schüler ermitteln ihre Schuhgröße, indem sie ihre Füße umfahren und auf ein Blatt Papier zeichnen. Das wichtigste Maß für die Schuhgröße ist die Fußlänge. Wir arbeiten so genau, wie es unser Lineal zuläßt, also millimetergenau. Die Fußlänge + 7 mm ergibt die Schuhlänge.

Hinweis für den Lehrer:
Die eigenartigen deutschen und englischen Schuhgrößen ergeben sich aus den Pariser Stichen.

Es gilt: 28 cm Fußlänge = Schuhgröße 42
= 42 Pariser Stiche

2 cm = 3 Pariser Stiche

Schuhgröße 42 bedeutet auch 8 Size (englische Größe)
Daraus läßt sich sogar eine grundschulgerechte Berechnungsformel entwickeln. Man erhält die Schuhgröße, wenn man die Schuhlänge halbiert und das Ergebnis mit 3 multipliziert.

Schuhgröße = Schuhlänge (in cm) : 2 · 3

Beispiel

Peters Fußlänge beträgt 219 mm + Längenzuschlag 7 mm.
Dies ergibt eine Schuhlänge von 226 mm,
diese wird halbiert, 113 mm,
und verdreifacht, 339 mm,
in cm umgerechnet, 33,9 cm, also Schuhgröße 34.

Wir fertigen eine Tabelle über Fußlängen und Schuhgrößen.

Beim Kleiderkauf gehen wir ähnlich vor.
Zuerst wird das neben der Maßtabelle im Katalog abgebildete Kind auf einen großformatigen Karton (A0) aufgemalt. (Mit dem Overheadprojektor kann man in idealer Weise vergrößern.)
Die wichtigen Begriffe wie Bundweite, Oberweite, Armlänge, Seitenlänge werden besprochen. Mit den mitgebrachten Zentimetermaßbändern wird gemessen. Danach wird für jedes Kind ein Maßzettel angefertigt und die Konfektionsgröße festgelegt. Es ergeben sich vielfältige Möglichkeiten für Gruppen- und Partnerarbeiten. Und die Mathematik ist wirklich der Lebensumwelt entnommen. In den Lehrplänen werden noch viele Beispiele genannt, die sich auf ähnliche Weise bearbeiten lassen.

Schulranzen

4.5.2.5 Schüler sind keine Packesel

Das Thema betrifft die Einführung in den Größenbereich Gewichte.
Der Einstieg erfolgt über einen Zeitungsartikel. Erstmals sollen die Schüler in den Größenbereich „Gewichte" eingeführt werden. Über eigenes Tun sollen die Größenvorstellungen und die zugrundeliegenden Begriffe anschaulich angebahnt werden.
Der *schwerste* Schulranzen soll ausfindig gemacht werden. Es steht keine Waage zur Verfügung. Wie können die Schulranzen, ohne sie abzuwiegen, dem Gewicht nach geordnet werden?

Schüler sind keine Packesel

Ärzte klagen immer wieder über zu schwere Schulranzen der Schüler. Nicht selten führt dies zu schweren Haltungsschäden. Ein Nagolder Schüler trug doch tatsächlich täglich 8 Kilogramm zur Schule. Deshalb haben die Gesundheitsämter die Aktion „Wie schwer ist mein Schulranzen?" gestartet. Alle Schulklassen und ihre Lehrer werden gebeten, das Gewicht der Schulranzen zu überprüfen. Dies läßt sich ganz einfach nach folgender Merkregel berechnen. „Das Gewicht des Ranzens mit 10 multipliziert soll kleiner sein als das Körpergewicht des Schülers."

Zunächst ist die Kreativität der Klasse angesprochen. Gibt es eine Strategie, die gestellte Aufgabe zu lösen? Im Unterrichtsgespräch werden Hypothesen gebildet und Lösungswege vorgeschlagen und wieder verworfen.
Die Situation kommt den Schülern sehr entgegen. Operatives Denken ist gefordert und Phantasie gefragt. Zunächst wird in Gruppenarbeit durch Hochheben und Vergleichen der schwerste Ranzen zu ermitteln versucht. Bei einigen Ranzen, die fast gleich schwer sind, ein unmögliches Bemühen. Durch mehrere Versuche und Diskussionen wird eine Entscheidung getroffen. Nach der Einigung werden die vier schwersten Ranzen der Klasse in den Sitzkreis gestellt. Noch einmal wird durch Hochheben überprüft. Pfeile mit der Aufschrift „ist schwerer als" werden zwischen die Ranzen gelegt. Das gelegte Pfeildiagramm wird an der Tafel festgehalten.
Vom Lehrer wird die Kleiderbügelwaage (Wippe), mit der je zwei Schulranzen direkt verglichen werden können, vorgeschlagen. Sie liefert schon bessere Ergebnisse. Der heruntergezogene Kleiderbügel bestätigt oder widerlegt das vorher festgelegte Ergebnis, das Pfeildiagramm wird korrigiert. Die Schüler haben den schwersten Ranzen der Klasse ermittelt.
An diese Phase des *direkten Vergleichens* schließt sich der *indirekte Vergleich* mit selbstgewählten Einheiten an. Die vier schwersten Ranzen werden an der Kleiderbügelwaage mit Reispäckchen (500 g) abgewogen. In einer Tabelle an der Tafel werden die Ergebnisse notiert. Das Wiegen mit Hilfe von Reispäckchen und eines Kleiderbügels ist sehr umständlich. Der Lehrer zeigt den Ein-Kilogramm-Gewichtsstein. Zwei Reispakete und der Gewichtsstein „halten sich die Waage". Die Kleiderbügelwaage verdeutlicht die Äquivalenzrelation „ist gleich schwer wie". 1 Kilogramm entspricht zwei Reispaketen. Jetzt läßt sich die Tabelle an der Tafel durch die Kilogrammspalte ergänzen. In einer anschließenden Gruppenarbeit werden die Ranzen auf einer Tafelwaage abgewogen. Es gibt nur ganze und halbe Kilogrammsteine. Diese Genauigkeit genügt völlig. Die Ergebnisse werden auf einem Arbeitsblatt eingetragen. Anschließend wiegt sich jeder Schüler auf einer Personenwaage. Ein Partner hilft beim genauen Ablesen. Das Gewicht der Kinder wird ebenfalls auf dem Arbeitsblatt eingetragen.
Im Zeitungsartikel steht:
Das Gewicht eines Ranzens mal 10 soll kleiner sein als das Körpergewicht.
Trage auf dem Arbeitsblatt ein:

Gewicht des Ranzens	· 10	größer kleiner	Körpergewicht
kg	· 10		kg

Welches der zwei Zeichen paßt bei dir? < oder >
Wenn du das „Größer-als"-Zeichen (>) brauchst, ist dein Ranzen zu schwer.
In einem abschließenden Kreisgespräch werden Möglichkeiten erörtert, wie man den Schulranzen erleichtern kann. Was kann in der Schule bleiben und was können wir zu Hause lassen?
In diesem Beispiel ist die Mathematik in gelungener Weise mit den alltäglichen Erfahrungen der Schüler verbunden. Mathematik hilft direkt bei der Lebensbewältigung.

Siehe : Lewe , Heinz :
Anwendungs- und Strukturorientierung
Seite 74 ff : Unterrichtsbeispiel :
"Der Tornister ist zu schwer"

4.6 Zusammenfassung

Differenzierung

Das Kapitel versuchte zu ermutigen, einige Schritte auf dem Weg zu einem neuen Sachrechnen zu gehen. Die Hierarchie und Systematik der Mathematik verleiten noch immer zu kompletten Lehrgängen, in denen ja nichts weggelassen werden darf. Noch immer wird versucht, 25 Kindern gleichzeitig den gleichen Stoff zu vermitteln, obwohl die Lehrer längst wissen, daß sie den unterschiedlichen Leistungsstand, die unterschiedliche Motivation und den individuellen Erfahrungshintergrund berücksichtigen müßten. In den 70er Jahren hat man viel Zeit auf die Operationalisierung von Lernzielen verwendet; die zusätzliche Berücksichtigung der Ausgangslage und des Vorwissens der Schüler führt dazu, die Lehrerrolle neu zu sehen. Nötig ist die weitgehende Aufgabe des Frontalunterrichts. Wer als Schüler nur kleinschrittig erarbeitete Musteraufgaben kennengelernt hat, wird später nicht in der Lage sein, komplexe Sachaufgaben selbständig zu bearbeiten. Wenn der Lehrer in der Mathematik als zentrale Wissensinstanz fungiert und das Monopol für „richtig“ und „falsch“ beansprucht, wird er keine eigenverantwortlichen Schüler erziehen können, die souverän und mit Eigeninitiative handeln. In vielen Klassen sind die Schüler zu stark lehrerfixiert; sie werden so vom eigenen Denken geradezu abgehalten.

Eigeninitiative

Dies wird beispielsweise deutlich, wenn bei Krankheitsvertretungen andere Lehrer in die Klasse kommen und in Mathematik „fast nichts mehr geht“.

In vielen offenen Unterrichtskonzepten wird gefordert, daß sich der Lehrer weitgehend aus dem Unterricht heraushält. Er soll der Organisator von Lernprozessen und der Arrangeur der Situationen sein. Für das Sachrechnen mit seinen komplizierten Denkabläufen ist dies zu wenig. Hier muß der Lehrer, ohne zu gängeln, das Denken seiner Schüler durch Bereitstellung besonderer methodischer Hilfsmittel anregen und begleiten.

Kapitel 5
Fächerverbindender Unterricht

Waltraud Bär

5.1 Verankerung im Bildungsplan der Grundschule

Bildungsplan

Die Fortschreibung des *Bildungsplans für die Grundschule* in Baden-Württemberg setzt neben inhaltlichen Veränderungen auch methodisch neue Akzente (vgl. Bd. 1, Kapitel 5.6).
Der Unterricht an der Grundschule ist auf der Grundlage allgemeiner pädagogischer und bildungspolitischer Zielsetzungen durch fächerverbindendes und projektartiges Arbeiten zu gestalten. Ein solcher Unterricht orientiert sich am Schüler. Dieser soll nicht nur Wissen aufnehmen, verarbeiten und wiedergeben, sondern das methodische Know-how erwerben, das für die Zukunftsbewältigung so entscheidend ist. Das Denken vom Kind her hat in dem neuen Bildungsplan eine besondere Gewichtung erhalten. Dies kommt u. a. auch in den pädagogischen Leitgedanken und in der Neustrukturierung des Planes (Jahrgangspläne) zum Ausdruck (vgl. BP, 1994).
Die ganzheitliche Sichtweise wird sowohl auf der personalen Ebene als auch auf der sachlichen Ebene angestrebt. So werden jeder Jahrgangsstufe 5 fächerverbindende Themen vorangestellt. Diese thematische Vernetzung in den Fachlehrplänen soll einer Zersplitterung des Wissens entgegenwirken.

5.2 Überlegungen zum fächerverbindenden Unterricht

Da Bildung als eine Integration von Wissen, Werten und Handeln gesehen wird, muß Unterricht mehr leisten als bloße Vermittlung von Fachwissen. Der neue Bildungsplan hat die Grundlagen für veränderten Unterricht in den Schulen geschaffen. Ein Lösungsvorschlag, den der Bildungsplan bietet, ist fächerverbindender Unterricht durch das Angebot fächerverbindender Themen. Fächerverbindender Unterricht kann in Form von abgestimmtem Unterricht oder Projektunterricht verwirklicht werden. Ausführliche Erläuterungen dazu finden Sie in Bd. 1, Kapitel 5.4.

Abgestimmter Unterricht
Projektunterricht

5.2.1 Vorteile des fächerverbindenden Unterrichts

Wertzusammenhänge

In einer zunehmend differenzierten Welt bietet der fächerverbindende Unterricht eine Möglichkeit der Wirklichkeitserschließung und ruft neben Sachzusammenhängen auch Wertzusammenhänge ins Bewußtsein. Die Ganzheitlichkeit des Menschen „Kopf – Herz – Hand" wird in besonderem Maße beachtet.
Weitere Vorteile sind:

- Vermeiden unnötiger Doppelungen, dadurch auch Zeitgewinn für verweilende, vertiefende und weiterführende Betrachtungsweisen
- Fördern flexiblen Denkens
- Einbeziehen der Schüler in Planung, Durchführung und Darstellung eines Themas, dadurch auch mehr Freude am Lernen
- Kennenlernen der Mitschüler und Lehrer auf eine andere Weise

- Gewinnen von Einsichten in die Funktionalität bestimmter Arbeitstechniken
- Erkennen von Zusammenhängen und Übereinstimmungen
- Fördern der Methoden- und Sozialkompetenz
- Unterstützen der Merkfähigkeit durch Vernetzungen
- Austauschen von Medien und Unterrichtsmaterialien
- Fördern der Kooperationsfähigkeit
- Steigern der Selbständigkeit, Selbsttätigkeit und des Selbstvertrauens durch Schülerorientierung
- Integrieren von Schule und Leben durch Praxisorientierung

5.2.2 Mögliche Ergebnisse eines fächerverbindenden Unterrichts

Dokumentation der Ergebnisse

Fächerverbindender Unterricht sollte immer als Ziel ein gegenständliches Werk oder eine Aktion haben. In den Planungsbeispielen in Bd. 1, Abschnitt 5.7.2, und in diesem Band, Abschnitt 5.3.3, sind jeweils Möglichkeiten von *Aktionen und Dokumentationen* in den entsprechenden Kreisen aufgeführt. Die folgende Übersicht zeigt Beispiele, wie projektartiges Arbeiten in ein gegenständliches Werk oder eine Aktion münden kann. Die Angaben sollen dem Lehrer bei der Planung eigener fächerverbindender Themen behilflich sein.
Denkbare Ergebnisse sind zum Beispiel:

- Klassen-Wandzeitung/Buch/Geschichtenheft/Reiseprospekt
- Bild/Plakat/Wandfries/Bildergeschichte/Fotoserie
- Gedicht/Märchen/Geschichten/Briefe
- Spiel/Spiellied/Pantomime
- Tanz/Lied/Wettkampf
- Versuche/Pflanzen und Pflegen
- Gebastelte Gegenstände/Selbstgestaltete Spiele
- Rollenspiel/Planspiel/Aufführung/Theaterstück
- Quiz/Fragebogen/Test
- Ausstellung an verschiedenen Orten/Schulfest/Tag der offenen Tür
- Programm für Klassen-, Schulfeiern/Einladungs-, Glückwunschkarten
- Hilfsaktionen
- Gottesdienst
- Teilnahme an örtlichen Veranstaltungen
- Zubereitung von Nahrungsmitteln.

5.3 Fächerverbindende Themen für die Jahrgangsstufen 3 und 4

5.3.1 Themenliste für Klasse 3 und 4

FTh

Die im folgenden genannten je 5 fächerverbindenden Themen (FTh) werden vom Lehrplan für das 3. bzw. 4. Schuljahr vorgeschlagen, die ✳-Themen sind in „Wabenplänen" ausgearbeitet. Diese sind als Kopiervorlagen dem Abschnitt 5.3.2 angeschlossen.

Klasse 3

Thema 1:	Bewegungslandschaften bauen und gestalten	(D, BK, Sp)
Thema 2:	Räderfahrzeuge bauen (✳)	(D, HuS, M, Sp)
Thema 3:	Figurenspiel	(D, BK, TW, Mu)
Thema 4:	Freunde haben – Freund sein	(evR, kR, D, HuS, Sp)
Thema 5:	Spurensuche: Unser Ort hat eine Vergangenheit (✳)	(evR, D, HuS, M, TW)

Klasse 4

Thema 1:	„Der Feuervogel“, Ballett nach einem russischen Volksmärchen, Musik von Igor Strawinsky	(D, BK, TW, Mu, Sp)
Thema 2:	Menschen aus anderen Ländern leben bei uns (✳)	(evR, kR, D, HuS, TW, Mu, Sp)
Thema 3:	Das Feuer – Kultivierung eines Urelementes	(D, HuS)
Thema 4:	Schrift und Schriftkultur (✳)	(evR, D, HuS, M, BK, Mu)
Thema 5:	Schöpfung als Gabe und Aufgabe	(evR, kR, HuS)

5.3.2 Ausgewählte Beispiele für die Jahrgangsstufen 3 und 4

Im 1. Band dieses Handbuches werden in Kapitel 5 die fächerverbindenden Themen der 1. und 2. Klasse in einem Wabenmuster beispielhaft aufgeführt. Neben den im Bildungsplan angegebenen fächerverbindenden Themen werden ebenfalls Beispiele für mögliche Wahlthemen angegeben. Im folgenden Abschnitt 5.3.3 dieses Bandes werden für die Klassen 3 und 4 je zwei Beispiele zu fächerverbindenden Themen mit Beteiligung des Faches Mathematik vorgestellt. Sie sollen dem Lehrer Anregungen zu einer individuellen Umsetzung bieten und ihn ermutigen, auch selbst fächerverbindende Wahlthemen zu planen und im Unterricht zu verwirklichen. Gerade hier kann die Forderung nach schülerorientiertem Unterricht sehr gut realisiert werden, da die Schüler schon bei der Auswahl der Themen mitbeteiligt werden können und sie somit ihre Meinungen und ihre Interessen bei der Planung und Durchführung des Unterrichts mit einbringen können.

Die Projektmethode eignet sich besonders gut für die Durchführung fächerverbindenden Unterrichts. Sie läßt sich gerade in der Grundschule auch organisatorisch leicht verwirklichen, da in dieser Schulart das Klassenlehrerprinzip vorherrscht.

Ausführliche Anregungen über Formen und Zielsetzungen des fächerverbindenden Unterrichts finden Sie in Bd. 1, Kapitel 5.4.

Wabenmuster

Für die Darstellung der fächerverbindenden Themen wurde in Anlehung an den Marchtaler Plan (1990) das *Wabenmuster* gewählt, da es eine beliebig große Vernetzung von Fächern und Inhalten zuläßt. In der mittleren Wabe werden das Thema sowie die jeweilige Klassenstufe aufgeführt. Inhalte, die im Rahmen dieses Themas behandelt werden können, stehen in den angrenzenden Waben mit Angabe der Fächer und Arbeitsbereiche laut Bildungsplan. Da die Inhalte meist in mehrere Fächer eingreifen, sollte schon bei der Planung festgelegt werden, welcher Lehrer welche Inhalte behandelt.

Ausführliche Hinweise zur Planung und Organisation fächerverbindenden Unterrichts finden Sie in Bd. 1, Abschnitt 5.5.

Im Planungsraster sind auch leere Waben zu finden. Sie weisen darauf hin, daß der Lehrer das Thema beliebig erweitern kann.

In den Übersichtsplänen zu den fächerverbindenden Themen sind auch Kreise abgebildet. In diesen stehen Vorschläge für

- Texte/Medien
- Aktionen/Lerngänge
- Lieder/Tänze
- Dokumentationen.

Kopiervorlagen

Aus den Angeboten können die für die jeweilige Klasse geeigneten Beispiele ausgewählt oder eigene Ideen verwirklicht werden. Die ausgearbeiteten Wabenpläne und die Blanko-Kopiervorlage erleichtern die Planungsarbeit.

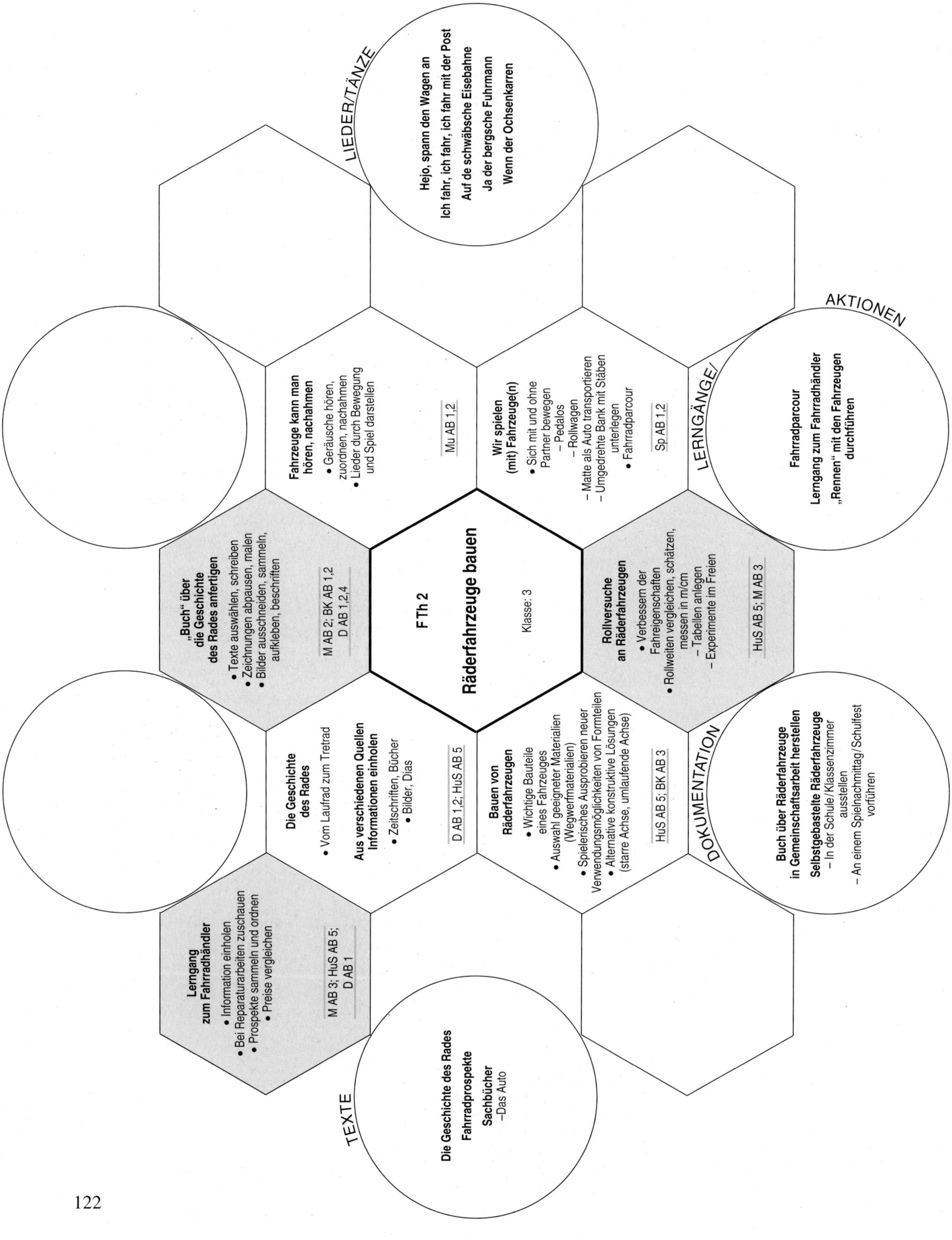
FTh 2
Räderfahrzeuge bauen
Klasse: 3
LIEDER/TÄNZE
Hejo, spann den Wagen an
Ich fahr, ich fahr, ich fahr mit der Post
Auf de schwäbsche Eisebahne
Ja der bergsche Fuhrmann
Wenn der Ochsenkarren
Fahrzeuge kann man hören, nachahmen
• Geräusche hören, zuordnen, nachahmen
• Lieder durch Bewegung und Spiel darstellen
Mu AB 1,2
Wir spielen (mit) Fahrzeuge(n)
• Sich mit und ohne Partner bewegen
– Pedalos
– Rollwagen
– Matte als Auto transportieren
– Umgedrehte Bank mit Stäben unterlegen
• Fahrradparcour
Sp AB 1,2
LERNGÄNGE/AKTIONEN
Fahrradparcour
Lerngang zum Fahrradhändler
„Rennen" mit den Fahrzeugen durchführen
„Buch" über die Geschichte des Rades anfertigen
• Texte auswählen, schreiben
• Zeichnungen abpausen, malen
• Bilder ausschneiden, sammeln, aufkleben, beschriften
M AB 2; BK AB 1,2
D AB 1,2,4
Rollversuche an Räderfahrzeugen
• Verbessern der Fahreigenschaften
• Rollweiten vergleichen, schätzen, messen in m/cm
– Tabellen anlegen
– Experimente im Freien
HuS AB 5; M AB 3
Die Geschichte des Rades
• Vom Laufrad zum Tretrad
Aus verschiedenen Quellen Informationen einholen
• Zeitschriften, Bücher
• Bilder, Dias
D AB 1,2; HuS AB 5
Bauen von Räderfahrzeugen
• Wichtige Bauteile eines Fahrzeuges
• Auswahl geeigneter Materialien (Wegwerfmaterialien)
• Spielerisches Ausprobieren neuer Verwendungsmöglichkeiten von Formteilen
• Alternative konstruktive Lösungen (starre Achse, umlaufende Achse)
HuS AB 5; BK AB 3
DOKUMENTATION
Buch über Räderfahrzeuge in Gemeinschaftsarbeit herstellen
Selbstgebastelte Räderfahrzeuge
– In der Schule/Klassenzimmer ausstellen
– An einem Spielnachmittag/Schulfest vorführen
Lerngang zum Fahrradhändler
• Information einholen
• Bei Reparaturarbeiten zuschauen
• Prospekte sammeln und ordnen
• Preise vergleichen
M AB 3; HuS AB 5;
D AB 1
TEXTE
Die Geschichte des Rades
Fahrradprospekte
Sachbücher
–Das Auto

FTh 5

Spurensuche: Unser Ort hat eine Vergangenheit

Klasse: 3

Wir schreiben/malen über unseren Ort
- Verfassen von Berichten zur Vergangenheit und Gegenwart des Heimatortes
- Heimatbuch oder Sammelalbum gestalten
  – Texte, Fotos, Zeichnungen

BK AB 1; D AB 4; M AB 2,3

Unsere Pfarrgemeinde
– Unsere Kirche hat einen bestimmten Namen, Baustil
– Soziale Einrichtungen
– Wegkreuze (Zeugen der Vergangenheit)

Lied: Ein Schiff, das sich Gemeinde nennt

kR AB 9; evR AB 3.8.2

Wappen unseres Ortes
- Bedeutung
- Fotos, Zeichnungen vergleichen
- Eigenes Wappen entwerfen

BK AB 1

Brauchtum und Sagen unseres Heimatortes
- Lesen, erzählen
- Szenen spielen
- Bilder malen

Lieder aus unserer Heimat

Mu AB 1; D AB 1,2; BK AB 1

LIEDER

Lieder aus vergangenen Zeiten
– Hört ihr Herrn, und laßt euch sagen
– Muß i denn, muß i denn
– Wer will fleißige Handwerker sehen
– Hoch auf dem gelben Wagen

Was braucht man auf dem Bauernhof

Ein Schiff das sich Gemeinde nennt

In meinem Dorf zu Hause

Lieder aus unserem Ort
–Vereine
– Fastnacht

Bekannte Persönlichkeiten aus der Vergangenheit
- Information aus Büchern, Zeitungsberichten, Fotos
- Was uns an sie erinnert: (Denkmale, Straßen-, Gebäudenamen)
- Ihre großen Verdienste für den Ort

D AB 1,2

DOKUMENTATION

Ausstellung anläßlich eines Festes, Pflegschaftsabends

Ausstellung im Klassenzimmer oder Flur

„Reiseprospekte" als Werbung für den Heimatort
– Auslage im Rathaus
– Geschenk für Partnerschule

Bauen von Modellen zur Heimatgeschichte
- Geometrische Körper entdecken, sammeln, nachbauen
- Wegwerfmaterialien verwenden (Dosen, Schachteln)
- Modelle bemalen, bekleben „Gemeinschaftsarbeit"

BK AB 3; HuS AB 3, M AB 2,3

DOKUMENTATION

Heimatbuch, Sammelalben gestalten
– Auf dem Weihnachtsmarkt/Schul-, Heimatfest zum Verkauf anbieten
– Erlös z.B. für eine soziale Einrichtung des Heimatortes oder für die Klassenbücherei

Ausstellung im Rathaus oder anderen öffentlichen Einrichtungen

Informationen über die Geschichte des Heimatortes einholen und ordnen
- Interview mit sachkundigen Mitbürgern (Bürgermeister, Stadtrat, Pfarrer, ältere Bürger)
- Materialien aus dem persönlichen Besitz (alte Postkarten, Fotos, Zeitungsausschnitte, Bücher)
- Archive, Heimatmuseum, Ortsbücherei aufsuchen

HuS AB 3; D AB 1,2

Ortsplan des Heimatortes
- Orientierungsübungen an Ortsplänen
- Gitternetz und Planquadrate einsetzen
- Hinsichtlich der flächenmäßigen Entwicklung durch Auslegen und Abzählen mit Flächeneinheiten vergleichen

M AB 2

TEXTE

Zeitungsberichte über den Ort

Texte auf Denkmalen oder Gedenktafeln

Chroniken, Sagen, Bücher, Prospekte über den Ort

Bücher, Texte, Gedichte berühmter Persönlichkeiten des Ortes

Gedichte
– Unsere Stadt (H. A. Halbey)
– Das Haus (E. Rechlin)

Eine Tür ohne Haus (P. Härtling)

Hier fällt ein Haus

In unserem Ort finden wir viele Namen
- Ortsnamen
  – Herkunft
  – Verschiedene Schreibweisen
- Name der Schule
- Straßen-, Flurnamen
- Namen von Ortsteilen
  – Lokalisieren, Ortspläne lesen
  – Alphabetische Anordnung
- Namen bekannter Personen
  –Häufige Familiennamen

D AB 3,4

Erkundungsgänge durch den Ort
- Historische Zeugnisse aufsuchen (Bauwerke, Plätze, Straßen, Denkmale, Gedenktafeln)
- Historische Zeugnisse in vielfältiger Weise dokumentieren
  – Bildlich (Fotos, Zeichnungen)
  – Schriftlich (Texte, Inschriften)

BK AB 1; HuS AB 3; D AB 4

LERNGÄNGE

Erkundungsgänge durch den Ort

Heimatmuseum besichtigen Archive, Ortsbücherei, Pfarrbücherei besuchen

FTh 2

Menschen aus anderen Ländern leben bei uns

Klasse: 4

Menschen aus anderen Ländern
- Leben, arbeiten bei uns
- Gehen bei uns zur Schule
- Suchen eine neue Heimat

Unterschiede, Besonderheiten, Gemeinsamkeiten
- Sprache, Hautfarbe, Kultur, Religion

D AB 1; evR AB 4.5.1, 4.10; HuS AB 1; kR AB 7

Eine Welt für alle
- Möglichkeiten friedvollen Zusammenlebens – Rollenspiel

evR AB 4.5.2

Viele ausländische Mitschüler bekennen sich zum Islam
- Besonderheiten dieser Religion
- Gemeinsamkeiten – Unterschiede

kR AB 7; evR AB 4.10

LIEDER/TÄNZE

Viele kleine Leute an vielen kleinen Orten
Come si pianta
La bella lavanderina
Alle Kinder dieser Welt
Rondo alla turca – Bändertanz
In San Juan auf Puerto Rico
Schickt mich die Mutter
Russischer Tanz: Troika
Tanz der Rohrflöten
Hop, tiri, hop

Lieder und einfache Tänze aus anderen Ländern
- Bändertanz
- Bewegung und Musik
- Spiellieder
- Lieder singen, mit Instrumenten begleiten
- Spiele aus anderen Ländern

Mu AB 1, 2; Sp AB 1,2

Textile Techniken aus anderen Ländern
- Ausländische Mitschüler oder Eltern stellen textile Gegenstände und entsprechende Techniken vor
- Mit den neuen Techniken einen textilen Gegenstand herstellen

TW AB 3

LERNGÄNGE / AKTIONEN

Mit ausländischen Mitschülern essen, feiern
„Eine-Welt-Laden" besuchen
Brot für die Welt – Sammlung durchführen
Sich an Hilfsprojekten beteiligen
Briefkontakt mit anderen Kindern in anderen Ländern knüpfen

Fremdwährung
- Geldwerte aus anderen Ländern, Preisvergleiche
- Umrechnungsaufgaben

Entfernung vom Heimatort
- Fahr-, Flugzeit
- Entfernung in km

Ziffernschreibweise, Rechenverfahren, Zeitverschiebung

M AB 3

DOKUMENTATION

Ausstellung anläßlich eines Schulfestes
– Land, Kultur, Speisen von ausländischen Schülern

„Ein Land stellt sich vor"
– Bücher über die verschiedenen Nationalitäten in der Klasse

Wandfriese für Schule/Kirche

Berichte aus anderen Ländern
- Von Mitschülern, Interviews auf der Straße, Dias, Fotos, Filmen, Zeitungen, Büchern
- Über Land, Tiere, Spielzeug, Kleidung, Essen, Familie, Schule, Lieder, Feste, Religion

kR AB 7; evR AB 4.5.1 HuS AB 1; D AB 1,2

Wir gestalten ein Buch über die verschiedenen Nationalitäten in unserer Klasse
- Berichte, Fotos, Zeichnungen, Postkarten
- Das Alphabet, Ziffern, Währung des Landes
- Rezepte, Lieder, Reime
- Warenangebote, Preisvergleiche

BK AB 1; D AB 4; M AB 3

TEXTE

Sachbücher
– Ferientaschenbücher
– Die Länder der Erde

Kinderreime

Märchen, Geschichten
– Salz und Pfeffer
– Märchen der Welt
– Zehn Kleider für Mantombi
– Ich bin Paco (Schmidt)
– Wirf mir den Ball zurück, Mitura (Kleberger)
– Fünf Finger im Schnee (Mebs)

Spuren im Sand (H. Baumann)
Fotos aus Brot für die Welt
Misereor – Kalender

Kinder in anderen Ländern sprechen und schreiben anders
- Sprache und Schrift
- Schulbücher aus anderen Ländern

D AB 3,4

Sich verstehen fängt mit Kennenlernen an
- Begegnungen mit Menschen aus anderen Ländern
- Urlaubsbekanntschaften, Brieffreundschaften
- Fremde in unserer Klasse, in unserer Gemeinde
- Mit- und voneinander reden, gemeinsame Unternehmungen, Freundschaften

D AB 1; kR AB 7

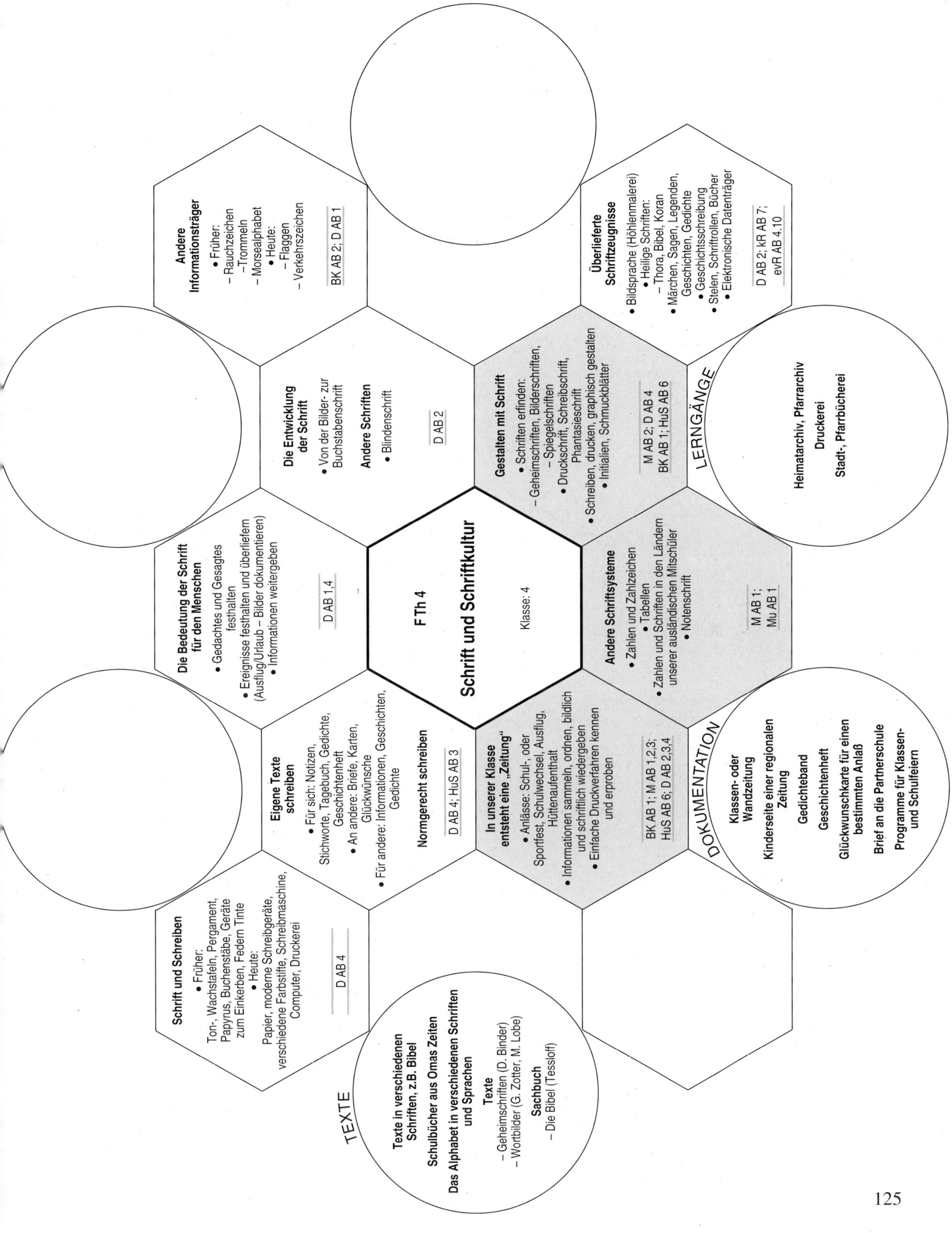
FTh 4
Schrift und Schriftkultur
Klasse: 4
Die Bedeutung der Schrift für den Menschen
• Gedachtes und Gesagtes festhalten
• Ereignisse festhalten und überliefern (Ausflug/Urlaub – Bilder dokumentieren)
• Informationen weitergeben
D AB 1,4
Die Entwicklung der Schrift
• Von der Bilder- zur Buchstabenschrift
Andere Schriften
• Blindenschrift
D AB 2
Gestalten mit Schrift
• Schriften erfinden:
– Geheimschriften, Bilderschriften,
– Spiegelschriften
• Druckschrift, Schreibschrift, Phantasieschrift
• Schreiben, drucken, graphisch gestalten
• Initialen, Schmuckblätter
M AB 2; D AB 4
BK AB 1; HuS AB 6
Andere Schriftsysteme
• Zahlen und Zahlzeichen
• Tabellen
• Zahlen und Schriften in den Ländern unserer ausländischen Mitschüler
• Notenschrift
M AB 1;
Mu AB 1
In unserer Klasse entsteht eine „Zeitung“
• Anlässe: Schul-, oder Sportfest, Schulwechsel, Ausflug, Hüttenaufenthalt
• Informationen sammeln, ordnen, bildlich und schriftlich wiedergeben
• Einfache Druckverfahren kennen und erproben
BK AB 1; M AB 1,2,3;
HuS AB 6; D AB 2,3,4
Eigene Texte schreiben
• Für sich: Notizen, Stichworte, Tagebuch, Gedichte, Geschichtenheft
• An andere: Briefe, Karten, Glückwünsche
• Für andere: Informationen, Geschichten, Gedichte
Normgerecht schreiben
D AB 4; HuS AB 3
Andere Informationsträger
• Früher:
– Rauchzeichen
– Trommeln
– Morsealphabet
• Heute:
– Flaggen
– Verkehrszeichen
BK AB 2; D AB 1
Überlieferte Schriftzeugnisse
• Bildsprache (Höhlenmalerei)
• Heilige Schriften:
– Thora, Bibel, Koran
• Märchen, Sagen, Legenden, Geschichten, Gedichte
• Geschichtsschreibung
• Stelen, Schriftrollen, Bücher
• Elektronische Datenträger
D AB 2; kR AB 7;
evR AB 4.10
Schrift und Schreiben
• Früher:
Ton-, Wachstafeln, Pergament, Papyrus, Buchenstäbe, Geräte zum Einkerben, Federn Tinte
• Heute:
Papier, moderne Schreibgeräte, verschiedene Farbstifte, Schreibmaschine, Computer, Druckerei
D AB 4
LERNGÄNGE
Heimatarchiv, Pfarrarchiv
Druckerei
Stadt-, Pfarrbücherei
DOKUMENTATION
Klassen- oder Wandzeitung
Kinderseite einer regionalen Zeitung
Gedichteband
Geschichtenheft
Glückwunschkarte für einen bestimmten Anlaß
Brief an die Partnerschule
Programme für Klassen- und Schulfeiern
TEXTE
Texte in verschiedenen Schriften, z.B. Bibel
Schulbücher aus Omas Zeiten
Das Alphabet in verschiedenen Schriften und Sprachen
Texte
– Geheimschriften (D. Binder)
– Wortbilder (G. Zotter, M. Lobe)
Sachbuch
– Die Bibel (Tessloff)

Kapitel 6
Offene Unterrichtsformen

Christine Abele, Dieter Eccarius, Edgar Rauschenberger

6.1 Freies Arbeiten

Chr. Abele

Die Umwelt der Kinder hat sich verändert und somit auch die Kinder selbst. Dies erfordert auch in der Schule neue Wege. Wahl (1982 b, S. 4) zieht daraus die Folgerung:

Sandwich-Prinzip

„Je größer die Heterogenität innerhalb einer Klasse ist, desto nachhaltiger ergibt sich daraus die Anforderung an Lehrerin und Lehrer, ‚Architektin' bzw. ‚Architekt' individueller Lernwege zu sein. Dies erfordert Kompetenzen wie das Gestalten des Unterrichts nach dem sog. ‚Sandwich-Prinzip', das Anbieten von Selbstlernphasen wie z. B. Lernzirkeln oder Freiarbeit, die fächerübergreifende Erarbeitung von Inhalten in Projekten usw."

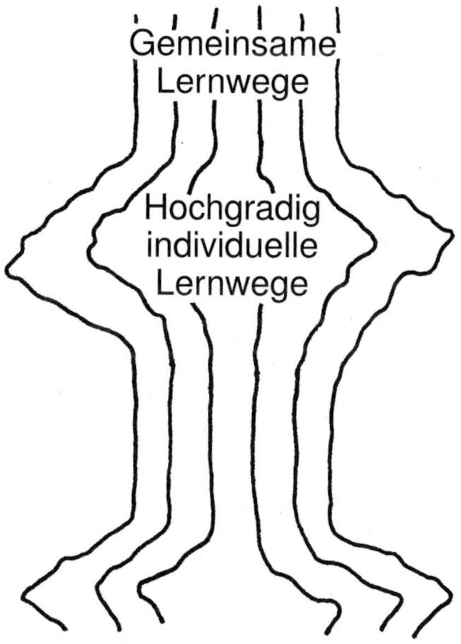

Selbstlernphasen

Wie die obige Darstellung zeigt, hat der *herkömmliche Unterricht* mit seinen gemeinsamen Lernwegen, d. h. mit seinen Einführungs- und Übungsphasen, nach wie vor seine Gültigkeit. Ein Teil des gesamten Unterrichts sollte aber für *Selbstlernphasen* geöffnet werden. Daß dies heute dringender denn je notwendig ist, zeigen die ausführlichen Darlegungen zu diesem Thema in Band 1 dieses Handbuches. Im folgenden möchte ich kurz die von mir praktizierte Form der Freien Arbeit vorstellen.

6.1.1 Beginn mit Freiarbeitsphasen

Mit Freier Arbeit zu beginnen, ist jederzeit möglich, wenn die innere Bereitschaft dazu vorhanden ist.
Das kann dann der Fall sein, wenn die Lehrkraft nach neuen Wegen sucht, weil

- sie das Gefühl hat, nicht mehr allen Kindern gerecht werden zu können;
- die Kinder nur mit disziplinarischen Maßnahmen „bei der Stange gehalten" werden können;
- sie möchte, daß die Kinder sich wieder von sich aus mit einer Sache beschäftigen;
- sie im Sinne der Lehrplanfortschreibung unterrichten will.

6.1.2 Umfang der Freiarbeitsstunden

Zeitlicher Umfang

Wie bereits ausgeführt, wird der herkömmliche Unterricht wie bisher durchgeführt. Das bedeutet für den Neueinsteiger, daß er ohne Zugzwang nach und nach seinen Unterricht öffnen kann.

Beispiele

- Der Klassenlehrer kann zunächst zu Beginn jeden Tages, an dem er in der 1. Stunde in der Klasse unterrichtet, ca. eine halbe Stunde für Freies Arbeiten zur Verfügung stellen.
- Der Klassenlehrer legt zunächst 2, später 3 oder mehr Stunden als Freiarbeitsstunden fest. Das kann zu Beginn des Tages oder aber auch in der Mitte sein.
- Der Fachlehrer in einer „freiarbeitsungewohnten" Klasse läßt den Schülern innerhalb seiner Stunden Gelegenheit, das Material, die Reihenfolge, den Partner und die Zeiteinteilung selbst zu bestimmen.
- Der Fachlehrer in einer Klasse, die Freiarbeitsstunden zur Verfügung hat, informiert sich beim Klassenlehrer, wie dieser Freie Arbeit durchführt, und nach einer Möglichkeit, sein Material anbieten zu können.

6.1.3 Materialbereitstellung

Material

Da es utopisch ist, als Neueinsteiger von Anfang an genügend eigenes Arbeitsmaterial zur Verfügung stellen zu können, müssen andere Möglichkeiten ausgeschöpft werden, die aber gerade die Einarbeitung unterstützen.
Der pädagogische Wert von Beschäftigungsmaterialien und Spielen darf nicht unterschätzt werden. Neben der sozialen Komponente rücken dabei Kreativität, Spontaneität und Koordinationsfähigkeit ins Blickfeld (vgl. dazu Abschnitt 6.3).
Zu den Beschäftigungsmaterialien zählen:
Papier in verschiedenen Größen, Stärken und Farben, Malstifte, Knet, Wollreste, geometrische Formen (vorzugsweise magnetisch), geometrische Körper, Spielgeld, Naturmaterialien …
Als Spiele eignen sich Brettspiele (Dame, Mühle, Schach), Kartenspiele (wie Elferraus) und Geschicklichkeitsspiele (Mikado o.a.) …
Materialien zum Entdecken und Beobachten sind Waagen, Spiegel, Fühlkästen, Nagelbretter, Bücher, Bilder, Pflanzen …
Bis sich die Lehrkraft eigene, aus ihrem Unterricht heraus entwickelte Materialien hergestellt hat, können im Handel angebotene Materialien wie Stöpsel- oder Klammerkarten, Rechenräder oder Puzzles zum Training der Grundfertigkeiten eingesetzt werden.

6.1.3.1 Herstellen eigener Materialien

Material selbst herstellen

Begleitend zum jeweiligen Unterricht in der Klasse stellt die Lehrkraft eigene Materialien her. Dabei geht sie von den Zielen der jeweiligen Unterrichtseinheit aus. Sie selbst weiß am besten, was sie erreichen will und wie sie dies erreichen kann. Aus diesem Wissen heraus fertigt sie eine Arbeitskarte oder ein Spiel. Durch geringfügige Variationen in der Anordnung oder durch ein Austauschen der Zahlen erhält man weitere Exemplare. Als Kontrollmöglichkeit kann ein Kontrollblatt oder eine Prüfzahl, das Entstehen einer Figur oder eines Spruchs dienen. Bei Spielen übernimmt der Partner oder der Spielführer die Kontrollfunktion.
Es werden hier einige wenige Beispiele zur leichten Materialherstellung vorgestellt, zu denen im 7. Kapitel dieses Handbuches Kopiervorlagen angeboten werden; im übrigen wird auf die Vorschläge in Abschnitt 6.3 verwiesen.

- Rechendomino

  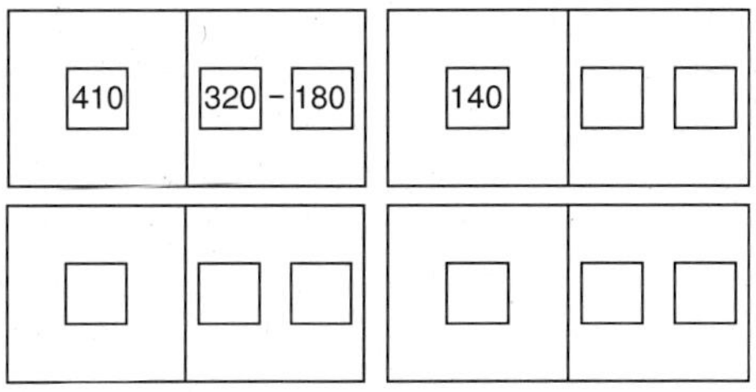

  Spielregel „Domino“ ist den Kindern bekannt. Die Kärtchen können vom Lehrer leicht angefertigt werden (Kopiervorlagen 26, 27). Die Zahlen und Rechenzeichen (+, –, ·, :) werden nach Bedarf (Lerninhalt, Übungsziel) eingesetzt.
- „Fadenlauf“

  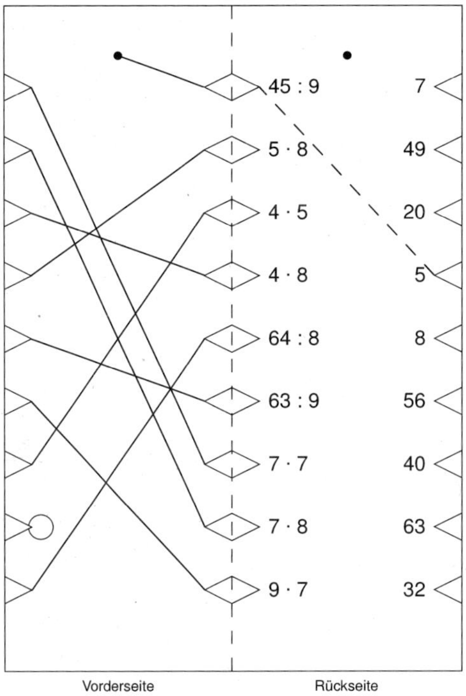

  Die Kopiervorlage 28 – in der Abbildung vollständig ausgefüllt, verkleinert wiedergeben – wird auf Pappe kopiert, ausgeschnitten, in der Mitte gefaltet und Rücken an Rücken aneinandergeklebt. Ein Faden mit Knotenende wird von vorn durch das Loch gezogen und von hinten in die erste Einkerbung gelegt; daneben schreibt man die erste Aufgabe (45 : 9). Neben einer beliebigen Kerbe des rechten Randes trägt man die Lösung dieser Aufgabe (5) ein, führt den Faden auf der Vorderseite dorthin und auf der Rückseite zurück zur zweiten Kerbe des linken Randes. Dort trägt man die nächste Aufgabe (5 · 8) ein usw.. Wenn alle Aufgaben und die Ergebnisse eingetragen sind, wird der Fadenlauf auf der Rückseite nachgezeichnet. Der Faden wird nun wieder abgewickelt.

  Die Schüler arbeiten mit diesen Übungskarten in der Weise, daß sie nun den Faden so durch die Kerben führen, daß Aufgabe und Ergebnis miteinander verbunden sind. Hat der Schüler alle Zuordnungen Aufgabe – Ergebnis richtig, erkennt er dies daran, daß sein Faden auf der Rückseite genauso liegt, wie der eingezeichnete Fadenlauf.
- Rechenrad

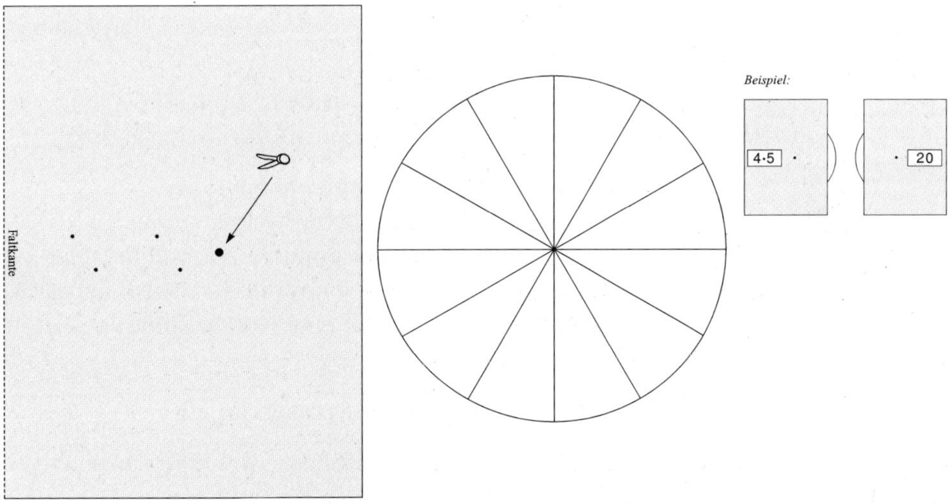

Zur Herstellung des Rechenrades (Kopiervorlage 30) wird eine DIN-A5-Pappe in der Mitte gefaltet (vgl. Abb. auf S. 129). Die Eckpunkte der Fenster werden mit einer Nadel durchgestochen und die Fenster ausgeschnitten. Die ausgeschnittene Scheibe wird mit einem „Storchenschnabel" drehbar befestigt. Vorder- und Rückseite der Scheibe tragen Aufgabe und zugehörige Lösung, die durch die Fenster sichtbar werden. Die Scheiben können nach Bedarf gewechselt werden! Selbstklebefolien verlängern die Haltbarkeit.

- Tangram
  Die Kopiervorlage 20 enthält zwei verschiedene Tangram-Zerlegungen eines Quadrates. Beim Tangram-Domino (Kopiervorlage 23) werden die Figuren zuerst vom Lehrer zusammengesetzt und dann in der gewünschten Weise mit Aufgaben und Aufgabenlösungen versehen.

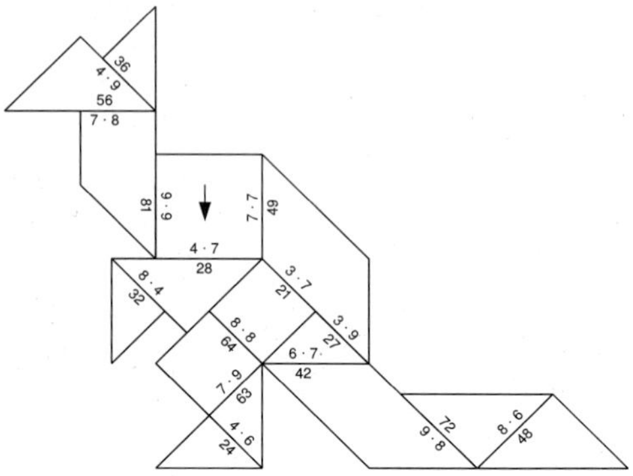

Für den Einsatz als geometrisches Legespiel zum freien Erfinden von Figuren (ohne Vorlagen) oder zum Auslegen vorgegebener Umrißfiguren (Kopiervorlage 21, 22) werden die Teilstücke ohne Beschriftung verwendet.

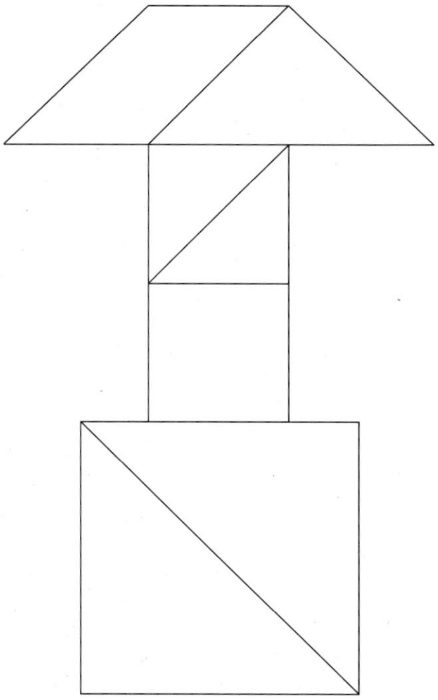

6.1.3.2 Beschaffenheit des Materials

Materialanforderungen

Wichtige Anforderungen an das Material sind:

- Das Material ist ansprechend.
- Das Material ist haltbar.
- Das Material ist nur einmal vorhanden.
- Das Material kann ohne fremde Hilfe benutzt werden.
- Das Material enthält eine Kontrollmöglichkeit in sich.

6.1.4 Räumliche Voraussetzungen

Raumgestaltung

Freie Arbeit ist durchführbar, solange ein bis zwei Regale mit vielen Fächern an den Wänden aufgestellt werden können. Die Schüler holen sich das gewünschte

Material und arbeiten an ihren Tischen. Ist das Klassenzimmer größer, kann es in verschiedene Zonen eingeteilt werden. Das ist angenehmer, aber keine Voraussetzung.

6.1.5 Verhaltensweisen und Techniken

Verhaltensregeln

Wichtige Verhaltensregeln werden nach und nach eingeübt.

- In den Freiarbeitsphasen darf nur geflüstert werden. Das Flüstern (und das laute Sprechen) muß vorgemacht und regelrecht geübt werden.
- Die Schüler bewegen sich langsam und leise im Klassenzimmer. Das Rennen und Toben ist der Großen Pause vorbehalten.
- Das Material wird in offenen Schachteln (Beschäftigungsmaterial) oder in Ablagekörben (Arbeitskarten) bereitgestellt. Farbige Klebepunkte oder verschiedene Grundfarben der Arbeitskarten erleichtern die Orientierung.
- Das benützte Material muß auf ein bestimmtes Zeichen (z.B. Gong) wieder an seinen jeweiligen Platz geräumt werden. Dafür muß die Lehrkraft genügend Zeit geben.
- Angefangene Arbeiten werden am besten in eine mit dem Namen des Schülers versehene Hängemappe gelegt, um sie in der nächsten Freiarbeitsphase weiter bearbeiten zu können.

6.1.6 Wochenarbeiten

Wochenarbeiten

Die Freie Arbeit beinhaltet in meiner Planung einen für mich sehr wichtigen Teil, nämlich den der Anfertigung von „Wochenarbeiten" zur Feststellung des Lernfortschritts.
Die Schüler stellen doch eigentlich erst nach den Klassenarbeiten fest, was sie noch nicht können.
Um rechtzeitig geeignete Hilfe anbieten zu können, werden nach einem bestimmten Zeitraum (das kann nach einer oder mehreren Unterrichtseinheiten sein) in den Freiarbeitsstunden Wochenarbeiten zu den unterrichteten Fächern angefertigt.
Die Schüler haben auch hier noch die Möglichkeit der freien Wahl, nämlich der des Materials, der Zeiteinteilung und der Reihenfolge. Die freie Wahl des Partners entfällt.
Die nächste Freiarbeitsstunde bietet, während die übrige Klasse wie gewohnt arbeitet oder sich beschäftigt, Gelegenheit, das erkannte Problem mit oder ohne Hilfe des Lehrers anzugehen.

6.1.7 Grundbedingungen für das Gelingen Freier Arbeit

Zeit

Die Schüler müssen wissen, daß sie in den Freiarbeitsstunden Zeit in eigener Verantwortung zu Verfügung haben.

Training

Sie können diese Zeit nutzen, um zu „trainieren".
Wie ein Sportler keine Leistung bringt (und sogar aus der Mannschaft ausgeschlossen werden kann), wenn er das Training schwänzt, so kann der Schüler auch keine Leistung bringen, wenn er nicht trainiert.

Kontrolle

Der Lehrer kontrolliert nicht, was die Schüler tun. Die Kontrolle ist im jeweiligen Arbeitsmaterial enthalten. Der Schüler entscheidet selbst, was er arbeitet, mit wem er arbeitet, welche Arbeitsmittel er benützt und wie er seine Zeit einteilt. Der Lehrer steht als „Helfer" zur Verfügung.
Freie Arbeit darf aber nicht zum „Arbeitsblatt-Unterricht" verkommen.
Deshalb muß genügend Zeit und Raum gegeben werden, um

Freiräume

– Entdeckungen zu machen;
– sich zu beschäftigen;
– zu spielen;
– kreativ zu sein;
– Kraft zu schöpfen.

Schüler, die gar nichts tun, werden nicht darauf angesprochen, auch wenn es dem Lehrer schwerfällt. Der Schüler muß auch dann spüren „Ich bin für mein Tun oder Nichtstun verantwortlich. Dem Lehrer ist es ernst damit.“

6.1.8 Zusammenfassung

Freie Arbeit macht nur einen Teil des gesamten Unterrichts aus.

Schüler entscheiden

In den Freien Arbeitsphasen teilt der Schüler seine Zeit selbst ein. Er allein entscheidet, mit welcher Arbeit er beginnen will. Er arbeitet für sich oder mit einem Partner zusammen. Zur Lösung eines Problems sucht er selbständig geeignete Materialien und Wege. Er muß die Möglichkeiten haben ins „Unreine“ arbeiten zu können, d.h. Fehler zu machen und diese so oft zu korrigieren, bis er letztendlich durch eine gut abgeschlossene Arbeit eine innere Befriedigung erlangt.

6.1.9 Planungsübersicht

Bildungsplan
↓
Stoffverteilungsplan
↓
wöchentliche Unterrichtsvorbereitung
↓

UNTERRICHT

↓	↓	↓
Ganzheitliches, alle Sinne ansprechendes Unterrichten und gemeinsames Üben	Freiarbeitsstunden zum Entdecken, Beobachten, Experimentieren, Üben, Sich-Beschäftigen	Freiarbeitsstunden zum Anfertigen von Wochenarbeiten
• im Frontalunterricht • in Gruppen • in Partnerarbeit • in Einzelarbeit	Freie Wahl • des Materials • der Zeiteinteilung • der Reihenfolge • des Partners	Freie Wahl • des Materials • der Zeiteinteilung • der Reihenfolge
• vorrangig schülerorientiert, weniger lehrerzentriert vorgehen • dem Entdeckenden Lernen Vorrang geben • fächerverbindenden Aspekt beachten	Bereitgestellte Bücher, Klötze, Waage ... bergen Aufforderungscharakter in sich. Das Material zum Üben muß eine Kontrolle in sich enthalten. Der Schüler arbeitet nicht für den Lehrer sondern für sich. Er kontrolliert seine Arbeit auch selbst. Der Lehrer hat Zeit für die „Schwachen“.	Der Lehrer überprüft mit den Wochenarbeiten den Lernfortschritt der Schüler, um rechtzeitig geeignete Hilfe anbieten zu können. Dies geschieht in der nächsten Freiarbeitsstunde. Auch Eltern sind oftmals dankbar für Anregungen zur Mitarbeit.

6.2 Entdeckendes Lernen in Klasse 3 und 4

Chr. Abele

Motto

Mathematik ist eine Geistesverfassung, die man sich handelnd erwirbt, und vor allem die Haltung, keiner Autorität zu glauben, sondern immer wieder „warum" zu fragen.

Hans Freudenthal (1982, S. 140)

Phasen der Unklarheit und das Gefühl, scheinbar nicht weiterzukommen, bilden das Herzstück allen Lernens.
Kinder beschäftigen sich von Natur aus gern mit Fragen, die im Grunde mathematischer Natur sind. Sie lassen sich von mathematischen Zusammenhängen faszinieren und werden von der Sache heraus motiviert. Kreativität und Einfallsreichtum sind bei außerschulischen Aktivitäten durchweg zu beobachten.
Hier muß der Mathematikunterricht ansetzen.
Neben dem Beherrschen von Grundfertigkeiten müssen Erfahrungen in sinnvollen Kontexten erworben werden.
Die Schüler benötigen Strategien

- zum Lösen von Problemen
- zum Interpretieren von mathematischen Methoden und Ergebnissen
- zum Mathematisieren von Situationen.

Positive Lerneinstellung

Wittmann und Müller (1993, S. 183) meinen:

> *Die Förderung einer positiven, aktiv-entdeckenden und sozialen Lerneinstellung, die die Kinder befähigt, lebenslang hinzu- und umzulernen, muß daher als Kernaufgabe der Grundschule gesehen werden ... hier werden die entscheidenden Weichen für ihr späteres Lernverhalten gestellt. Wenn der Lehrer in einem klein- und gleichschrittigen Unterricht alles genau vormacht, und die Grundschüler nur rezipieren und reproduzieren können, wird es sehr schwer, wenn nicht gar unmöglich sein, sie später ... zu eigenaktivem Handeln zu bewegen.*

Etwas näher am Schulalltag charakterisieren wir „Entdeckendes Lernen" mit den folgenden 10 Punkten.

(1) Entdeckendes Lernen darf sich nicht auf die Erarbeitung neuer Lernstoffe beschränken. Es soll so weit wie möglich den Unterricht insgesamt bestimmen.
(2) Die Verwirklichung des Entdeckenden Lernens kann nicht über eine fertige Liste von methodischen Handlungsweisen für den Lehrer geschehen.
(3) Unterricht im Sinne des Entdeckenden Lernens ist nicht eine Belehrungsveranstaltung, bei der der Lehrer in möglichst perfekter Form etwas erklärt oder vormacht, und die Schüler möglichst bald und möglichst fehlerfrei das Vorgemachte reproduzieren.
(4) Entdeckendes Lernen beinhaltet eine Vielfalt von Verfahren, die den Schülern ein einsichtig-verständiges und zugleich möglichst eigenständiges Lernen ermöglichen.
(5) Entdeckendes Lernen zeichnet sich ganz wesentlich dadurch aus, daß die mitmenschlichen Beziehungen von Vertrauen getragen sind. Kein Schüler sollte Angst haben, einen Vorschlag zu machen. Sachliche Kritik ist ein Merkmal des Vertrauens. Diese gilt es zu ertragen.
(6) Leistungsunterschiede zwischen den Schülern werden weder für alle Zeit gültig noch als unehrenhaft für den schwächeren Schüler angesehen.

(7) Auch der Lehrer lernt von den Schülern. Er verheimlicht nicht, daß er einen Erfahrungs- und Übungsvorsprung hat, zeigt aber daß er sich sehr gut in die Lage der Schüler versetzen kann.

(8) Fehler werden positiv aufgearbeitet.
Der Schüler soll allmählich lernen, zwischen Lösen und „Veröffentlichen" eine Kontrolle einzuschieben.
- Liegt mein Ergebnis in der Nähe des Überschlags?
- Ist mein Ergebnis vernünftig?
- Nachrechnen
- Gegenrechnen (anderer Denk- und Rechenweg)

(9) Fertigkeiten sollen verständig erworben, unter fortschreitender Systematisierung angeeignet und als Instrumente bei der Lösung von Problemen genutzt werden.

(10) Die Lösung eines Problems erfordert das Verstehen der jeweiligen Situation. Verstehen aber ist ein aktiver, ein entwerfender Vorgang. Diesem Vorgang muß eine Phase des Suchens und Wägens vorausgehen.

Die Abstützung Entdeckenden Lernens durch Bilder (Punktmuster, Situationsskizzen, Schaubilder, Diagramme) oder Arbeitsmittel (Farbige Stäbe, Systemblöcke, Steckwürfel, Legespiele) führt direkt zu einer sinnvollen Verbindung von „Entdecken" und „Üben", von Winter (1987) auch als „kreatives Üben" bezeichnet. Die Bereitstellung ergiebiger Arbeitsmittel und die Gestaltung herausfordernder Situationen ist dabei eine der Hauptaufgaben, die dem Lehrer bei der Organisation des Unterrichts zukommt. „Wer also in diesem Sinne gut Mathematik unterrichten will, muß sich ein lebendiges, vielaspektiges sachkundliches Wissen erwerben und die Schüler bei der Eroberung ihrer Welt beobachten, beraten und fördern. Günstig ist es von hier aus gesehen, wenn der Mathematik-, Sprach- und Sachunterricht in einer Hand liegen." (Winter, 1987, S. 17) Dort findet man auch viele schöne Beispiele, die sich unmittelbar in den eigenen Unterricht eingliedern lassen.

Fächerverbindendes Unterrichten

Der Unterricht muß

Eigenverantwortung der Schüler

- von offenen und herausfordernden Situationen ausgehen,
- die Schüler zum Beobachten, Fragen und Vermuten auffordern,
- Interesse an originellen Ideen wecken,
- die Schüler zu eigenen Lösungsansätzen ermutigen,
- Hilfen zum Selbstfinden anbieten,
- ergiebige Arbeitsmittel und produktive Übungsformen bereitstellen,
- Ergebnisse mit bisherigem Wissen in Verbindung bringen
- ein konstruktives Verhältnis zu Fehlern aufbauen,
- ein anregendes und ermutigendes Lernklima schaffen,
- die Schüler selbst Probleme stellen und weiterführen lassen,

damit eintritt, was Freudenthal (1982, S. 142) so formuliert hat:

> *„Der Schüler erwirbt Mathematik als Geistesverfassung nur über Vertrauen auf seine eigenen Erfahrungen und auf seinen Verstand."*

6.3 Üben

D. Eccarius

6.3.1 Die Übung im Lernprozeß

Die Übung nimmt im Alltag des Schullebens – wie im menschlichen Leben überhaupt – einen breiten Raum ein. „Das beginnt schon beim kleinen Kind mit dem Laufenlernen, Sprechenlernen usw. Im Unterschied zum Tier sind dem Menschen wenig zum Leben notwendige Funktionen angeboren. Er muß sie erst lernen. Er muß sie in beständiger und geduldiger Wiederholung üben, bis er es darin zur Geläufigkeit gebracht hat." (Bollnow, 1978)

Wiederholen

Das Ziel der Übung ist

- eine im Menschen angelegte Fertigkeit heranzubilden,
- sie zu verfeinern,
- sie in ihrem Volumen zu vergrößern und
- in ihrem Ablauf zu beschleunigen.

Dabei können verschiedene Übungsstufen unterschieden werden:

6.3.1.1 Üben durch Reproduktion von Kenntnissen und Fertigkeiten

Die Schüler sollen zur Wiedergabe des Gelernten befähigt werden. Dazu ist Übung erforderlich. Alle Kenntnisse und Fertigkeiten, die Voraussetzung für höhere Lernvollzüge sind, sollen so sicher beherrscht werden, daß der Lernende seine volle Aufmerksamkeit und Denkfähigkeit schwierigeren Lernakten zuwenden kann. „Das Üben dient der Automatisierung psychischer Funktionen. Üben ist daher überall dort nötig, wo geistige Akte nicht nur einseitig durchdrungen, sondern bis zur Sicherheit und Geläufigkeit eingeschliffen werden müssen" (Aebli, 1991, S. 326). Vor allem für diese Form des Übens gelten Übungsgrundsätze, die im Abschnitt 6.3.3 näher erläutert werden.

Automatisierung

Es muß davor gewarnt werden, die Bedeutung der ersten Übungsstufe falsch zu interpretieren. Einerseits erschöpft sich Üben nicht in der Reproduktion von Wissen und Fertigkeiten, sondern ist die Basis für die höheren Übungsstufen. Andererseits ist immer noch zu beobachten, daß es oft am automatisierten Beherrschen grundlegenden Wissens und Könnens mangelt, da den automatisierenden Übungsformen nicht selten „schulmeisterlicher Drill" und „Pauken" anhaftet und dies mit einem zeitgemäßen Unterricht nicht zu vereinbaren sei. Variantenreiche, abwechslungsreiche und spielerische Übungsformen sind hier gefordert (vgl. Abschnitt 6.3.5).

Abwechslungsreiches Üben

6.3.1.2 Üben der Reorganisation des Gelernten

Üben auf dieser Übungsstufe ist nicht nur Wiederholung des gleichen Lernstoffes, sondern Anwenden des Gelernten. Bekanntes Wissen wird jetzt unter Anwenden geläufiger Verfahren umgeformt, z.B. werden zu gemeinsam erarbeiteten Modellaufgaben weitere ähnliche Aufgaben gebildet.
Eine Reorganisation des Wissens kann aber auch dadurch erreicht werden, daß Erlerntes unter Verwendung neuer Darstellungsmittel wiederholt wird, wenn z.B. anstelle der mündlichen Wiedergabe einer Sachaufgabe die schriftliche Fixierung verlangt wird.

6.3.1.3 Üben von Transferleistungen

In dieser höheren Übungsstufe ist nicht mehr das Umgestalten von bekanntem Stoff, sondern das selbständige Anwenden auf ähnliche Aufgaben der zentrale Inhalt. Das Grundprinzip ist dabei, den Schülerinnen und Schülern zunächst

Lösungsprinzipien und Voraussetzungen für ihre Anwendung zu vermitteln und ihnen dann Aufgaben zu stellen, deren Lösungsweg nicht vorgegeben ist, sondern von ihnen selbständig gefunden werden soll. Bewegliches mathematisches Denken und das Erkennen und Vernetzen von Zusammenhängen, welches durch operatorische Übungen geübt und gefördert wird, ist auf dieser Übungsstufe das Ziel des Mathematikunterrichtes. Dies wird an vielen Stellen des fortgeschriebenen Lehrplanes von Baden-Württemberg deutlich, z.B.:

Operatorische Übungen

- „Sinnvolles Üben ist aber nie nur formal, sondern hat auch vertiefte Einsicht in Strukturen zum Ziel.“ (Erziehungs- und Bildungsauftrag des Faches Mathematik, BP 1994, S. 24)
- „Von Grundaufgaben ausgehend auf Nachbar-, Tausch-, Umkehr- und Analogieaufgaben übergehen.“ (Arbeitsbereich 1; 1./2. Schuljahr, BP 1994, S. 86)
- „Variantenreiches Kopfrechnen schult die geistige Beweglichkeit. Dabei sind Nachbaraufgaben, Umkehraufgaben mit mehreren Lösungswegen sowie geeignete Zerlegungsstrategien eine wichtige Grundlage.“ (Zielangaben zum Arbeitsbereich 1; 3. Schuljahr, BP 1994, S. 145 und dieses Handbuch Abschnitt 8.4)

Die pädagogische Bedeutung dieser Übungsstufe liegt darin, Schülerinnen und Schüler in ihrer Fähigkeit zu fördern, ungewohnte und neuartige Aufgaben in und außerhalb der Schule selbständig zu bewältigen.
Die zweite und dritte Übungsstufe führt durch Übung der Selbständigkeit und Flexibilität bei der Anwendung des Gelernten, eigene Lösungswege zu suchen, in unterschiedlichem Grad zu kreativem Verhalten.

6.3.2 Humanbiologische Grundlagen der Übung

Die grundlegende Bedeutung der Übung im Lernprozeß kann nicht nur didaktisch, sondern muß auch lernpsychologisch begründet werden.
Lernen ist ein Prozeß, bei dem Verhaltensänderungen bewirkt werden. Dieser Prozeß besteht im wesentlichen aus vier Phasen:

- Vorbereitungsphase
- Aneignungsphase
- Speicherungsphase
- Erinnerungsphase

Die beiden letzten Phasen sind hinsichtlich des Übens (und Anwendens) von besonderer Bedeutung und werden unter dem Oberbegriff Gedächtnis zusammengefaßt.

Gedächtnis

Der Vorgang des Einspeicherns ist relativ gut bekannt. Er besteht darin, daß das zu speichernde Gedächtnismaterial für einige Zeit im Kurzzeitspeicher festgehalten wird, nachdem es durch das sog. Ultrakurzzeit-Gedächtnis für wenige Sekunden elektrische Ströme und Schwingungen im Gehirn hervorgerufen hat. Vor dem Abklingen des Ultrakurzzeit-Gedächtnisses müssen die Informationen vom Kurzzeitspeicher übernommen werden, wenn sie nicht für alle Zeit verloren gehen sollen. Diese Speicherung ist mit der Herstellung von RNS-(Ribonukleinsäuren-) Matrizen verbunden. Nach einiger Zeit zerfallen diese wieder. Sie müssen deshalb ihre Informationen zur Langzeitspeicherung durch Bildung bestimmter Proteine weitergegeben haben, wenn die Speicherung langfristig abgesichert werden soll.
Aus diesen humanbiologischen Forschungsergebnissen resultieren folgende lernpsychologischen Gesetzmäßigkeiten für die Übung:

Was muß man beim Üben beachten?

6.3.2.1 Vielfältige Wiederholungen
Dem Prozeß der Einspeicherung kommt größte Bedeutung zu. Bei Impulsen, die sehr intensiv erlebt wurden, reicht oft eine einmalige Aufnahme zur permanenten Speicherung im Langzeit-Gedächtnis. Wir können uns ein ganzes Leben lang daran erinnern. Beim Lernen jedoch, wo gewöhnlich der Stoff nicht erlebt, sondern während einer schulischen Kunstsituation nur gehört oder gelesen wird, müssen Impulse mehrfach über das Ultrakurzzeit-Gedächtnis angeboten werden.

6.3.2.2 Motivation
Das Gehirn assoziiert neue Informationen mit bereits vorhandenen Gedächtnisinhalten. Die vielen Wahrnehmungsinhalte eines echten Erlebnisses (sehen, hören, fühlen, schmecken, riechen, anfassen, sich bewegen usw.) müssen wenigstens teilweise ersetzt werden. Je mehr passende Assoziationen und Zuordnungen vorhanden sind, um so weniger muß der Lernstoff gepaukt werden! Dem „entdeckenden Lernen" mit individuellen und intrinsisch motivierten Lernerlebnissen kommt unter diesem Aspekt größte Bedeutung zu.

6.3.2.3 Lerntypen
Jeder Mensch nimmt Einspeicherungsimpulse verschieden auf. Er selektiert sie nach bestimmten Kriterien und Gewichtungen. Verschiedene Lerntypen lernen durch verschiedene Lerneingangskanäle:
Visuelle Typen: unterstreichen, farbig hervorheben, einrahmen, ordnen und gruppieren usw. – Akustische Typen: abfragen, nachsprechen, rezitieren, vortragen, klatschen, klopfen usw. – Motorische Typen: formen, fühlen, abtasten, schreiben, zeichnen, malen, konstruieren usw. Die verschiedenen Lerntypen müssen beachtet und durch gezielten Einsatz verschiedener Übungsmethoden angesprochen werden.

6.3.2.4 Lerntempo
Damit eine gesicherte Übertragung in das Langzeit-Gedächtnis erfolgen kann, dürfen nicht zu viele Informationen in zu kurzer Zeit angeboten werden. Die Festigung von „Spuren" im Langzeit-Gedächtnis erfordert Zeit (Proteinbildung!)

6.3.2.5 Erstwiederholung
Die Erstwiederholung muß möglichst unmittelbar nach dem Erstlernen erfolgen, da die Vergessenskurve in den ersten Tagen sehr schnell sinkt (am 2. Tag ca. 65% der Behaltensmenge, am 3. Tag ca. 50%, am 4. Tag unter 50%!). Über größere Zeiträume verteilte, kurze Wiederholungen lassen größere Lernerfolge erwarten als zahlreiche Wiederholungen in kurzer Zeit.

6.3.2.6 Lernstörungen
Informationen mit ähnlichen Inhalten stören und behindern sich gegenseitig. Derartige Interferenzen sind zu vermeiden. (Phänomen der Ranschburgschen Hemmung: Verwechslungen treten auf, wenn z.B. ähnliche Wörter gleichzeitig verwendet und gegenübergestellt werden.)

6.3.2.7 Automatisierung
Eine wichtige Funktion der Übung ist die Automatisierung von Fertigkeiten und Gedächtnisinhalten. Derartig gefestigte Fertigkeiten benötigen im Kurzzeit-Gedächtnis keinen Speicherplatz, der dadurch für den Einsatz von Denkstrategien frei bleibt. Automatisierte Techniken und Inhalte können nahezu ohne psychische Belastungen eingesetzt werden.

6.3.3 Übungsgrundsätze

Unter didaktischen Gesichtspunkten ist der zentrale Platz für Übungen die Speicherungsphase. Das Gelernte ist erst dann im Besitz des Lernenden, wenn es ihm jederzeit zur Verfügung steht und mühelos vollzogen werden kann. Die abschließende Erinnerungsphase soll das Gelernte in das gesamte Handeln integrieren und den Transfer auf ähnliche Situationen und Aufgabenstellungen ermöglichen. Übungen müssen deshalb, sollen sie erfolgreich sein, sorgfältig unter Beachtung lernpsychologischer Grundsätze geplant und durchgeführt werden.

Die wichtigsten Grundsätze sind:

6.3.3.1 Prinzip der Übungsbereitschaft

Schülerinnen und Schüler müssen nachhaltig motiviert sein, um das Übungsziel zu erreichen. Dieses muß realistisch festgesetzt werden, da Über- und Unterforderungen die Übungsbereitschaft zerstören. Variationsreiche und dem Leistungsvermögen angepaßte Übungsformen mit Aufforderungscharakter führen zu aktiver Lernhaltung, dienen der individuellen Leistungsförderung und erreichen Leistungssteigerungen.

6.3.3.2 Prinzip des Übungserfolges

Der Erfolg stellt eine starke, wenn nicht sogar die stärkste Motivation dar. Das Streben nach Erfolg ist ein Grundmotiv menschlichen Handelns. Ziel des Übens (und des gesamten Unterrichts) muß es deshalb sein, Bedingungen zu schaffen, unter denen Schülerinnen und Schüler Erfahrungen des Erfolges erleben können.
Um möglichst vielen Schülerinnen und Schülern zu Erfolgserlebnissen zu verhelfen, müssen die Übungen differenziert angeboten werden. Sie müssen auf den Leistungs- und Entwicklungsstand des einzelnen, auf seine Leistungsfähigkeit und sein Arbeitstempo eingehen.

6.3.3.3 Prinzip des Gebrauchs

Dieses Prinzip beruht auf der Wiederholung. Nur ein mehrmaliges Wiederholen ermöglicht die Steigerung der Tätigkeit in Quantität und Qualität. Je selbsttätiger und je aktiver ein Schüler die Wiederholungen unter Beteiligung möglichst vieler Sinne ausführt, um so erfolgreicher wirkt sich dies auf das Behalten aus.

6.3.3.4 Prinzip des Formwechsels

„Mehrmaliges Üben" ist jedoch nicht gleichzusetzen mit einfallslosen und eintönigen Übungen. Übungen ohne Abwechslung führen zur Übersättigung. Um dies und die damit verbundene Zerstörung der Motivation der Schülerinnen und Schüler zu vermeiden, ist es erforderlich, daß die Übungsaufgaben Veränderungen erfahren. Dabei ist es nicht immer notwendig, den mathematischen Inhalt zu verändern. Eine neue Form der Übung wie z.B. ein Wechsel der Arbeitsform durch den Einsatz verschiedener Medien und Sozialformen reicht meistens, um neue Übungsbereitschaft zu wecken.

6.3.4 Übungsschwerpunkte

Zielorientierung

Zum geplanten Üben gehört eine längerfristige Zielorientierung. So sind z.B. die halbschriftlichen Verfahren der Multiplikation und Division im 3. Schuljahr die Voraussetzung für die richtige und bewußte Ausführung der schriftlichen Normalverfahren im 4. Schuljahr (vgl. Kap. 2). Im Lehrplankanon gibt es bestimmte Bereiche, die wegen ihrer zentralen Bedeutung besonders intensiv geübt werden müssen, und zwar:

6.3.4.1 Drittes Schuljahr

- Das kleine Einmaleins mit seinen Umkehrungen sicher beherrschen
- Schriftliche Addition und schriftliche Subtraktion
- Auslegen und Vergleichen ebener Figuren
- Längeneinheiten km, mm; Gewichtseinheiten g, kg, t
- Erfassen komplexerer Sachzusammenhänge (Rechengeschichten und Sachaufgaben)

6.3.4.2 Viertes Schuljahr

- Schriftliche Multiplikation und Division
- Flächeninhalte und Umfänge einfacher Figuren
- Geometrisches Zeichnen mit Geodreieck und Zirkel
- Bestimmen von Zeitspannen
- Anwenden der in den Größenbereichen erworbenen Kenntnisse und Fertigkeiten

6.3.5 Übungsbeispiele aus dem 3. und 4. Schuljahr

Die hier vorgestellten Beispiele sind nach Sachbereichen gegliedert. Sie setzen verschiedene Übungsschwerpunkte unter Einbeziehung verschiedener Arbeits- und Sozialformen und wollen dazu anregen, Übungen varianten- und abwechslungsreich durchzuführen.

6.3.5.1 Übungen zum kleinen Einmaleins

Einmaleinsjagd – (Kopiervorlage 31)

Einmaleins

- *Charakterisierung*
  Würfelspiel zum automatisierendem Üben
  Einsatzmöglichkeiten: Gruppenarbeit (3 bis 4 Kinder); ab Ende 2. Schuljahr
  Mathematischer Inhalt: Fertigkeitstraining des kleinen Einmaleins
- *Spielmaterial*
  Für jedes Kind eine Spielmarke und ein Buntstift in der gleichen Farbe. Je Gruppe einen Würfel und einen Spielplan (Kopiervorlage 31)
- *Spielregel*
  Es wird reihum gewürfelt. Kommt ein Spieler mit seiner Spielmarke auf eine Einmaleinszahl, so trägt er in dem Ergebnisfeld auf der unteren Hälfte des Blattes mit seiner Farbe die betreffende Zahl an der richtigen Stelle ein.
  Beispiel: Die „12" läßt sich im Zweier-, Dreier-, Vierer- und Sechserfeld eintragen und zwar jeweils im 6., 4., 3. und 2. Kästchen von unten.
  Gewonnen hat, wer zum Schluß die meisten Zahlen in seiner Farbe in die Kästchen eingetragen hat (und nicht, wer zuerst am Ziel ist!).
- *Didaktischer Kommentar*
  Das Einmaleinstraining erfolgt in diesem Spiel in der anspruchsvolleren Form der Zuordnung Produkt – Term und sollte erst eingesetzt werden, wenn die Einmaleinsreihen schon relativ gefestigt sind. Die zufälligen Würfelausfälle sorgen für einen Ausgleich der verschiedenen Leistungsstärken in der Spielgruppe und wirken motivierend.
  Vorerfahrungen zu Teiler- und Vielfachenbeziehungen sowie zu Primzahlen können spielerisch gewonnen werden.
  Die Kopiervorlage ist so gestaltet, daß sie leicht geteilt werden kann in einen Verbrauchsteil zur Notation der Ergebnisse in der unteren Hälfte und einen Spielplan, in dem nur die Spielfiguren bewegt werden.

Zifferngitter – (Kopiervorlage 32)

- *Charakterisierung*
  Übungsform zum operativen Üben auf der Grundlage gesicherter Fertigkeiten.
  Einsatzmöglichkeiten: Einzelarbeit (Variation als Partnerarbeit)
  Mathematischer Inhalt: Zuordnen von 3 Ziffern (Tripel) zu – vorwiegend multiplikativen – Gleichungen mit vorgegebenem Wert

- *Arbeitsanweisung*
  Die Kinder bekommen als Arbeitsgrundlage das Gitter der Kopiervorlage. Sie sollen im Gitter immer 3 benachbarte Ziffern in waagerechter, senkrechter oder diagonaler Anordnung finden, aus denen man eine Gleichung mit dem Wert 30 bilden kann. Erlaubt sind alle Rechenoperationen. Die gefundenen Dreiergruppen werden eingekreist und die Lösungen in Gleichungsschreibweise im unteren Teil des Blattes notiert.
  Da in der Grundschule die Klammerregel nicht als bekannt vorausgesetzt werden kann, sind die Ziffern in der Gleichung stets so anzuordnen, daß Schreib- und Rechenreihenfolge identisch sind. (Spielregel!)

Was ist gleich 30?

  Beispiel
  In der 1. Reihe: Ziffernfolge „4; 2; 5"; daraus wird gebildet:
  $4 + 2 \cdot 5 = 30$
  Damit wird dokumentiert: $4 + 2 = 6$ und $6 \cdot 5 = 30$
  Da Gleichungen, welche zur exakten Notation eigentlich die Gleichungsschreibweise erfordern, nur in geringer Anzahl vorkommen, können diese auch ganz weggelassen bzw. nur zu differenzierender Aufgabenstellung eingesetzt werden. Es wird dann nur nach Gleichungen gesucht, welche ohne Klammerschreibweise zu schreiben sind, z.B.:
  1. Reihe: Ziffernfolge „3; 8 ; 6"; Gleichung: $3 \cdot 8 + 6 = 30$

- *Didaktischer Kommentar*
  Diese Übung eignet sich besonders für differenzierende Maßnahmen. Im Gitter können z.B. gesucht werden:
  - nur multiplikative Gleichungen
  - Gleichungen mit gemischten Operationszeichen
  - Gleichungen mit Klammerschreibweise (für leistungsstarke Schülerinnen und Schüler)
  - Leistungsschwachen Schülern kann geholfen werden, indem ihnen eine passende Ziffernfolge im Gitter gezeigt wird und sie aufgefordert werden, daraus eine Gleichung zu formulieren.

  Verschiedene Lösungsstrategien sind möglich:
  - Bei einer beliebigen Ziffer im Gitter beginnend in waagerechter, senkrechter oder diagonaler Richtung einfach „loszurechnen" und durch Probieren zu Lösungen kommen.
  - Zum Wert 30 wird eine passende Gleichung konstruiert und die dazugehörige Ziffernfolge im Gitter gesucht. (Dies setzt freilich voraus, daß auch wirklich alle erforderlichen Tripel im Gitter vorhanden sind! – siehe dazu Eccarius, 1982.)

  Variation
  Partnerarbeit: Zwei Schüler bekommen gemeinsam ein Gitter. Abwechselnd markieren sie dort ihre Dreiergruppen mit eigener Farbe und notieren die dazugehörigen Gleichungen im Heft. Nach einer bestimmten Zeitdauer (Eieruhr verwenden) ist der andere Schüler an der Reihe. Wer die meisten „Dreier" gefunden hat ist Sieger.

6.3.5.2 Übungen zur schriftlichen Addition

Indianer

- *Charakterisierung*
  Würfelspiel zum automatisierendem Üben
  Einsatzmöglichkeiten: Partner- und Gruppenarbeit; ab 3. Schuljahr

Stellenwert

  Mathematischer Inhalt: Stellenwert, schriftliche Addition, überschlägiges Rechnen.

- *Spielmaterial*
  Für jede Gruppe bzw. jedes Partnerteam einen Spielwürfel und für jeden Spieler als Notationshilfe folgende Tabelle (kann von den Schülern selbst gezeichnet werden):

	H	Z	E
+			

- *Spielregel*
  Die Spieler würfeln abwechselnd und notieren die Ziffern der Würfelausfälle in den Feldern des Planes nach freier Wahl. Im Verlaufe eines Spieles würfelt jeder Teilnehmer neunmal und bildet so 3 Zahlen. Diese werden addiert.
  Das Ziel des Spieles ist es, den Wert der Summe nahe an 1000 zu bringen (d.h.: „sich wie ein Indianer an dieses Ziel heranzupirschen"). Die Differenz zu 1000 wird ermittelt und als Ergebnis aufgeschrieben. Es werden mindestens 3 Runden gespielt.

  Beispiel

	Schüler A:	Schüler B:
	416	243
	233	614
	265	215
	914	**1072**
Differenz zu 1000:		
	86	72

  (Die 1. Runde gewinnt Schüler B)

- *Didaktischer Kommentar*
  Das Spiel trainiert überschlägiges Rechnen und strategisches Vorgehen. Das Bewußtsein für die Bedeutung der verschiedenen Stellenwerte wird gestärkt. So ist es sinnvoll, zuerst die Hunderterstellen überschlägig zu belegen und später die Zehner bzw. Einer. Durch die individuellen Belegungen entsteht eine hohe Motivation für die schriftliche Addition der gewürfelten Zahlen und damit ein großer Trainingseffekt.

Rechentreppen

- *Charakterisierung*

Addition: Vom mündlichen zum schriftlichen Rechnen

  Übungsform zu automatisierendem Üben
  Einsatzmöglichkeiten: Einzelarbeit, ab 3. Schuljahr
  Mathematischer Inhalt: Schriftliche und mündliche Addition

- *Spielregel*
  Ausgehend von einer Gleichung wird eine weitere dadurch gewonnen, daß der erste Summand weggelassen und dafür die Summe zum zweiten Summanden gemacht wird. Beim richtigen Untereinanderschreiben entsteht dadurch eine treppenförmige Anordnung:

  Beispiel: 12 + 25 = 37
  25 + 37 = 62
  37 + 62 = 99
  62 + 99 = 161
  99 + 161 = 260 usw.

  Wird eine bestimmte Zielzahl vorgegeben (z.B. 681), ist dieser Aufgabentyp selbstkontrollierend, da diese Zahl nur bei richtiger Ausführung aller Additionsaufgaben erreicht wird. Es kann aber auch eine bestimmte Grenze angegeben werden (z.B. 400). Die Rechentreppe ist dann beendet, wenn diese Grenze überschritten wird.

- *Didaktischer Kommentar*
  Der Übergang vom mündlichen zum schriftlichen Rechnen kann bei diesem Aufgabentyp gut beobachtet werden. Die Aufforderung „Rechnet so lange wie möglich im Kopf!" kann den Schülerinnen und Schülern helfen, nicht vorschnell und blindlings zum schriftlichen Additionsalgorithmus zu greifen sondern mündliches Rechnen und das Anwenden von Rechenvorteilen zu trainieren.

  Aufgabenstellung
  Die Aufgaben können in der Form gestellt werden:
  Rechentreppe von 25 + 12 bis 837
  oder
  Rechentreppe von 25 + 12 bis Grenze 500
  Interessant sind auch in Verbindung mit diesen Aufgaben, Schätzungen zur Anzahl der erforderlichen Treppenstufen, bis das Ziel erreicht ist.
  Zur graphischen Gestaltung von Rechentreppen auf Arbeitsblättern kann die Kopiervorlage 16 aus Band 1 als Vorlage genommen werden. Rechentreppen können jedoch auch ohne Vorlagen gut von den Schülerinnen und Schülern ins Rechenheft geschrieben werden; am besten: Ganz links mit Schreiben beginnen, Heft dabei quer legen.

6.3.5.3 Übungen zur schriftlichen Subtraktion

Spiegelzahlen (Kopiervorlage 33)

Schriftliche Subtraktion

- *Charakterisierung*
  Übungsform zum automatisierenden Üben
  Einsatzmöglichkeiten: Einzelarbeit ab 3. Schuljahr
  Mathematischer Inhalt: Schriftliche Subtraktion

- *Spielregel*
  Eine beliebige dreistellige Zahl mit unterschiedlichen Ziffern wird notiert. Von dieser Zahl wird die „Spiegelzahl" oder „Rückwärtszahl" gebildet. Die gewählte Zahl wird dabei in umgekehrter Stellenwertreihenfolge geschrieben, d. h. die Einerstelle wird zur Hunderterstelle, die Zehnerstelle bleibt Zehnerstelle und die Hunderterstelle wird Einerstelle.
  Dann werden die Schülerinnen und Schüler aufgefordert, die Differenz dieser beiden Zahlen zu errechnen. Von dieser neuen Zahl wird wieder die Spiegelzahl und anschließend die Differenz gebildet. In dieser Weise wird so lange weiterverfahren, bis …

Beispiel 1. Runde:
gewählte Zahl: 724
Spiegelzahl daraus: 427
Differenz der beiden Zahlen: 724 – 427 = 297
2. Runde: Spiegelzahl von 297 ist 792.
Differenz: 792 – 297 = 495 usw.

- *Didaktischer Kommentar*
  Diese Übungsaufgabe gehört in die Sparte der Unterhaltungsmathematik mit der Zahl 9.
  Trotz freier Wahl der Ausgangszahl gelangen alle daraus abgeleiteten Aufgabenketten zum gleichen Endresultat „99".
  Die geforderte Differenzbildung der beiden Zahlen fördert das richtige Anwenden der schriftlichen Subtraktion, denn da die zu bildende Spiegelzahl u. U. größer ist als die zu spiegelnde Zahl, müssen die Schüler bei jeder Aufgabe neu entscheiden, welche Zahl Minuend und welche Subtrahend ist.

  Das Arbeitsblatt ist nur in der Einführungsphase erforderlich. Die folgenden Übungen können im normalen Rechenheft durchgeführt werden.

Rechentreppen

Rechentreppen lassen sich zur Übung der schriftlichen Subtraktion ebenfalls gut einsetzen (vergleiche Abschnitt 6.3.5.2).

Beispiele Rechentreppen von 932 – 576 bis 4
von 775 – 479 bis 6
von 851 – 526 bis 9
von 830 – 513 bis 5

6.3.5.4 Übungen zur schriftlichen Multiplikation

Die seltsame Zahl 142857

- *Charakterisierung*
  Die folgenden Übungen stellen eine kleine Auswahl unterhaltungsmathematischer arithmetischer „Tricks" mit ausgewählten Zahlen dar, für die auch Grundschüler aufgeschlossen sind und die durch ihre merkwürdigen und faszinierenden Ergebnisse sehr motivierend wirken.

Seltsame Ergebnisse

  Einsatzmöglichkeiten: Einzel- oder Gruppenarbeit; ab 4. Schuljahr
  (*Anmerkung:* Daß der Zahlenraum bis zur Million bei einigen Aufgaben überschritten wird, ist nicht von Bedeutung.)
  Mathematischer Inhalt: Fertigkeitstraining der Multiplikation

- *Regel*
  Die Zahl „142857" wird mit einem beliebigen einstelligen Faktor (außer 7!) multipliziert. In den Ergebnissen erscheinen stets die gleichen sechs Ziffern 142857 in derselben Reihenfolge. Sie fangen nur bei verschiedenen Ziffern an (zyklische Vertauschung).

  Beispiel

  142857 · 5 = 714285

  Ausnahme: Bei der Multiplikation mit 7 ist das Produkt 999999.

Bei der Multiplikation mit einem Faktor > 7 erscheint die Reihenfolge erst wieder durch einen „Trick“: Die erste Ziffer des entstandenen Produkts muß weggenommen und zur restlichen Zahl addiert werden.

Beispiel

142857 · 29 = **4**142853
142853 + **4** = 142857

Wird die Zahl 142857 mit noch größeren Faktoren (> 64) multipliziert, so müssen die ersten beiden Ziffern des Produktes weggenommen und addiert werden.

Beispiel

142857 · 73 = **10**428561
428561 + **10** = 428571

Die seltsame Zahl 12345679

- *Regel*
  Die Zahl „12345679“ wird zunächst mit einer beliebigen einstelligen Zahl multipliziert. Anschließend wird das entstandene Produkt nochmals mit 9 multipliziert.

Beispiel 12345679 · 6 = 74074074
74074074 · 9 = 666666666

Die seltsame Zahl 37037

- *Regel*
  Wird die Zahl „37037“ mit einem Faktor zwischen 2 und 27 multipliziert, so entstehen stets „Zwillinge“.

Beispiel

37037 · 13 = 481481

6.3.5.5 Übungen zur schriftlichen Division

Zwillinge

- *Regel*
  Es wird eine beliebige dreistellige Zahl gewählt und diese durch nochmaliges Danebenschreiben zu einer sechsstelligen Zahl gemacht.

Dividieren

Anschließend wird nacheinander durch 7, durch 11 und durch 13 dividiert.
Als Endergebnis erscheint die ursprünglich gewählte Zahl wieder. Alle Divisionsrechnungen gehen ohne Rest auf.

Beispiel
gewählte Zahl: 351,
sechsstellige Zahl: 351351

1. Division:	351351 : 7 = 50193
2. Division:	50193 : 11 = 4563
3. Division:	4563 : 13 = 351

Variation
Beliebiges Vertauschen der Reihenfolge der Dividenden.

„Scrabble“

- *Charakterisierung*
  Legespiel zum operativen Üben
  Einsatzmöglichkeiten: Einzel- oder Partnerarbeit; 4. Schuljahr
  Mathematischer Inhalt: Schriftliche Division

- *Spielregel*
  Ein vollständig durchgeführter schriftlicher Divisionsalgorithmus wird auf Kärtchen geschrieben. Diese werden gemischt und sollen wieder zusammengefügt werden.

  Beispiel

  ```
  65835 : 15 = 4389
  60
  -58
   45
  -133
   120
   -135
    135
  ```

  Daraus können z. B. folgende Scrabble-Kärtchen hergestellt werden:

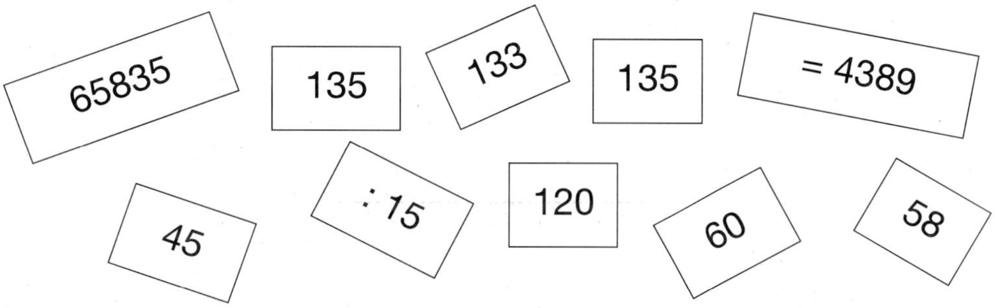

  Die hier beispielhaft dargestellten Kärtchen gehören zu einer leichten Variante, da sich der gesamte Multiplikand und der gesamte Quotient auf einem Kärtchen befinden und nicht zerlegt wurden. Somit besteht sofort Klarheit, daß es sich um die Gleichung 65835 : 15 = 4389 handeln muß. Anhand der Lösung lassen sich dann die Nebenrechnungen leicht finden.

- *Didaktischer Kommentar*
  Diese Übungsform eignet sich gut für Partner- und Kleingruppenarbeit. Ein wichtiges Lernziel ist dabei das Verbalisieren von Vorschlägen, Argumenten und Gegenvorschlägen. Inverse Rechenoperationen werden angewandt und Strukturerkenntnisse in den Divisionsalgorithmus vertieft.
  Das Übungsmaterial ist schnell und preiswert herzustellen. Ein paar Kartonstreifen (möglichst farbig) reichen aus. In Briefumschlägen können die Einzelteile gut archiviert werden.
  Zur Leistungsdifferenzierung sind Scrabbels mit verschiedenem Schwierigkeitsgrad leicht herzustellen: Ein Verkleinern der Aufgabenausschnitte auf den einzelnen Kärtchen erhöht das Niveau erheblich und erfordert mehr strategisches Denken.

6.3.5.6 Übungen zu allen schriftlichen Rechenverfahren

Kreuz-Zahl-Rätsel – (Kopiervorlagen 34–36)

Kreuzworträtsel

Herkömmliche Kreuzzahlrätsel sind in Schulbüchern und Arbeitsheften häufig anzutreffen. Sie sind den allseits bekannten Kreuzworträtseln nachempfunden. Zwei Typen treten häufig auf: Entweder stehen die Aufgaben außerhalb des eigentlichen Rechengitterfeldes und die Ergebnisse müssen dort in waagerechter oder senkrechter Schreibrichtung notiert werden (je Kästchen jeweils nur eine Ziffer!) oder die Aufgaben befinden sich im Gitter, wobei jeweils ein kleiner Pfeil die erforderliche Schreibrichtung anzeigt.

Hier sollen nun drei neue Rätselformen vorgestellt werden, die von diesen Grundtypen abweichen (vgl. Eccarius, 1985). Sie ermöglichen neben dem Training arithmetischer Fertigkeiten gezieltes Üben von überschlägigem Rechnen, Auf- und Abrunden und strategische Vorgehensweisen zur Ermittlung der Notationsorte bzw. der Trennfelder im Gitter.
Allen Typen ist gemeinsam, daß sie durch das Überschneiden von Ergebnissen aus der waagerechten und senkrechten Notation weitgehend selbstkontrollierend sind.

Kreuz-Zahl-Rätsel 1 (Kopiervorlage 34)

• *Regel*
Diese Form des Kreuzzahlrätsels hat alle erforderlichen Trennfelder, zwischen denen die gefragten Ergebnisse eingetragen werden sollen (pro Kästchen jeweils nur eine Ziffer!). Da die Aufgaben jedoch nicht immer in der richtigen Reihenfolge aufgeführt sind, muß der Platz im Rätsel herausgefunden werden.

Beispiel

1. Reihe waagrecht: 3 · 8; Ergebnis ist zweistellig – also Notation unter „G" und „H".
15 : 5; Ergebnis ist einstellig – also Notation unter „E" oder unter „K".
49 : 7; Ergebnis ist einstellig – also Notation unter „E" oder unter „K".
Hier kann erst nach Prüfung der senkrechten Spalten E und K der richtige Notationsort entschieden werden.
Fest steht aber, daß „258 + 198" (Überschlag: 250 + 200 = 450) dreistellig ist und unter „A/B/C" notiert wird.

Lösung

	A	B	C	D	E	F	G	H	J	K
1	4	5	6	■	3	■	2	4	■	7
2	6	4	■	6	8	1	■	7	4	1
3	2	■	3	4	2	■	■	3	2	■
4	■	3	5	■	■	3	6	■	8	1
5	4	0	■	5	9	5	■	4	■	8
6	■	7	■	2	1	■	7	6	5	■
7	2	■	2	4	■	8	6	9	■	6
8	7	0	5	■	5	5	5	■	2	4
9	■	■	7	2	■	9	■	6	7	8
10	2	7	■	1	5	■	3	3	0	■

Kreuz-Zahl-Rätsel 2 (Kopiervorlage 35)

• *Regel*
Bei diesem Typ müssen sowohl die Trennfelder zwischen den einzelnen Ergebnissen als auch der Ort der Notation gefunden werden. Die Aufgaben stehen nicht immer in der richtigen Reihenfolge. Die Anzahl der Trennfelder pro Reihe bzw. Spalte sind jeweils in Klammern angegeben. Als Starthilfe sind zwei Trennfelder und einige Ergebnisse eingetragen.

Diese Form erfordert – hauptsächlich in der Anfangsphase – viel Kombinationsvermögen und strategisches Vorgehen.

Beispiel
Ausgehend von der bereits eingetragenen Zahl 9728 in der 5. Reihe, muß das Ergebnis von 36 : 6 rechts davon (einstellig!) und das Ergebnis von 1045 – 587 links davon (dreistellig!) notiert werden. Das weitere Vorgehen ist individuell sehr verschieden. Denkbar wäre, zunächst die 3 Aufgaben von E auszurechnen und unter Beachtung der vorhandenen Ziffern 9, 6 und 8 einzupassen. Damit wäre dann ein erstes Ziffernkreuz im Gitter als Kontrolle für weitere Lösungen etabliert.

Lösung

	A	B	C	D	E	F	G	H	J	K
1	4	4	5	9	9	5	■	3	9	5
2	8	1	3	■	1	6	2	■	2	3
3	2	9	6	1	2	8	■	1	5	8
4	4	■	2	0	7	■	8	3	7	■
5	4	5	8	■	9	7	2	8	■	6
6	9	6	■	2	4	1	8	■	4	9
7	8	■	1	5	4	■	4	1	9	2
8	■	1	4	4	■	6	3	2	0	4
9	6	1	7	2	5	9	■	1	8	2
10	5	3	■	5	6	0	7	■	1	■
11	2	6	3	9	4	■	6	3	8	5
12	1	9	8	■	2	5	■	0	■	2
13	■	6	5	2	1	8	2		8	4
14	4	■	7	7	■	6	■	2	6	6
15	2	7	4	0	6	3	5	■	9	■
16	8	1	■	3	5	2	■	3	2	4
17	1	7	6	■	3	4	4	6	7	8
18	3	2	■	4	1	8	8	2	■	5
19	■	4	1	5	8	■	2	5	3	1
20	2	8	4	■	2	1	5	■	7	2
21	7	■	4	1	0	■	4	4	5	8
22	4	5	■	2	■	9	■	2	4	6

Kreuz-Zahl-Rätsel 3 (Kopiervorlage 36)

- *Regel*
  Von den jeweils beiden vorgegebenen Zahlen ist immer eine durch 9 teilbar und eine nicht. Es muß also zunächst mit der Quersummenregel geprüft werden, ob eine Zahl durch 9 teilbar ist oder nicht. Danach wird dividiert und das Ergebnis in traditioneller Art ins Gitter eingetragen.

Beispiel
A waagrecht: 936 (Quersumme 18; also durch 9 teilbar); Ergebnis 104.
A senkrecht: 1421 (Quersumme 8; also nicht durch 9 teilbar),
also: 1422 : 9 = 158 usw.

Lösung

1	0	4	■	2	1	0	3
5	■	3	1	2	5	■	■
8	6	4	■	■	8	3	3
■	8	■	7	4	■	5	■
■	■	6	■	8	2	0	7
5	0	3	4	9	■	■	7
3	■	4	3	1	2	■	4
6	2	0	■	■	1	0	8

Der große Preis

- *Charakterisierung*
Spielerische Übungsform zum automatisierenden Üben.
Einsatzmöglichkeiten: Gruppenarbeit; möglich ab 2. Schuljahr (je nach Aufgabenstellung).
Mathematischer Inhalt: Fertigkeitstraining der schriftlichen Rechenverfahren (abwandelbar auf alle arithmetischen Bereiche).

Alle Rechenarten

Diese Übungsform ist der bekannten Fernsehsendung nachempfunden. Schon daher hat sie großen Motivationswert. Der Einbau von Zufallselementen (Glückskarten) erhöht seinen Reiz noch. Für die Lehrerin bzw. den Lehrer stellt sie keine großen Anforderungen an Vorbereitungszeit und Materialaufwand.

- *Spielmaterial*
Benötigt werden: 12 Aufgabenkarten unterschiedlichen Schwierigkeitsgrades; dieser sollte durch verschiedenfarbige Kärtchen signalisiert werden. Bewährt hat sich die Verwendung von DIN-A4-Karteikarten oder Tonpapierkarten gleicher Größe. Beides ist preiswert im Papierwarenhandel erhältlich. Ein Kurzzeitwecker ermöglicht das objektive Messen der Länge der Spielrunden. Die Kärtchen werden nach Schwierigkeitsgrad mit Tesafilm an der Tafel in einem Koordinatensystem verdeckt befestigt:

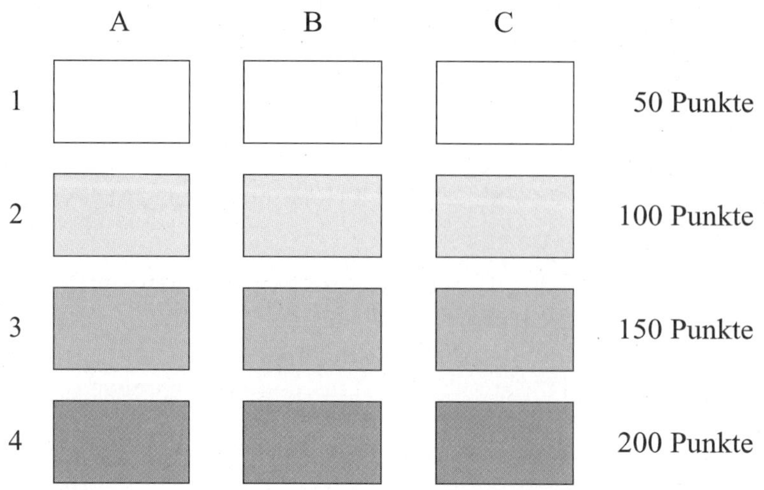

Beispiel für einen Satz Karten
3 mal Additionsaufgaben mit 2 Summanden (50 Punkte)
2 mal Additionsaufgaben mit 3 Summanden und eine Glückskarte (100 Punkte)
3 mal Subtraktionsaufgaben (150 Punkte)
2 mal Multiplikationsaufgaben (1. Faktor dreistellig, 2. Faktor zweistellig) (200 Punkte) und eine Glückskarte (100 Punkte)
Wichtig ist, daß die Anzahl aller Karten eines Spieles teilbar ist durch die Anzahl der Gruppen in der Klasse, damit gewährt ist, daß alle Gruppen Gelegenheit haben, gleichviel Aufgaben zu wählen.
Variationen im Spielverlauf: Kartenzahl ändern; zu erreichende Punkte ändern; „Risiko"-Karte verwenden (die Gesamtpunktezahl kann verdoppelt werden – oder alle Punkte gehen verloren).

- *Spielregel*
  Die Gruppen kommen nacheinander an die Reihe. Sie wählen eine Karte aus (z.B. A3), schreiben die Aufgabe ab und rechnen sie aus. Die anderen Gruppen rechnen ebenfalls mit. Innerhalb einer bestimmten Zeit muß das Ergebnis gesagt werden. (Kurzzeitwecker benutzen!) Dazu muß die Gruppe ihre (evtl. verschiedenen) Ergebnisse absprechen, denn sie haben nur einmal die Möglichkeit einer Nennung. Ist das Ergebnis falsch, oder liegt das Ergebnis nicht innerhalb der festgelegten Zeit vor, haben die anderen Gruppen die Möglichkeit, ihrerseits ein Ergebnis zu nennen und dafür die Punkte zu erhalten.
  Die zu bearbeitende Karte wird zunächst umgedreht, nach der Lösung von der Tafel entfernt und an seine Stelle das Ergebnis mit Kreide notiert (visuelle Absicherung). Der Punktestand der einzelnen Gruppen wird neben den Karten an der Tafel durch die Lehrerin bzw. den Lehrer mitgeschrieben.

- *Didaktischer Kommentar*
  Das Spiel läßt sich universell für alle arithmetischen Bereich einsetzen. Es kann durch geschickte Aufgabenauswahl auf den Leistungsstand der Klasse und die Erfordernisse des Unterrichtes abgestimmt werden.

6.4 Das Operatormodell im 3. und 4. Schuljahr E. Rauschenberger

Bildungsplan

Der Bildungsplan des dritten und vierten Schuljahres stellt erhöhte Anforderungen an die Kinder, die nun in der Lage sind, Regelmäßigkeiten und Gesetzmäßigkeiten besser zu erkennen. Die Ziele der Mathematik werden differenzierter; erweiterte Forderungen werden auch an die Arbeitshaltung gestellt. Insbesondere wird das selbständige Lernen weitergeführt. In den pädagogischen Leitgedanken des neuen Lehrplans lesen wir u. a. (BP, 1994, S. 111), daß „Angebote, die zum Experimentieren, Erproben, Handeln und Nachdenken anregen" gemacht werden müssen. Das Erschließen verschiedener Lösungswege soll jedem Schüler die Chance geben, die Lernziele individuell angemessen zu erreichen. „Zum anschaulich-praktischen Lernen tritt zunehmend mehr die reflektierte, auch selbständige Verarbeitung der gelernten Inhalte." Eigene Lösungsansätze zu finden und die Ergebnisse einer Arbeit eigenständig kontrollieren zu können, stellt eine der wichtigsten Aufgaben des Unterrichts dar. „Bei der Aneignung und Durchdringung neuer Sachverhalte bleibt die Handlungsorientierung weiterhin Unterrichtsprinzip" (BP, 1994, S. 171).

Konkrete Operationen

Das Denken geht also immer noch von konkreten Operationen aus, weshalb nach wie vor Arbeitsmaterial eingesetzt werden muß. Vormachen/Nachmachen, verteilt auf Lehrerrolle/Schülerrolle, ist nach wie vor methodisch unzureichend. Medien, die nur betrachtet werden können, sind nahezu wertlos für den Lernprozeß gleichwie das bloße Reden über die eigentlich notwendigen Handlungen. Konkrete Materialien sind so einzusetzen, daß die Schüler daran real oder zumindest gedanklich operieren können, denn der handlungsbezogene Charakter des Denkens beschränkt sich nicht auf die enaktive Darstellungsform. Bei ikonischen Darstellungen beziehen sich die Operationen auf zeichnerisch, bei symbolischen Darstellungen auf symbolisch dargestellte Objekte.

Konkret-operatives Denken

In der zweiten Hälfte der Grundschulzeit schreitet die Entwicklung der Intelligenz vom Stadium des präoperativen in das des konkret-operativen Denkens fort. Die Schüler sind fähig, mathematische Operationen aus Anschauungsskizzen abzuleiten. Darüber hinaus können sie einzelne Operationen zu Operationsketten zusammenfügen. Die Schüler gewinnen in zunehmendem Maße den operativen Überblick, was den mathematischen Lernprozeß begünstigt. Die Anwendung von Umkehroperationen ermöglicht die eigenständige Kontrolle von Rechenergebnissen.

Stellenwertsystem

Im dritten und vierten Schuljahr wird der Zahlenraum laut Lehrplan systematisch bis zur Million erweitert. Zahlen und Zahlverknüpfungen werden jetzt verstärkt über die Darstellung im Stellenwertsystem erfahren. Dadurch scheint das Operatormodell für die Arithmetik allmählich an Bedeutung zu verlieren. Bis zur Anwendung schriftlicher Rechenverfahren besteht seine Funktion nun hauptsächlich darin, Operationen in der Reihenfolge zu fixieren, wie sie beim Rechnen schrittweise ablaufen. Insofern stellt das Operatormodell eine wichtige Grundlage des beweglichen Denkens und Rechnens dar. Bei Schülern, die einzelne Rechenschritte aber ohne Notieren von Zwischenergebnissen in der Vorstellung vollziehen, also die Operatoren nur noch „denken", sollte nicht auf der schriftlichen Fixierung der Operatoren beharrt werden.

6.4.1 Rechnen im Zahlenraum bis 1000

Beim Addieren und Subtrahieren hat sich das Weiterschreiten am Zahlenstrahl nach rechts bzw. links in Hunderter-, Zehner- und Einerschritten als Handlungsvorstellung gut bewährt. Als Möglichkeit der Handlungsbeschreibung eignen sich weiterhin die aus dem ersten und zweiten Schuljahr vertrauten Pfeildarstellungen.

Auch beim Multiplizieren und Dividieren sind sie eine große Hilfe, wenn es darum geht, schwierige Aufgaben auf leichtere zurückzuführen.

6.4.1.1 Rechnen in Teilschritten
Addition und Subtraktion

Addieren und Subtrahieren in Teilschritten

Das Rechnen in Teilschritten nach dem Operatormodell bietet eine gute Möglichkeit, halbschriftliche und schriftliche Rechenverfahren vorzubereiten. Auf nahezu jeder Schwierigkeitsstufe lassen sich Additions- und Subtraktionsaufgaben mit dreistelligen Zahlen, Ergänzungsaufgaben eingeschlossen, sinnvoll mit Hilfe von Operatorketten lösen. Dabei kann sowohl die erste als auch die zweite Zahl reine Hunderterzahl, reine Zehnerzahl oder eine beliebige zwei- oder dreistellige Zahl sein. Die komplizierten Aufgaben mit zwei beliebigen dreistelligen Zahlen sollten jedoch den schriftlichen Rechenverfahren vorbehalten bleiben. (Kopiervorlagen 37/38)

Aufgabentypen

Einige wichtige Aufgabentypen sind im folgenden zusammengestellt. Bei der Typisierung verwenden wir die Abkürzungen E für eine einstellige Zahl, Z für eine Zehnerzahl, ZE für eine andere zweistellige Zahl, H für eine Hunderterzahl, HZ für eine Hunderter-Zehnerzahl, HZE für eine andere dreistellige Zahl.

Beispiele

- H + H
  200 —(+ 300)→ 500
- HZE + H
  791 —(+ 200)→ 991
- HZE + E mit Z-Überschreitung
  438 —(+ 6)→ 444
  438 —(+ 2)→ 440 —(+ 4)→ 444
- HZE + Z mit H-Überschreitung
  246 —(+ 70)→ 316
  246 —(+ 60)→ 306 —(+ 10)→ 316
- H + HZ
  400 —(+ 270)→ 670
  400 —(+ 200)→ 600 —(+ 70)→ 670
- HZ + ZE mit H-Überschreitung
  370 —(+ 87)→ 457
  370 —(+ 30)→ 400 —(+ 57)→ 457
- HZ + HZ mit H-Überschreitungen
  580 —(+ 340)→ 920
  580 —(+ 300)→ 880 —(+ 40)→ 920
  880 —(+ 20)→ 900 —(+ 20)→ 920
- HZE + HZ mit H-Überschreitungen
  547 —(+ 370)→ 917
  547 —(+ 300)→ 847 —(+ 70)→ 917
  847 —(+ 60)→ 907 —(+ 10)→ 917
- H – H
  700 —(– 400)→ 300
- HZE – H
  693 —(– 500)→ 193
- HZE – E mit Z-Überschreitung
  262 —(– 5)→ 257
  262 —(– 2)→ 260 —(– 3)→ 257
- HZE – Z mit H-Überschreitung
  538 —(– 60)→ 478
  538 —(– 30)→ 508 —(– 30)→ 478
- H – HZ
  600 —(– 230)→ 370
  600 —(– 200)→ 400 —(– 30)→ 370
- HZ – ZE mit H-Überschreitung
  420 —(– 56)→ 364
  420 —(– 20)→ 400 —(– 36)→ 364
  400 —(– 30)→ 370 —(– 6)→ 364

- HZ – HZ mit H-Überschreitungen

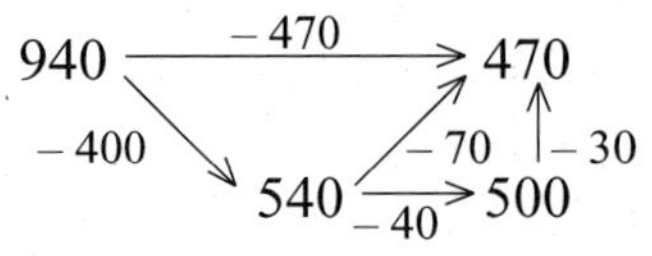

- HZE – HZ mit H-Überschreitungen

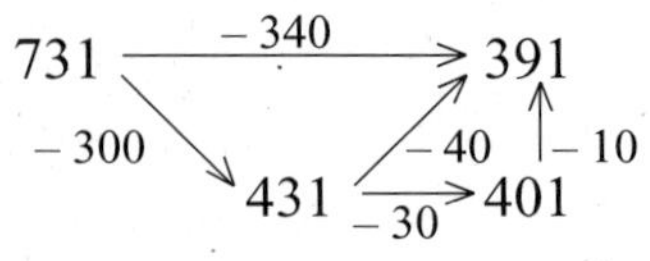

Zahlenrätsel

Immer wieder beliebt sind Zahlenrätsel: „Ich denke mir eine Zahl …"; zur Protokollierung des Lösungsweges werden gerne Operatordarstellungen eingesetzt.

Beispiele

- Ich denke mir eine Zahl;
  wenn du zu meiner gedachten Zahl 238 addierst, erhältst du 714.

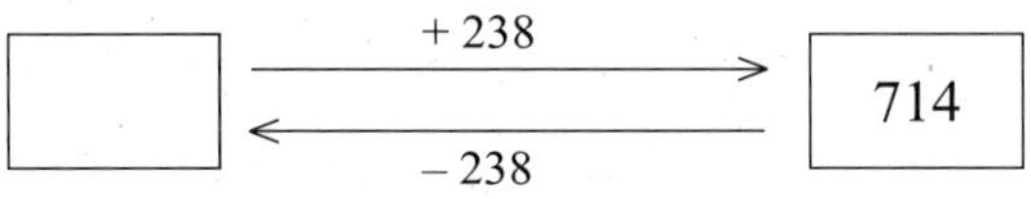

- Addiere ich zu einer Zahl 212 und 388, so erhalte ich 850.

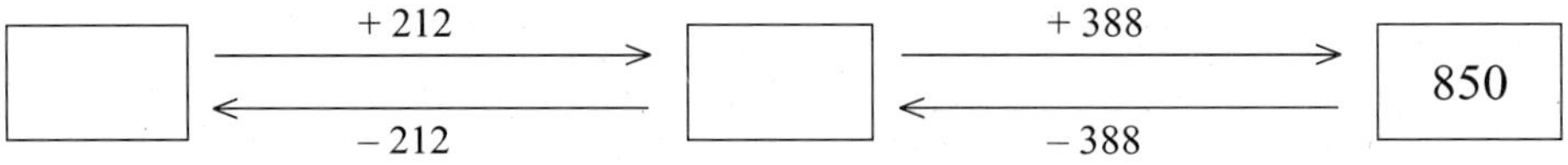

Multiplikation und Division als Umkehraufgabe

Multiplikation und Division

Auch für die Darstellung der Multiplikation mit 10 und 100 sowie der Division durch 10 und 100 kann das Operatormodell erfolgversprechend herangezogen werden. Über den Einsatz von Maschinen mag es gelingen, den Schülern die Nullanhängeregel bzw. Nullstreichungsregel, die oft nur rein mechanisch vollzogen wird, einsichtig zu machen. In der „Pfeil/Umkehrpfeil-Darstellung" lassen sich Multiplikation und Division ein weiteres Mal eindrucksvoll als Umkehroperationen darstellen.

Beispiele

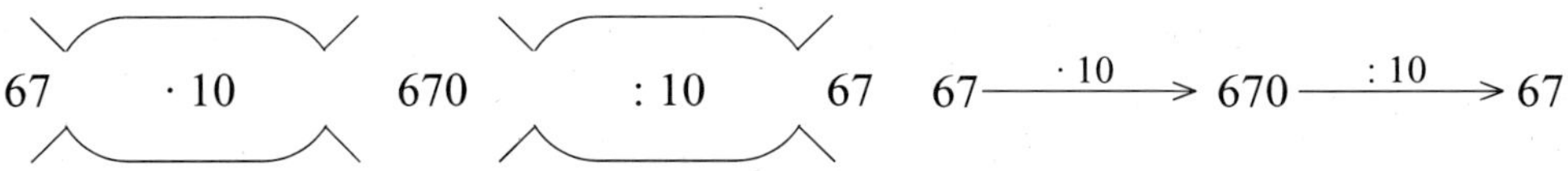

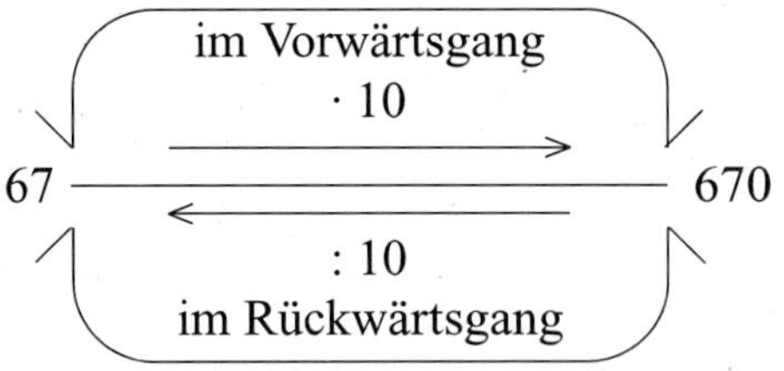

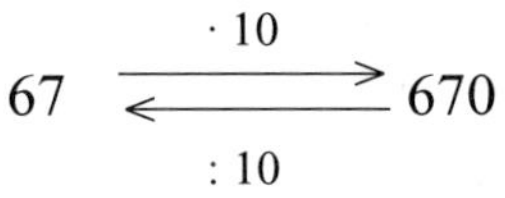

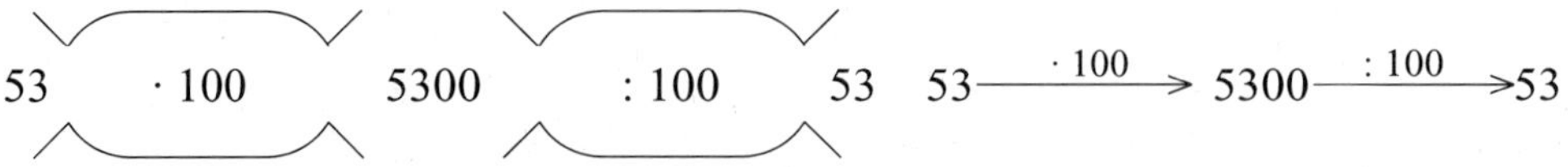

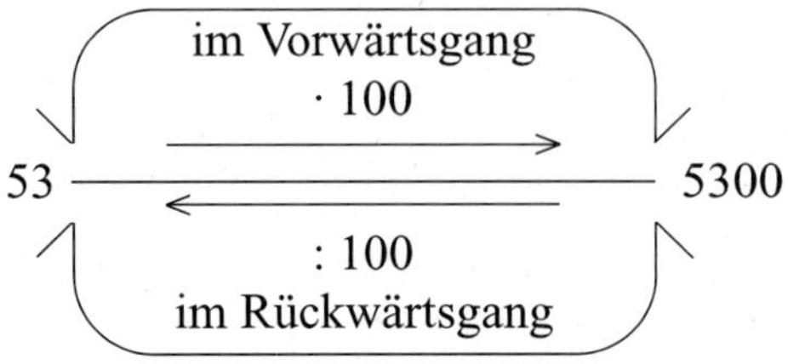

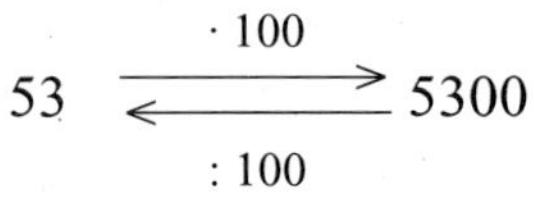

Zerlegen von Operatoren

Nach dieser Vorübung gelingt das Multiplizieren mit Zehner- und Hunderterzahlen mühelos. Die Ersatzoperatoren müssen jetzt nur so gewählt werden, daß nur das kleine Einmaleins und das Multiplizieren mit 10 oder 100 benötigt werden. Bei der Division wird der Operator so zerlegt, daß zunächst durch 10 oder 100 und danach durch die entsprechende Einerzahl dividiert wird.

Beispiele

$3 \xrightarrow{\cdot 50} 150$ $\qquad$ $8 \xrightarrow{\cdot 400} 3200$

$3 \xrightarrow{\cdot 5} 15 \xrightarrow{\cdot 10} 150$ $\qquad$ $8 \xrightarrow{\cdot 4} 32 \xrightarrow{\cdot 100} 3200$

$350 \xrightarrow{: 70} 5$ $\qquad$ $4200 \xrightarrow{: 600} 7$

$350 \xrightarrow{: 10} 35 \xrightarrow{: 7} 5$ $\qquad$ $4200 \xrightarrow{: 100} 42 \xrightarrow{: 6} 7$

Die Methode des Zerlegens von Operatoren kann vornehmlich bei mathematisch gut begabten Schülern auch beim Multiplizieren und Dividieren im Bereich des großen Einmaleins angewandt werden. Zur Vorbereitung solcher Aufgaben muß sowohl das Zusammenfassen zweier Mal- bzw. Durchoperatoren als auch das Zerlegen von Mal- bzw. Durchoperatoren in Ersatzoperatoren, die jeweils dasselbe bewirken, konkret an Maschinen handelnd durchgeführt sowie zeichnerisch festgehalten werden. Gerade bei leistungsschwächeren Schülern, die erfahrungsgemäß bisweilen in den Fehler verfallen, die Zerlegungen der Mal- und Durchoperatoren additiv vorzunehmen, müssen derartige Veranschaulichungen immer wieder herangezogen werden:

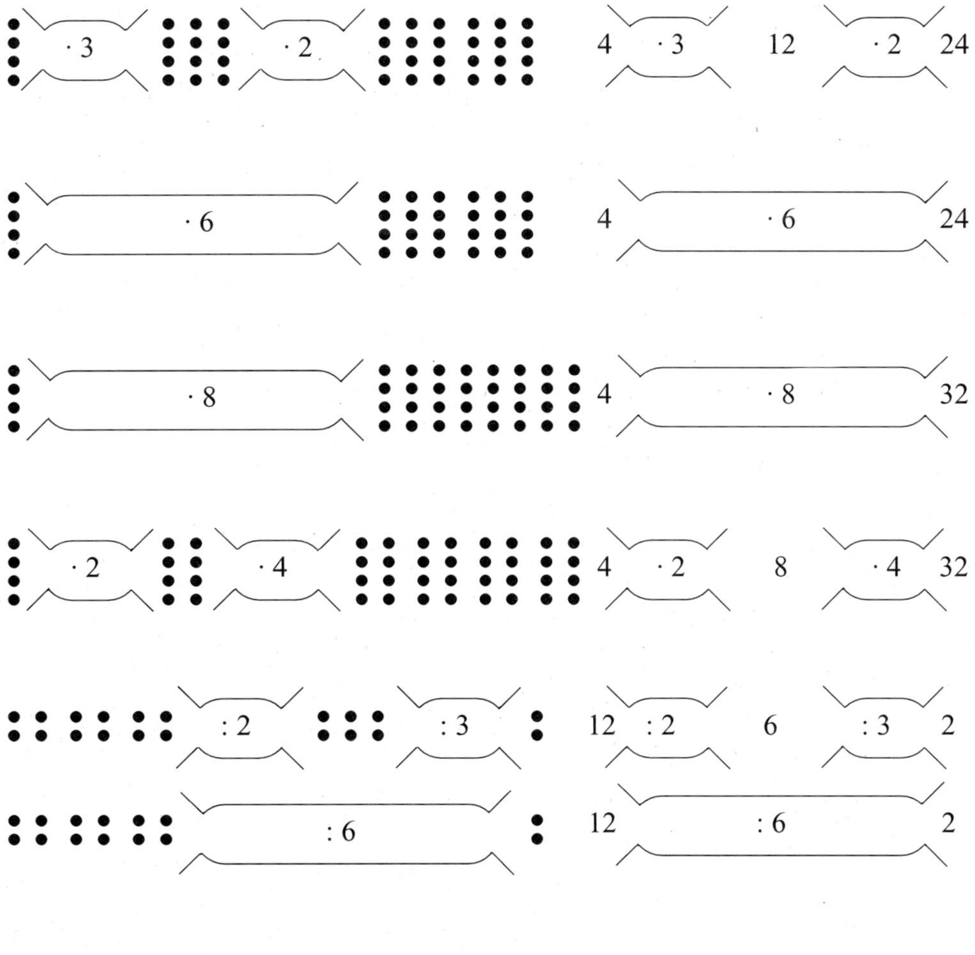

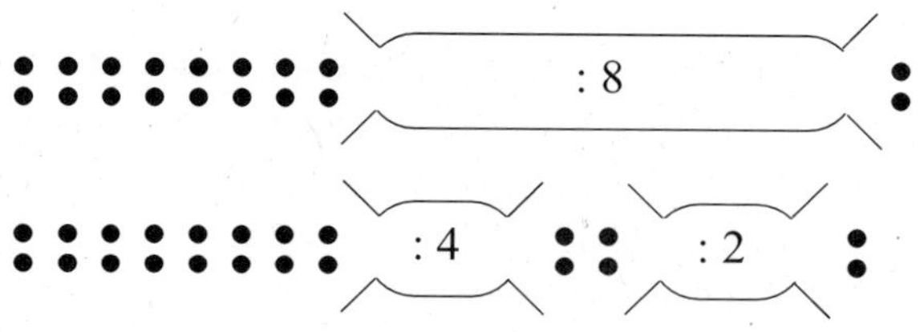

Im folgenden werden die Maschinen durch Pfeile ersetzt, die es je nach Aufgabenstellung zu verketten bzw. zu zerlegen gilt. Dabei sollte nun auch auf die Vertauschbarkeit der Reihenfolge zweier Operatoren abgehoben werden.

$8 \xrightarrow{\cdot 2} 16 \xrightarrow{\cdot 7} 112$ $\qquad$ $48 \xrightarrow{:6} 8 \xrightarrow{:2} 4$

$8 \xrightarrow{\cdot 7} 56 \xrightarrow{\cdot 2} 112$ $\qquad$ $48 \xrightarrow{:2} 24 \xrightarrow{:6} 4$

$8 \xrightarrow{\cdot 14} 112$ $\qquad$ $48 \xrightarrow{:12} 4$

$7 \xrightarrow{\cdot 15} 105$ $\qquad$ $72 \xrightarrow{:18} 4$

$7 \xrightarrow{\cdot 5} 35 \xrightarrow{\cdot 3} 105$ $\qquad$ $72 \xrightarrow{:6} 12 \xrightarrow{:3} 4$

$7 \xrightarrow{\cdot 3} 21 \xrightarrow{\cdot 5} 105$ $\qquad$ $72 \xrightarrow{:3} 24 \xrightarrow{:6} 4$

6.4.1.2 Verschiedene Rechenwege

Das Rechnen mit dem Operatormodell ist zur Verwirklichung innerer Differenzierung von unschätzbarem Wert. Es bietet eine Vielzahl von Rechenwegen, die der einzelne Schüler seinen Fähigkeiten entsprechend begehen kann (vgl. Abschnitt 6.4.1.1). Jeder darf die Anzahl seiner Rechenschritte und die Art der Zerlegung selbst bestimmen. Allerdings kann man dabei ebenso geschickt wie ungeschickt verfahren. Es gehört demnach zur Aufgabe der Unterrichtenden, die Schüler für die Suche nach Rechenvorteilen zu sensibilisieren.

Rechenvorteile

Beispiele

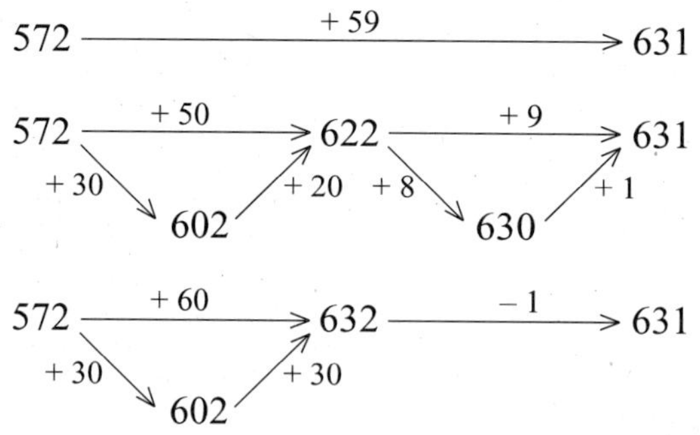

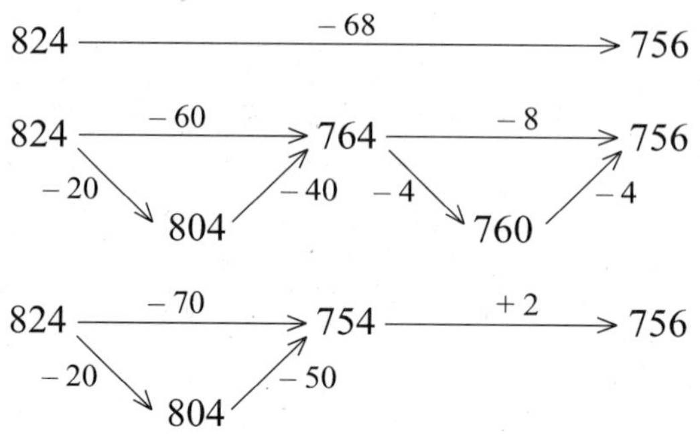

Üben

6.4.1.3 Rechenübungen

In einem guten Mathematikunterricht darf das Üben nicht vernachlässigt werden. Auch dazu leistet das Operatormodell einen wertvollen Beitrag. Mit Hilfe von Kettenrechnungen, Rechennetzen oder Endlosaufgaben werden die Schüler immer wieder aufs neue motiviert und deren Rechenfertigkeiten vervollkommnet. (Kopiervorlage 39)

Rechenketten

Beispiele

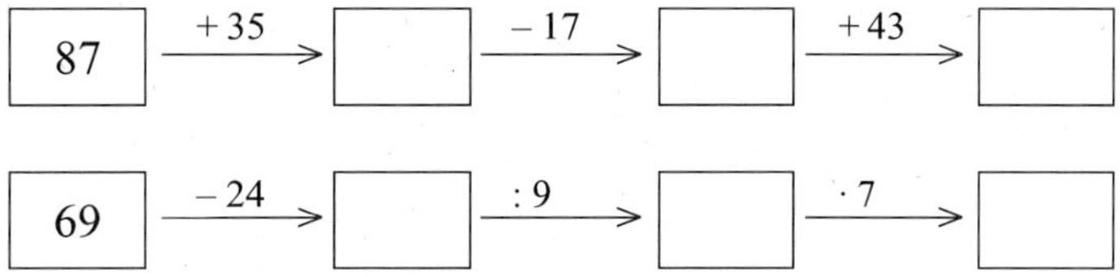

Zielzahl: 88

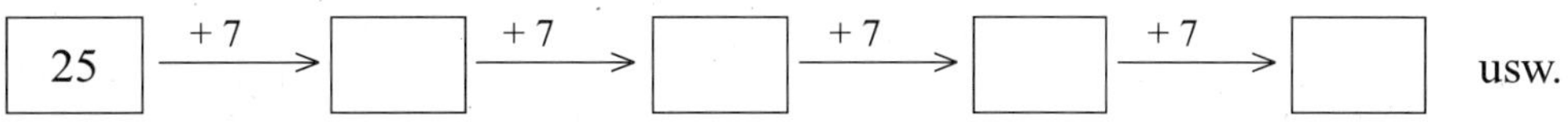

Zielzahl: 185

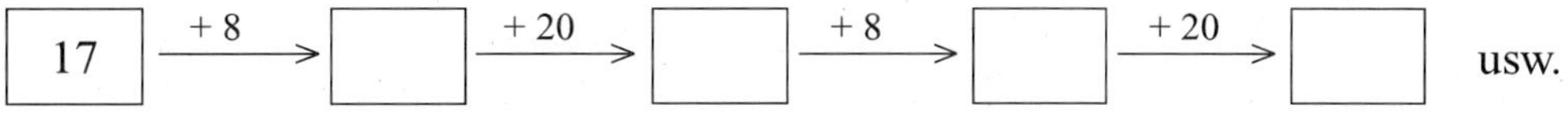

Zielzahl: 20

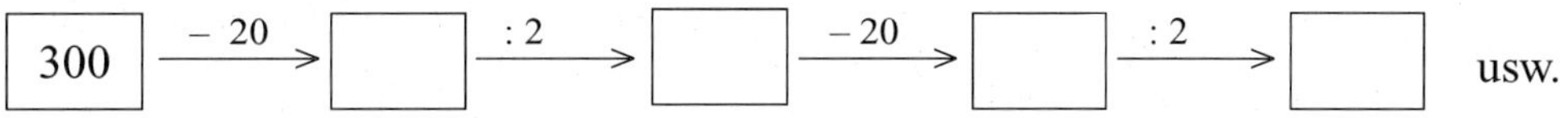

Zielzahl: 564

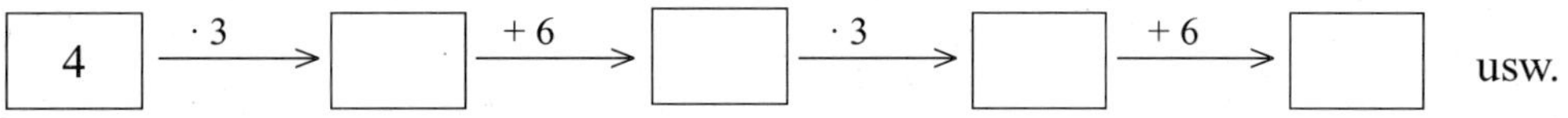

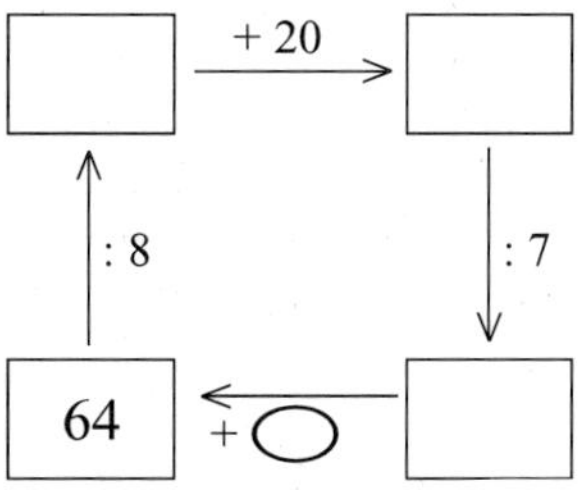

Rechennetze

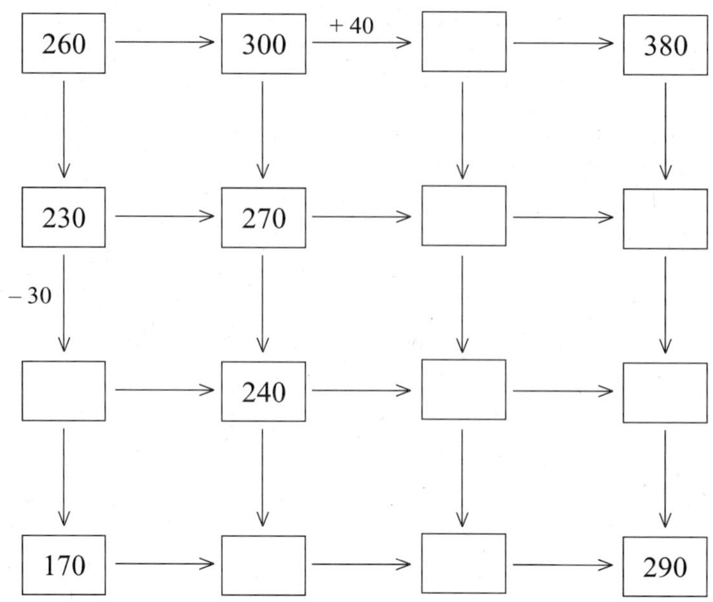

6.4.2 Operatoren beim Sachrechnen (Klasse 3 und 4)

6.4.2.1 Mit Zeitpunkten und der Zeitdauer rechnen

Vorkenntnisse

Bereits im zweiten Schuljahr haben die Schüler erste Erfahrungen im Umgang mit der Zeit gemacht und dabei die Einheiten Stunde, Minute und Sekunde kennengelernt. An der Uhr wurden einfache Zeitpunkte abgelesen, die dazwischenliegende Zeitdauer bestimmt (vgl. Band 1 dieses Handbuchs Abschnitt 6.4.4). In den Klassen drei und vier kommen nun die „großen“ Einheiten Tag, Woche, Monat, Jahr hinzu, die im Zusammenhang mit entsprechenden Sachkundethemen erarbeitet werden können.

Schülererfahrungen

Im erweiterten Zahlenraum wird nun mit Zeitpunkten und der Zeitdauer aus dem Erfahrungsbereich der Kinder gerechnet. Zur Formulierung von Sachaufgaben bieten sich Tagesabläufe, Stundenpläne, Ferienabschnitte, Fernseh- und Rundfunkprogramme, Fahrpläne, Sonnenauf- und -untergänge sowie Tages- und Nachtlängen ebenso an wie die Spielzeiten von Musik- und Videokassetten oder Schallplatten.

Beim Umwandeln der verschiedenen Zeiteinheiten in die jeweils benachbarten, werden die Schüler mit einer Reihe nichtdekadischer Umrechnungszahlen vertraut. Diese lassen den Gebrauch von dekadischen Stellenwerttafeln ebensowenig zu wie die Verwendung schriftlicher Rechenverfahren. Zur Notation rechnerischer Lösungen bietet sich hingegen die Pfeilschreibweise an (vgl. auch Band 1 Abschnitt 6.4.4 sowie Kopiervorlage 40 in diesem Band).

Beispiel 1

Die Fernsehsendung „Disney Club“ beginnt sonntags um 8.15 Uhr und endet um 9.40 Uhr.

Frage: Wie lange dauert die Fernsehsendung?

Rechnung:

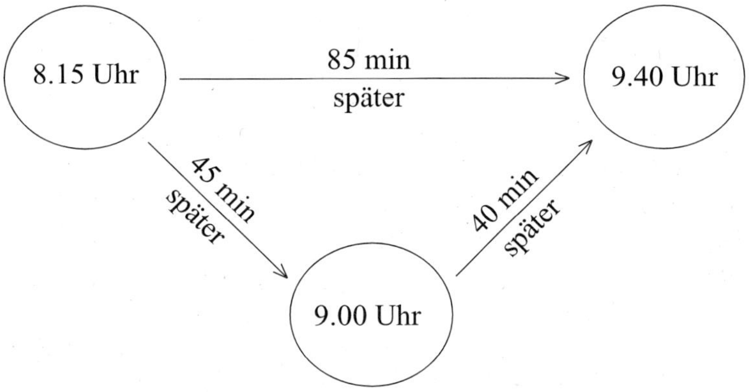

85 min = 60 min + 25 min = 1 h 25 min

Antwort: Die Fernsehsendung „Disney Club" dauert 1 Stunde 25 Minuten.

Beispiel 2

Lisa ruft um 14.45 Uhr ihre Freundin Silke an. Sie möchte gerne zum Spielen zu ihr kommen. Silke ist zwar einverstanden, will aber zuvor noch ihre neue CD zu Ende anhören. Der CD-Player zeigt im Augenblick eine Restspielzeit von 42 Minuten an.

Frage: Um wieviel Uhr wird Lisa frühestens bei Silke eintreffen dürfen, wenn sie ihre Freundin beim Musikhören nicht stören möchte?

Rechnung:

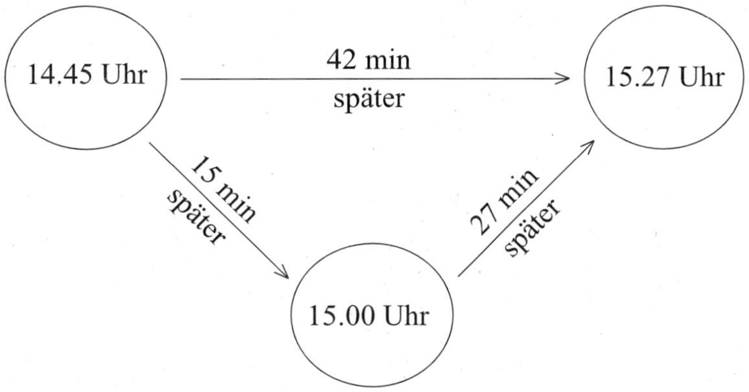

Antwort: Lisa wird frühestens um 15.27 bei Silke eintreffen dürfen.

Beispiel 3

Am Dienstag beginnt der Unterricht für Michael um 8.35 Uhr. Er muß $3^1/_2$ Stunden in der Schule bleiben.

Frage: Um wieviel Uhr ist Unterrichtsschluß?

Rechnung:

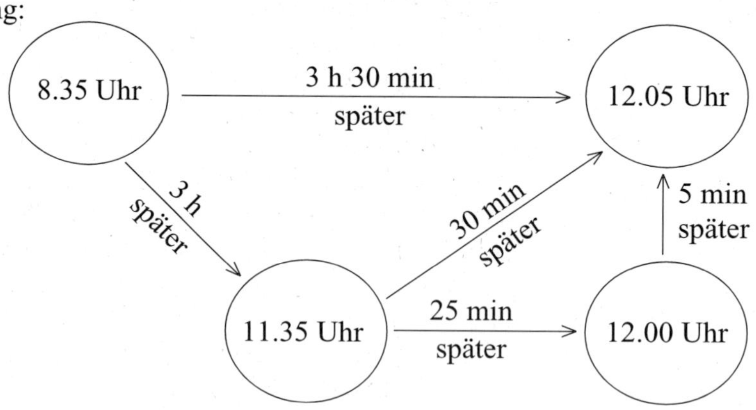

Antwort: Für Peter ist um 12.05 Uhr Unterrichtsschluß.

Beispiel 4

Der Eilzug E 3474 kommt fahrplanmäßig um 0.11 Uhr in Mannheim an. Ab Bühl ist er 2 Stunden 19 Minuten unterwegs.

Frage: Um wieviel Uhr fährt der Zug in Bühl ab?

Rechnung:

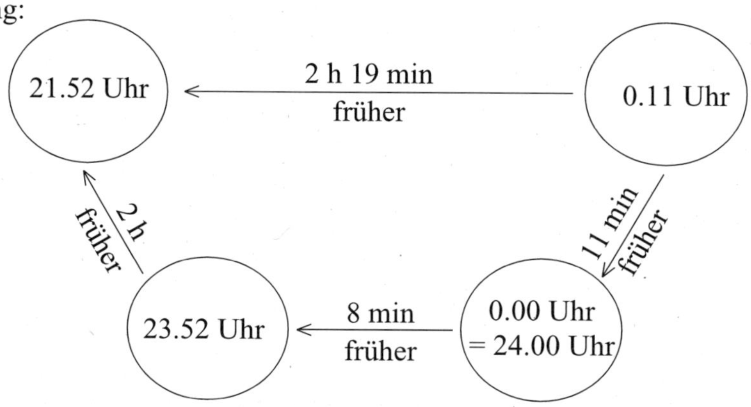

Antwort: Der Zug fährt um 21.52 Uhr in Bühl ab.

Beispiel 5

In Baden-Württemberg dauerten die Sommerferien im Jahr 1991 vom 11. Juli (1. Ferientag) bis zum 24. August (letzter Ferientag).

Frage: Wie viele Tage dauerten die Sommerferien im Jahr 1991?

Rechnung:

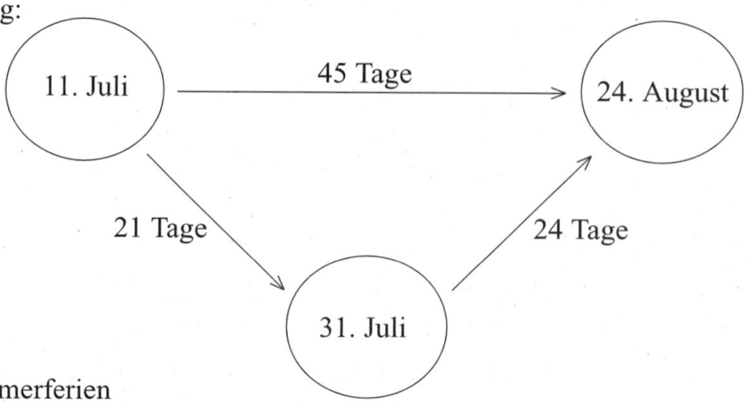

Antwort:
Die Sommerferien
dauerten 45 Tage.

6.4.2.2 Schlußrechnen

Zweisatzaufgaben

Tabellen

Der Lehrplan schreibt für das dritte Schuljahr die Behandlung von Zweisatzaufgaben in allen Größenbereichen vor (vgl. Abschnitt 4.4.2). Schlüsse von der Einheit zur Mehrheit und von der Mehrheit zur Einheit gelingen den Schülern bei der Zuhilfenahme von Tabellen am besten. Günstig ist es, Preistabellen an den Anfang zu stellen und erst danach mit Längen, Gewichten oder auch Hohlmaßen rechnen zu lassen. In erweiterter Form können solche Tabellen im vierten Schuljahr beim Lösen einfacher Schlußrechnungen erneut zum Einsatz kommen. Die zusätzliche Verwendung von Operatorpfeilen verschafft den Schülern Einblick in das Beziehungsgefüge zwischen den einzelnen Tabellenzeilen bzw. Tabellenspalten. Auf diese Weise könnte es gelingen, das Verständnis für die Dreisatzaufgaben des siebten Schuljahrs schon jetzt etwas anzubahnen.

Beispiel 1

Im Sonderangebot werden Dosengetränke zu je 45 Pf angeboten. Sabine kauft 4, Manuel 6 Dosen.

Frage: Wieviel müssen die beiden Kinder jeweils bezahlen?

Rechnung:

Dosen	Preis
1	0,45 DM
4	1,80 DM
6	2,70 DM

· 4 · 6 (von 1 nach 4 bzw. 6, in beiden Spalten)

Antwort: Sabine muß 1,80 DM, Manuel 2,70 DM bezahlen.

Beispiel 2

Im Schlußverkauf wurden an einem Sondertisch Herrenhemden zum Einheitspreis günstig angeboten. Herr Ritter kaufte 5 Stück und bezahlte dafür 65 DM.

Frage: Wie teuer war ein Hemd?

Rechnung:

: 5

Hemden	5	1
Preis	65 DM	13 DM

: 5

Antwort: Ein Hemd kostete 13 DM.

Beispiel 3

Beim Aufbauen seiner Modelleisenbahn steckt Frank 7 Gleisstücke aneinander. Er erhält eine 1,40 m lange Gleisstrecke.

Frage: Wie lang wird ein Gleis aus 5 aneinandergesteckten Gleisstücken?

Rechnung:

	Gleisstück	Länge	
: 7	7	140 cm	: 7
· 5	1	20 cm	· 5
	5	100 cm	

Antwort: Das Gleis wird 1 m lang.

Beispiel 4

1 Becher enthält 125 g Joghurt.

Frage: Wieviel Joghurt enthalten 2, 4, 8 Becher?

Rechnung:

	Becher	Gewicht	
· 2	1	125 g	· 2
· 2	2	250 g	· 2
· 2	4	500 g	· 2
	8	1000 g	

In 2 Bechern sind 250 g, in 4 Bechern 500 g und in 8 Bechern 1000 g Joghurt.

Beispiel 5

Ein Kleinwagen verbraucht auf 100 km nur 4 l Benzin. Berechne den Verbrauch auf 200 km, 500 km und 1000 km!

Lösung:

Entfernung	100 km	200 km	500 km	1000 km
Verbrauch	4 l	8 l	20 l	40 l

(100 km → 200 km: · 2; 100 km → 500 km: · 5; 500 km → 1000 km: · 2; 4 l → 8 l: · 2; 4 l → 20 l: · 5; 20 l → 40 l: · 2)

Kapitel 7
Kopiervorlagen

Vorbemerkung

Die Kopiervorlagen, die lediglich die Planungsarbeit der Lehrer erleichtern (Stoffverteilungspläne, Wabenpläne) sind in den jeweiligen Textkapiteln integriert.
Kopiervorlagen für Schüler-Übungsblätter oder für Spielpläne sowie die diagnostischen Aufgabenblätter zur Arithmetik sind in diesem Kapitel zusammengefaßt.
Die Blankovorlagen bieten Unterstützung zur leichten Erstellung von Spielplänen oder von Übungsaufgaben in beliebter Anordnung. Die zunehmende Automatisierung der Rechentechnik in den erweiterten Zahlenräumen bis 1000 im dritten Schuljahr, bis zu 1 Million im vierten Schuljahr erfordern auch mehrfache Durchgänge desselben Aufgabenblattes. Wenn ein Kind jedesmal die Zeit stoppt, die es für ein Aufgabenblatt braucht, erlebt es, daß seine Leistungsfähigkeit zunimmt. Die benötigte Arbeitszeit sollte deshalb manchmal auf dem Blatt notiert werden, nicht zum Vergleich mit Klassenkameraden, sondern zum Vergleich mit früheren eigenen Bearbeitungszeiten.

Leistungssteigerung

In Übungsphasen sollte bewegliches Rechnen angestrebt und gefestigt werden. Dazu gehören insbesondere die Beherrschung wichtiger Ableitungsstrategien wie der Rückgriff auf *Stützaufgaben* (Kernaufgaben), der Übergang zu deren *Nachbaraufgaben*, die Anwendung von *Tausch- und Umkehraufgaben*, Verdoppeln bzw. Halbieren als Basisstrategien u. dgl. m. Effekte des „Päckchenrechnens“, bei dem die Aufgaben gezielt variiert werden, sind durchaus erwünscht: Die Kinder erkennen *Beziehungen* zwischen den Aufgaben und benutzen diese. Sollten die Kinder dabei das Gefühl haben, besonders „raffiniert“ zu rechnen, so ist dies lernpsychologisch günstig. Erfolgs*erlebnisse* verbessern die Erfolgs*zuversicht* und das *Selbstvertrauen*.

Rechenvorteile

Die Zusammenstellung aller Kopiervorlagen ist dem Inhaltsverzeichnis angeschlossen.

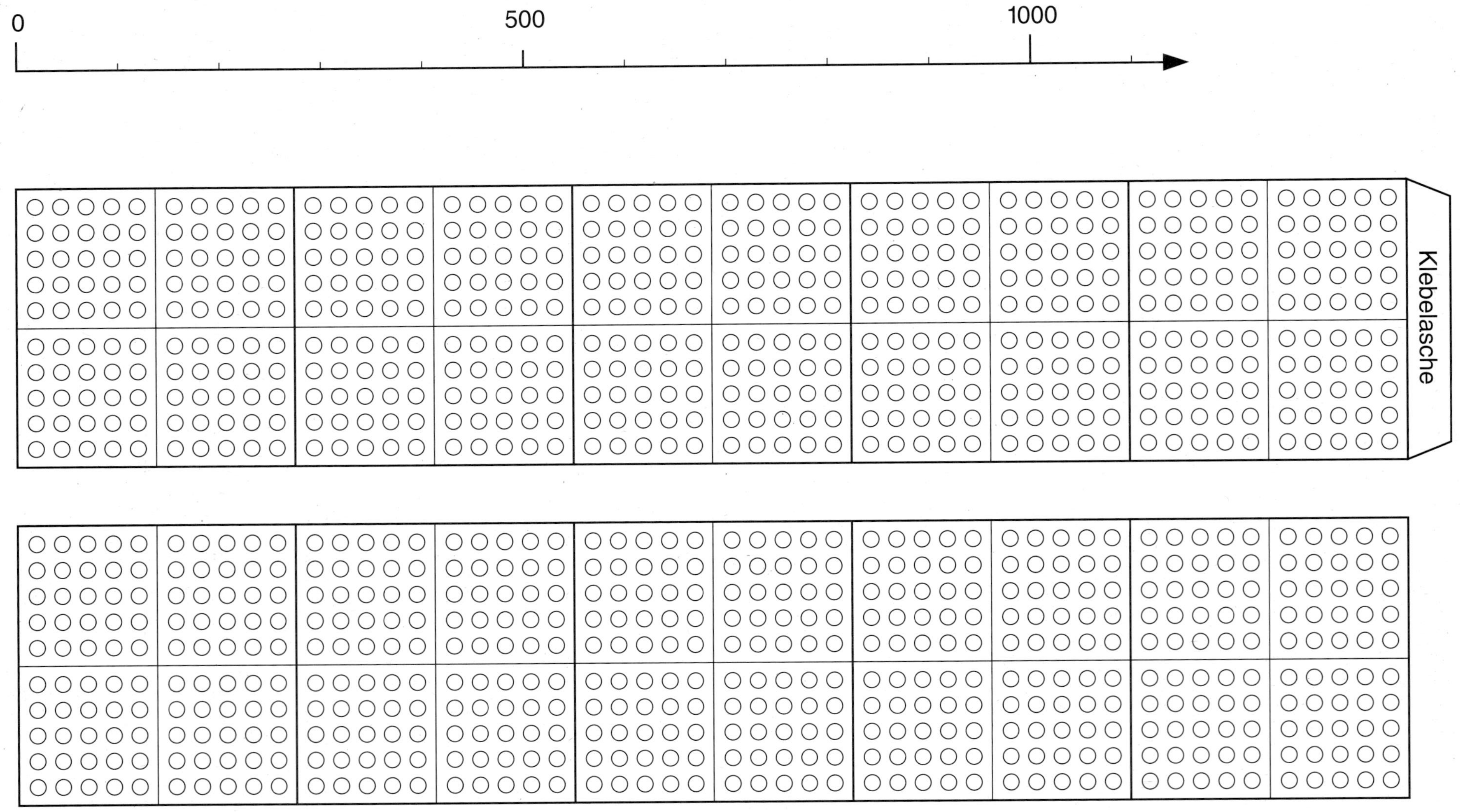
0
500
1000
Klebelasche

Name ______________________ Klasse ____ Datum ________ 6

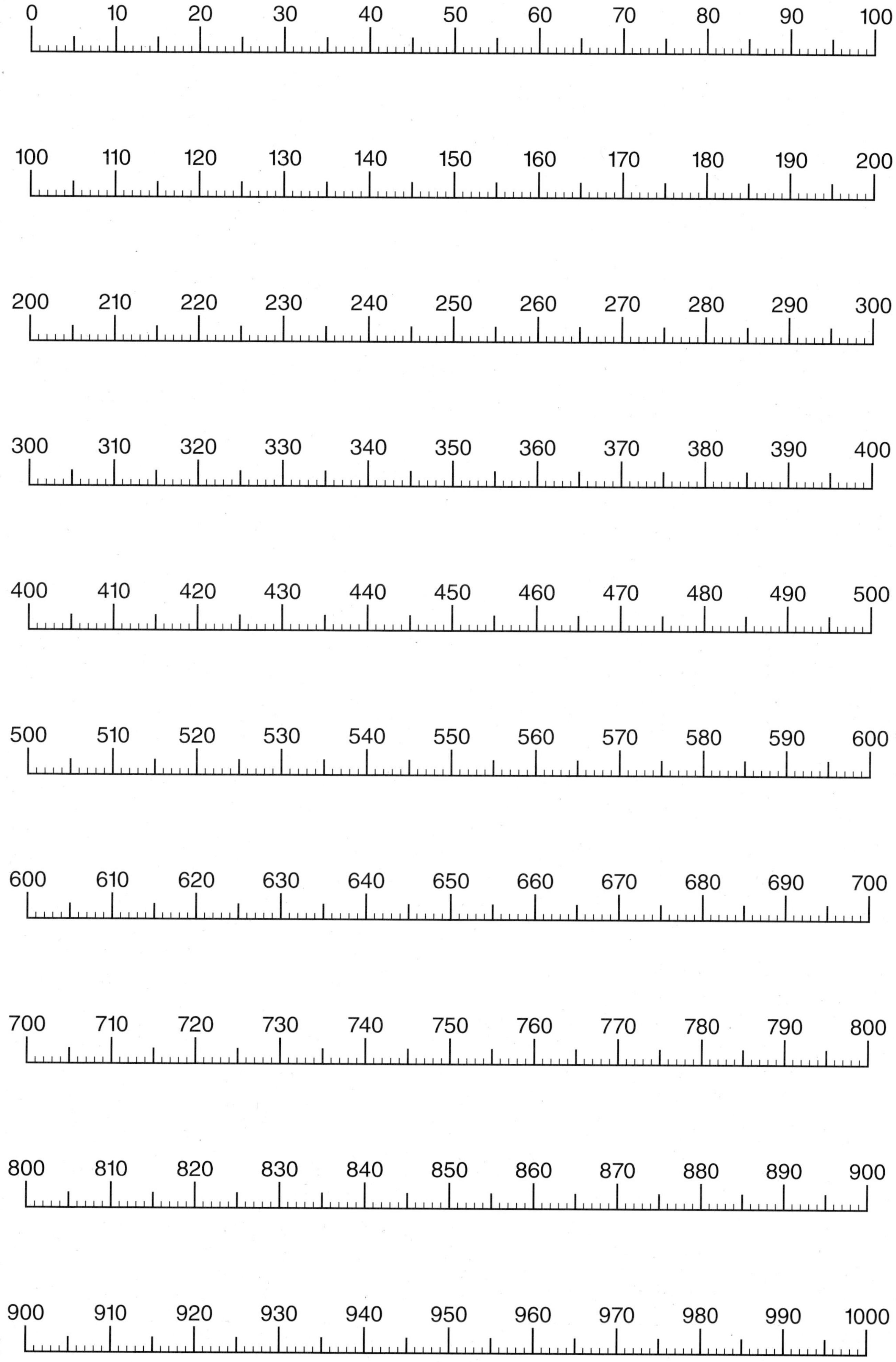

Name ______________________ Klasse ____ Datum ________

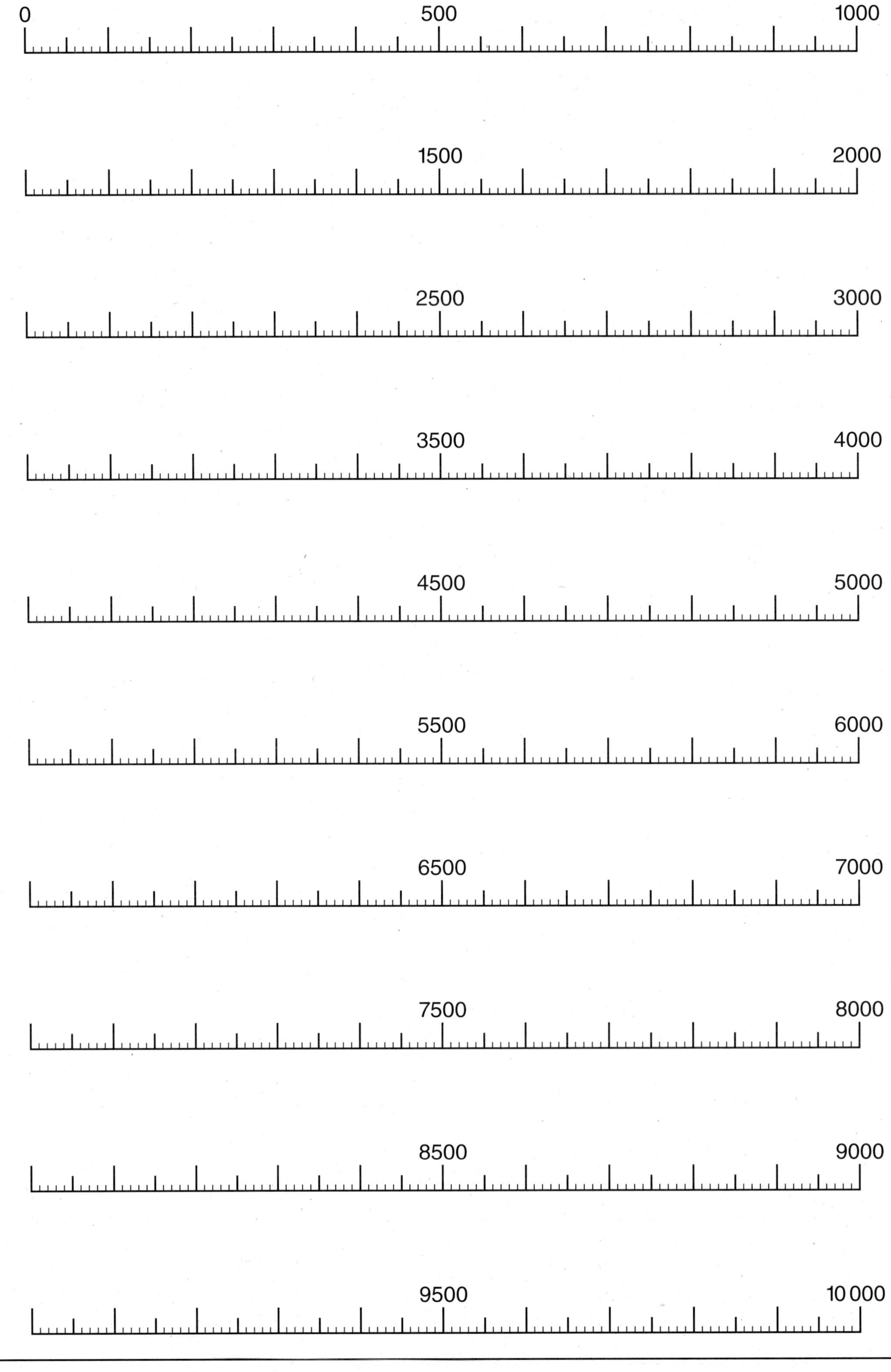

Name ______________________ Klasse ____ Datum ________

1. Verdoppele die Zahlen

100	105	110	140	145	150	151	155
200							

160	163	165	167	190	195	197	199

200	210	310	410	510	505	500	499

400	395	405	401	406	409	460	470

2. Halbiere die Zahlen

100	140	150	200	190	210	204	208
50							

220	240	250	260	270	280	290	300

310	312	318	320	324	424	524	624

724	824	924	1000	990	980	900	700

3. Zerlege in zwei gleich große Zahlen (z. B. 284 = 142 + 142)

200 = ☐ + ☐	500 = ☐ + ☐	1000 = ☐ + ☐
240 = ☐ + ☐	520 = ☐ + ☐	980 = ☐ + ☐
250 = ☐ + ☐	510 = ☐ + ☐	990 = ☐ + ☐
280 = ☐ + ☐	550 = ☐ + ☐	650 = ☐ + ☐
290 = ☐ + ☐	560 = ☐ + ☐	460 = ☐ + ☐

A1 Name ____________ Klasse ____ Datum ________

Nr.	Aufgabe
1	32 + 46
2	423 + 73
3	276 + 202
4	905 + 64
5	70 + 528
6	54 + 27
7	825 + 48
8	663 + 245
9	450 + 90
10	26 + 409
11	24 + 94
12	384 + 95
13	407 + 203
14	704 + 8
15	53 + 107
16	488 + 277
17	138 + 93
18	485 + 315
19	693 + 9
20	24 + 876
21	496 + 496
22	756 + 97
23	98 + 45
24	98 + 7
25	918 + 91

1

	5	0	7	4	0	1
+	3	1	2	4	8	0

2

	2	6	7	4	5
+		9	6	0	8

3

	9	8	5	3	3
+		4	9	0	7

4

	2	7	1	0	0	0
+			1	2	0	0
+			1	2	5	0

5

	9	6	4	4	2
+		5	2	9	4
+				9	8

6

	9	3	6	5	8
+	9	6	6	9	7
+	7	9	6	0	9

7

	6	4	0	0	0	0
+		4	3	0	0	0
+				1	0	0
+				2	1	0
+		1	4	6	2	6

8

	6	3	3	9	9
+		4	8	9	9
+	5	5	5	6	6
+	8	4	5	2	4
+			7	3	5

9

			6	2
+	5	1	3	5
+	5	1	4	7
+	8	7	7	4
+		8	8	6

1: 45 − 32	2: 608 − 203	3: 958 − 104	4: 496 − 136
5: 479 − 27	6: 309 − 4	7: 867 − 40	8: 687 − 82
9: 72 − 49	10: 704 − 262	11: 773 − 407	12: 365 − 258
13: 849 − 62	14: 690 − 23	15: 657 − 8	16: 295 − 87
17: 821 − 788	18: 900 − 439	19: 506 − 207	20: 853 − 459
21: 613 − 25	22: 604 − 8	23: 703 − 97	24: 994 − 98
25: 593 − 739	26: 1000 − 694	27: 43 − 102	28: 951 − 67

1

	68454
−	432

2

	8078
−	4002

3

	86336
−	6322

4

	98731
−	95393

5

	38170
−	706

6

	870402
−	810602

7

	183293
−	4937

8

	97704
−	86708

9

	405586
−	6777

10

	77666
−	44999

11

	310000
−	964

12

	96900
−	25998

13

	23426
−	23762

14

	7668
−	43945

15

	55111
−	22999

1

12 · 4

2

230 · 3

3

101 · 7

4

621 · 4

5

802 · 3

6

710 · 9

7

35 · 5

8

7005 · 4

9

751 · 8

10

469 · 4

11

9067 · 3

12

8850 · 6

13

3977 · 5

14

19400 · 5

15

7858 · 7

1 23 · 12

2 230 · 13

3 213 · 30

4 913 · 23

5 702 · 41

6 802 · 40

7 219 · 32

8 807 · 34

9 260 · 40

10 644 · 332

11 546 · 52

12 268 · 501

13 4897 · 534

14 605 · 402

15 6335 · 340

16 3 · 214

17 225 · 400

18 750 · 400

1 | 312 · 124

2 | 90 · 81

3 | 711 · 60

4 | 475 · 533

5 | 9067 · 704

6 | 745 · 80

7 | 7548 · 79

8 | 9880 · 675

9 | 39680 · 809

10 | 8 · 647

11 | 60 · 3121

12 | 750 · 800

1

8 2 6 : 2 =

2

3 9 0 0 : 3 =

3

9 2 8 4 : 4 =

4

8 5 0 5 0 : 5 =

5

1 3 1 1 6 : 2 =

6

1 8 1 2 0 : 2 =

7

3 2 9 4 : 4 =

8

4 2 5 3 : 5 =

1

6396 : 3 =

2

8040 : 2 =

3

32884 : 4 =

4

5670 : 7 =

5

62811 : 9 =

6

8056 : 8 =

7

5218 : 6 =

8

32203 : 7 =

D3 Name ____________ Klasse ____ Datum ________ 18

1

4532 : 11 =

2

2559 : 12 =

3

2060 : 20 =

4

42035 : 14 =

5

63150 : 15 =

6

21448 : 16 =

7

123660 : 18 =

8

13275 : 17 =

Name ______________________ Klasse ____ Datum ________

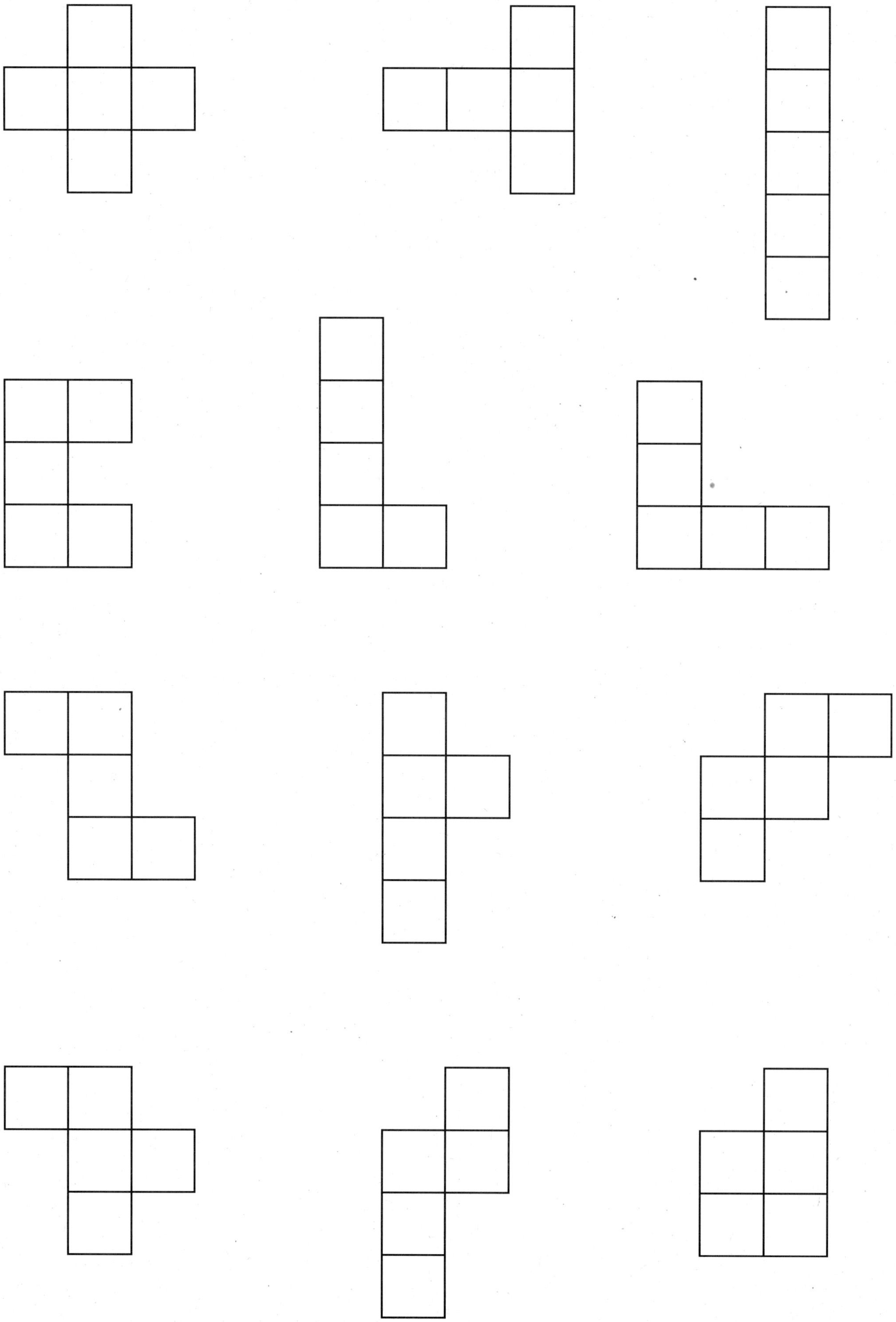

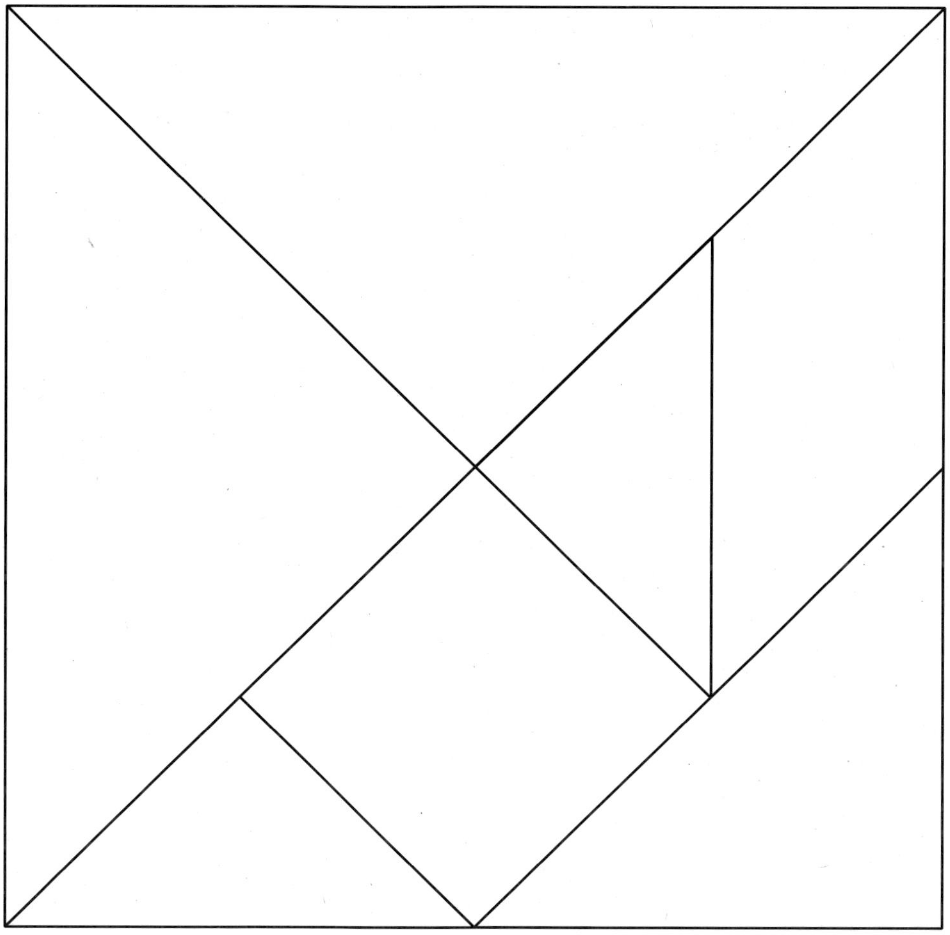

Tangram zu den
Kopiervorlagen 21/22

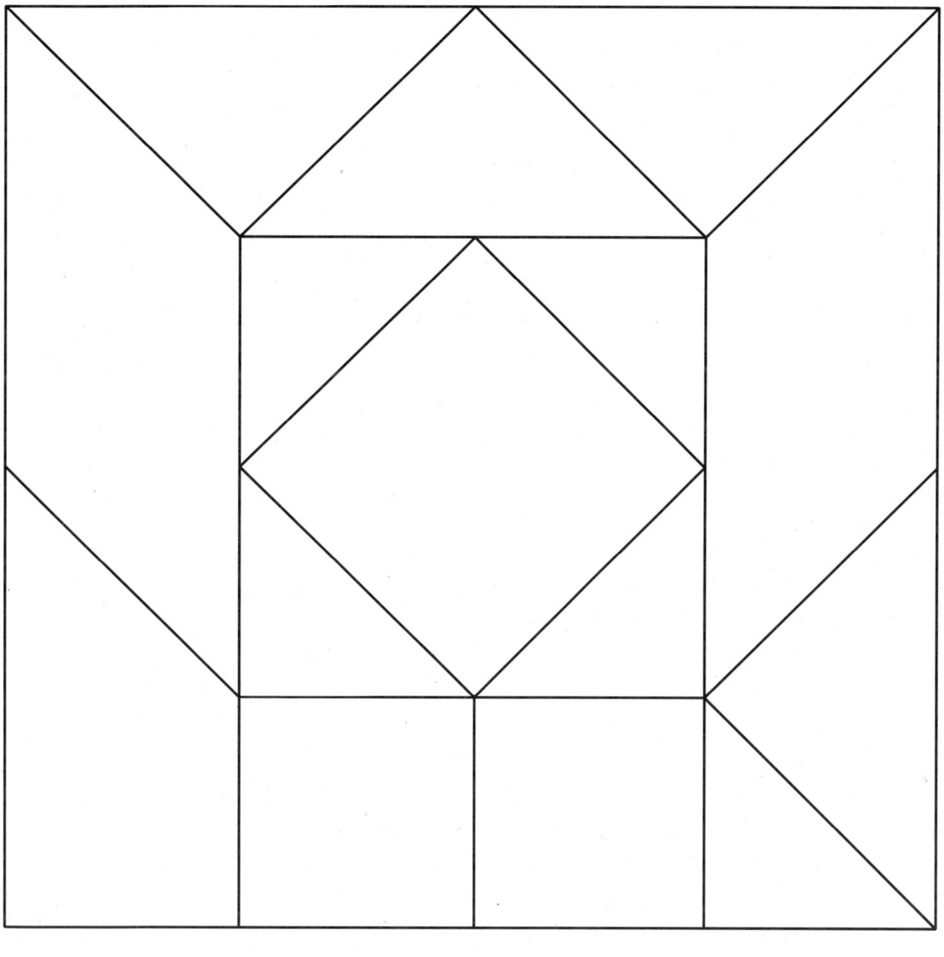

Beispiele zum Legen
und Beschriften
siehe Kopiervorlage 23

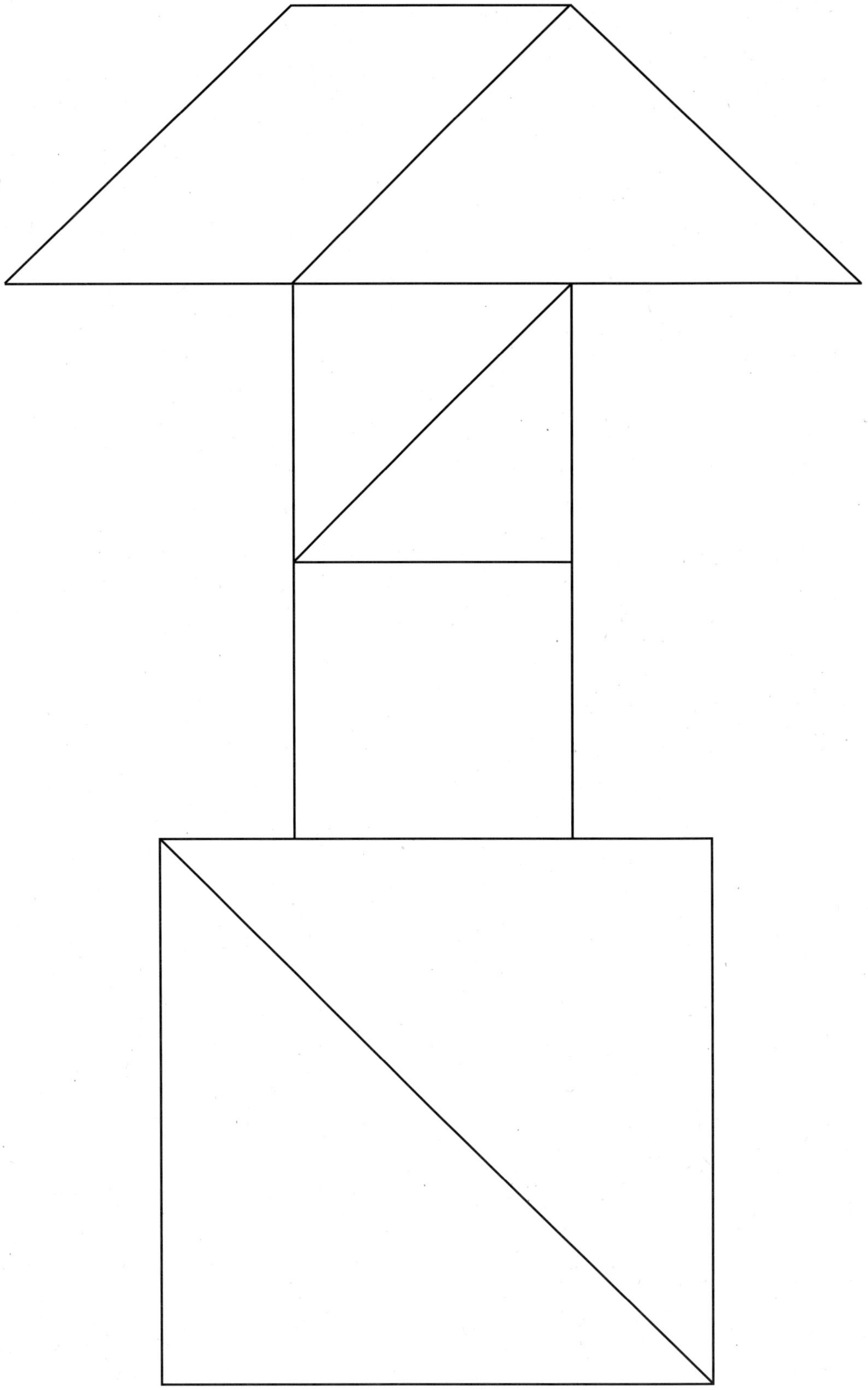

Kreuz-Zahl-Rätsel 1

	A	B	C	D	E	F	G	H	J	K
1										
2										
3										
4										
5										
6										
7										
8										
9										
10										

waagrecht

1 3 · 8 / 15 : 5 / 49 : 7 / 258 + 198
2 975 – 294 / 8 · 8 / 396 + 345
3 509 – 167 / 12 : 6 / 8 · 4
4 6 · 6 / 9 · 9 / 5 · 7
5 747 – 152 / 16 : 4 / 8 · 5 / 48 : 6
6 7 · 3 / 384 + 381 / 63 : 9
7 6 · 4 / 2 · 3 / 18 : 9 / 294 + 575
8 3 · 8 / 973 – 418 / 483 + 222
9 36 : 4 / 9 · 8 / 885 – 207
10 176 + 154 / 3 · 9 / 5 · 3

senkrecht

A 12 : 6 / 9 · 3 / 254 + 208 / 20 : 5
B 28 : 4 / 431 – 124 / 9 · 6 / 8 · 0
C 54 : 9 / 821 – 564 / 7 · 5
D 1000 – 476 / 8 · 8 / 7 · 3
E 15 : 3 / 63 + 28 / 645 – 263 / 50 : 10
F 7 : 7 / 467 + 392 / 7 · 5
G 48 : 8 / 20 : 10 / 12 : 4 / 483 + 282
H 827 – 358 / 9 · 7 / 166 + 307
J 30 : 6 / 841 – 571 / 924 – 496
K 812 – 164 / 6 · 3 / 100 – 29

Name ____________ Klasse ____ Datum ________

KREUZ-ZAHL-RÄTSEL 2

	A	B	C	D	E	F	G	H	J	K
1										
2										
3										
4										
5					9	7	2	8		
6										
7										
8										
9										
10				5	6	0	7			
11							6			
12										
13										
14										
15										
16										
17										
18										
19		4	1	5	8					
20										
21										
22										

A B C D E F G H J K

waagrecht

1 765 · 583 / 784 – 389 ....(1)
2 18 · 9 / 187 – 164 / 7317 : 9 ....(2)
3 259384 + 36744 / 997 – 839 ....(1)
4 16 : 4 / 555 + 282 / 1449 : 7 ....(3)
5 1216 · 8 / 36 : 6 / 1045 – 587 ....(2)
6 9672 : 4 / 7 · 7 / 1383 – 1287 ....(2)
7 76 + 78 / 2 · 4 / 262 · 16 ....(2)
8 12 · 12 / 75791 – 12587 ....(2)
9 26 · 7 / 358163 + 259096 ....(1)
10 9423 – 3816 / 742 : 14 / 16 : 16 ....(3)
11 5819 + 566 / 4399 · 6 ....(1)
12 5 · 5 / 101 – 99 / 9 · 0 / 3762 : 19 ...(3)
13 58 + 26 / 1489 · 438 ....(2)
14 42 : 7 / 356 – 279 / 38 · 7 / 36 : 9 ..(3)
15 1574893 + 1165742 / 27 : 3 ....(2)
16 872 – 548 / 9 · 9 / 3872 : 11 ....(2)
17 761 – 585 / 1357 · 254 ....(1)
18 25079 + 16803 / 100 : 20 / 4 · 8 ....(2)
19 154 · 27 / 15186 : 6 ....(2)
20 8 · 9 / 1704 : 6 / 523 – 308 ....(2)
21 6666 – 2208 / 41 · 10 / 63 : 9 ....(2)
22 720 : 16 / 188 + 58 / 18 : 9 / 72 : 8 .(3)

senkrecht

A 556569 : 13 / 816 + 5705 / 727 – 453 / 4893 · 986 ....(3)
B 7 · 8 / 2514 : 6 / 608 · 187 / 150 : 30 / 38914 + 678334 ....(4)
C 7816 + 45812 / 12 · 12 / 1176 : 8 / 54 : 9 / 91179 – 52605 ....(5)
D 200 – 190 / 3 · 3 / 657 · 387 / 96 : 8 / 13515 : 5 / 13 + 32 ....(5)
E 5810681 + 721139 / 42259 · 216 / 95710 – 39289 ....(3)
F 81 : 9 / 1240 – 672 / 69 · 10 / 5 : 5 / 426 : 6 / 8572 · 684 ....(5)
G 91308 – 43054 / 10 : 5 / 14 : 7 / 59871 + 22972 / 30 : 6 / 988 : 13 .(7)
H 11 · 11 / 546 : 13 / 2149 + 1476 / 612 – 474 / 6 · 5 / 48 : 16 ....(6)
J 4709 + 4548 / 5933 – 2179 / 1074 · 457 / 608489 : 7 ....(3)
K 95814 – 26572 / 4629064 + 222222 / 269 · 2 / 41968 : 8 ....(3)

KREUZ-ZAHL-RÄTSEL 3

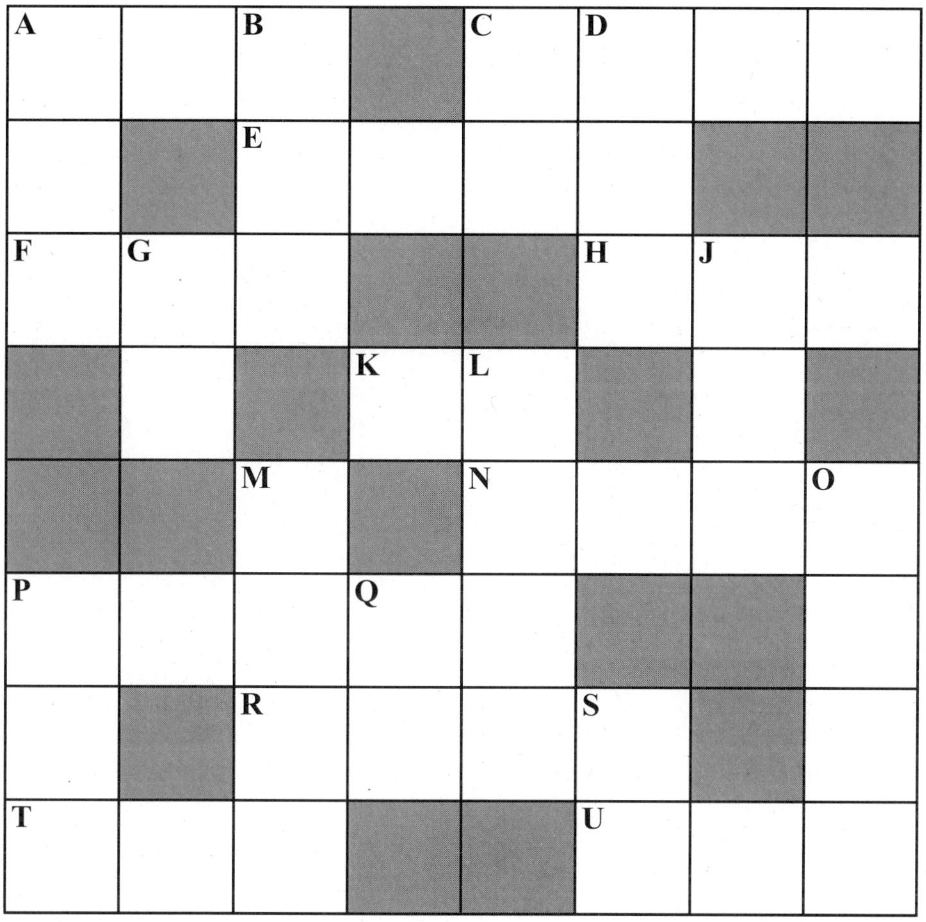

Ermittle die durch 9 teilbaren Zahlen!
Dividiere sie durch 9 und trage die Ergebnisse in die entsprechenden Kästchen ein.
Denke daran: <u>In jedes Kästchen kommt immer nur eine Ziffer!</u>

waagrecht

A	936	oder	935
C	18928	oder	18927
E	28124	oder	28125
F	7776	oder	7777
H	7498	oder	7497
K	667	oder	666
N	73863	oder	73864
P	453141	oder	153140
R	38808	oder	38719
T	5580	oder	5579
U	962	oder	972

senkrecht

A	1421	oder	1422
B	3906	oder	3905
C	199	oder	198
D	1422	oder	1421
G	613	oder	612
J	3150	oder	3149
L	44019	oder	44018
M	57060	oder	57059
O	69731	oder	69732
P	4825	oder	4824
Q	387	oder	386
S	190	oder	189

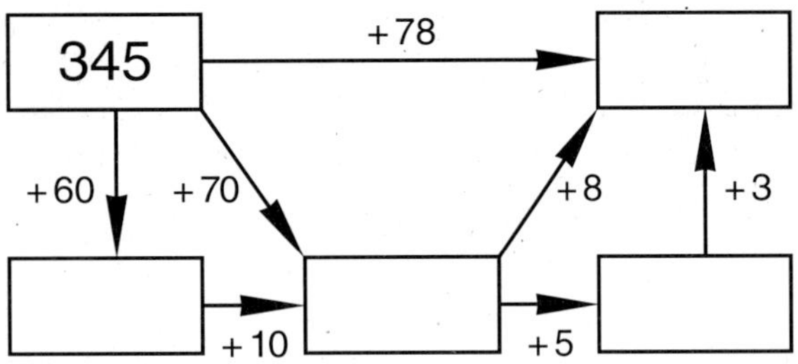
345
+78
+60
+70
+8
+3
+10
+5

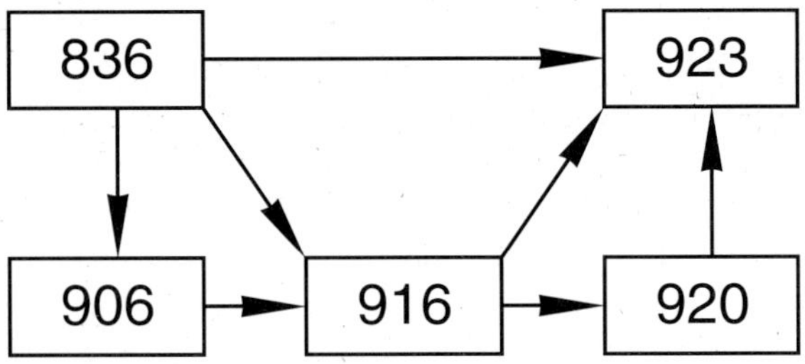
836
923
906
916
920

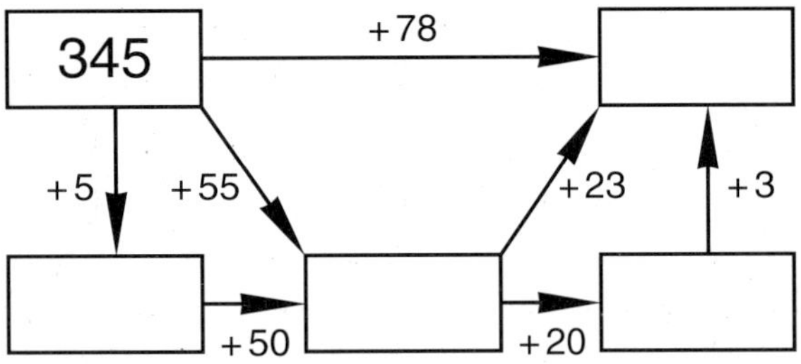
345
+78
+5
+55
+23
+3
+50
+20

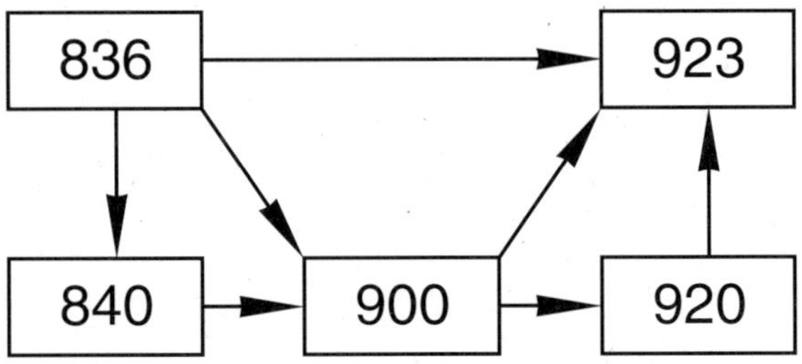
836
923
840
900
920

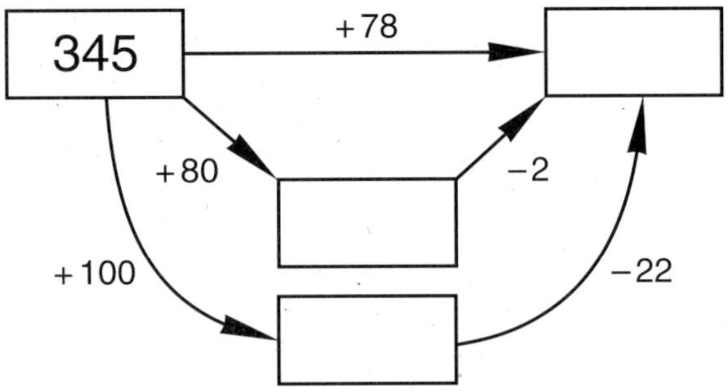
345
+78
+80
−2
+100
−22

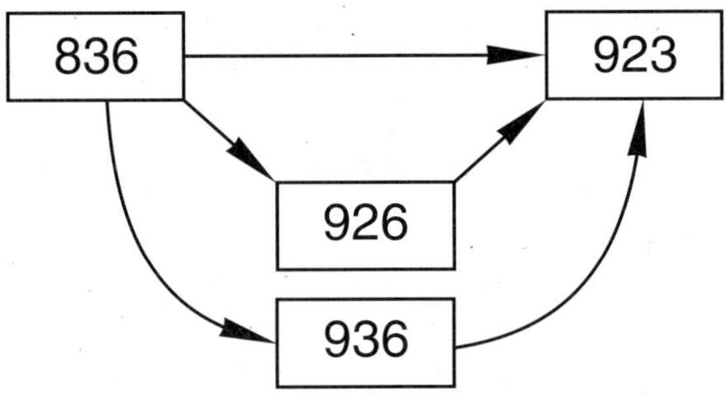
836
923
926
936

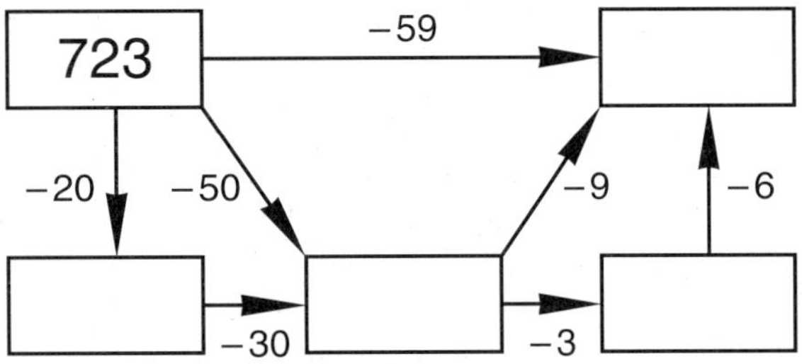
723
−59
−20
−50
−9
−6
−30
−3

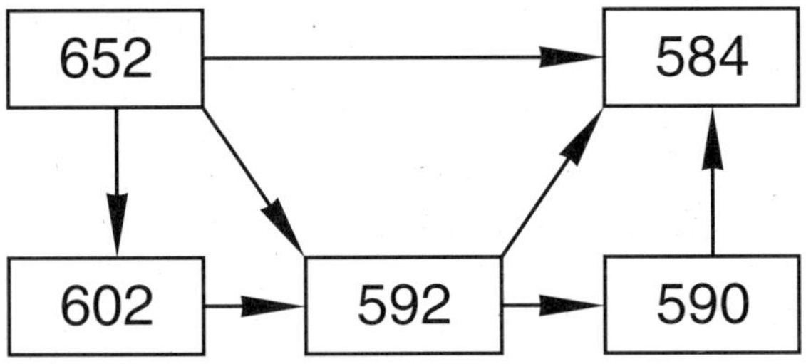
652
584
602
592
590

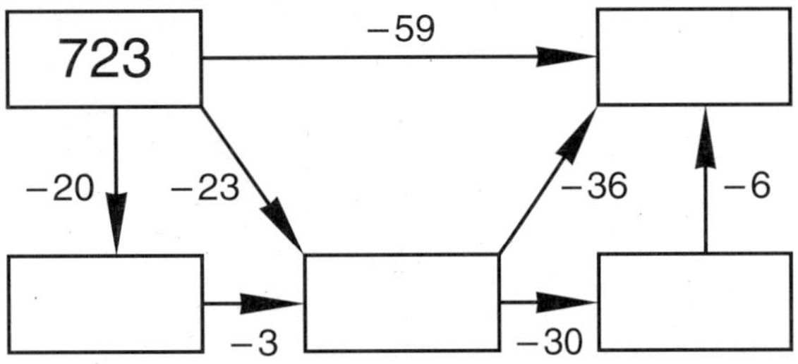
723
−59
−20
−23
−36
−6
−3
−30

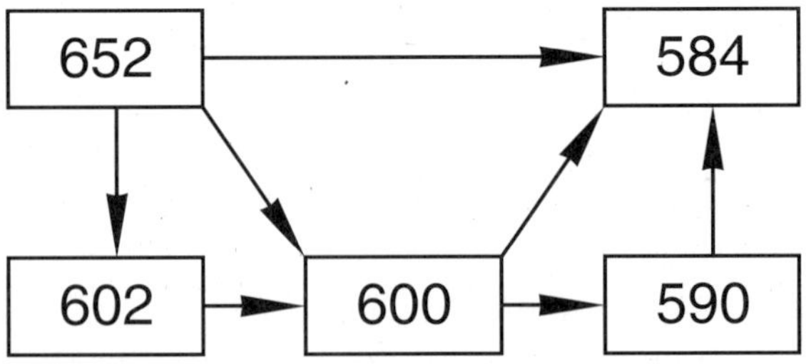
652
584
602
600
590

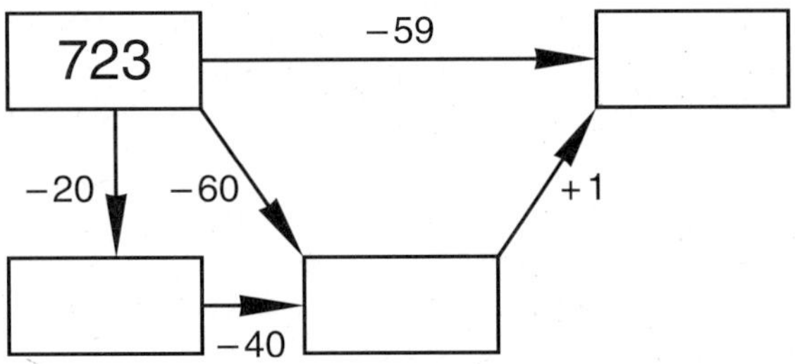
723
−59
−20
−60
+1
−40

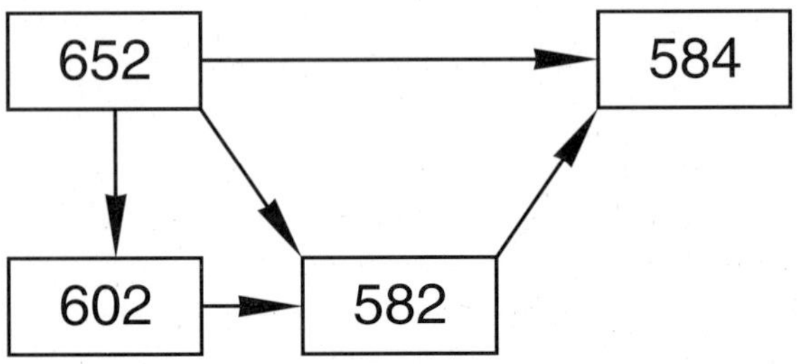
652
584
602
582

Name ____________________ Klasse ____ Datum ________

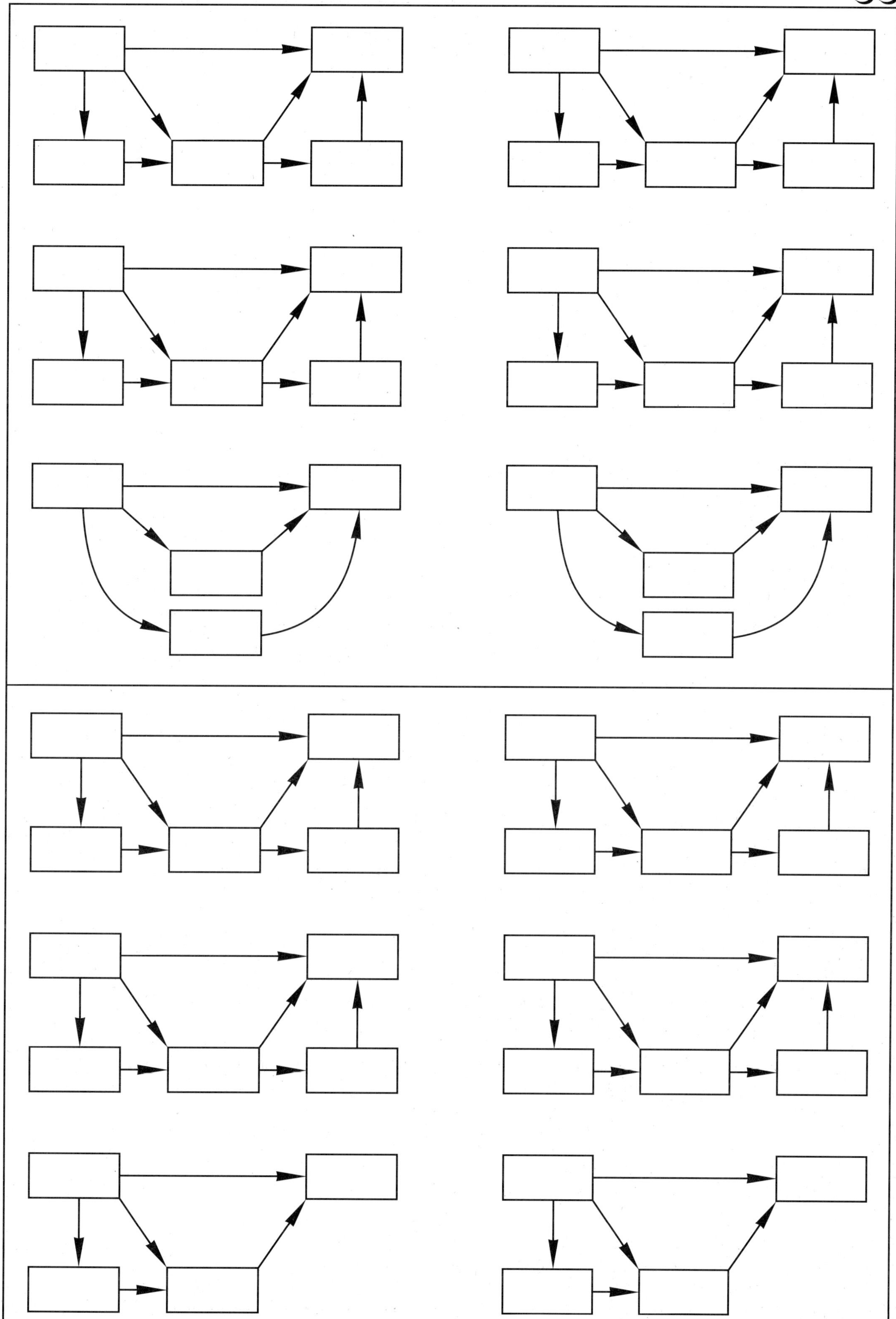

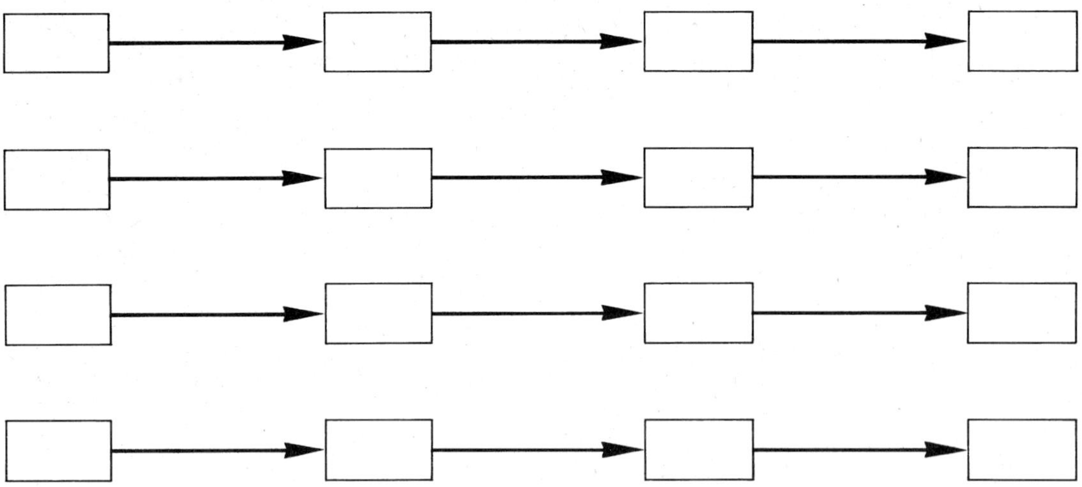

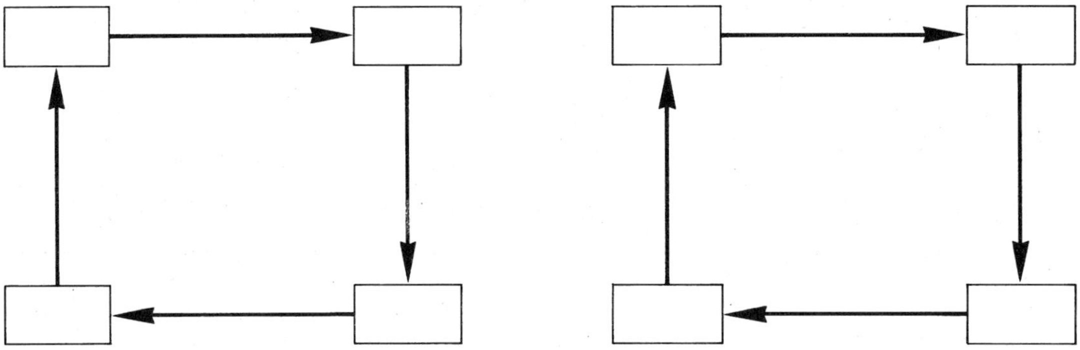

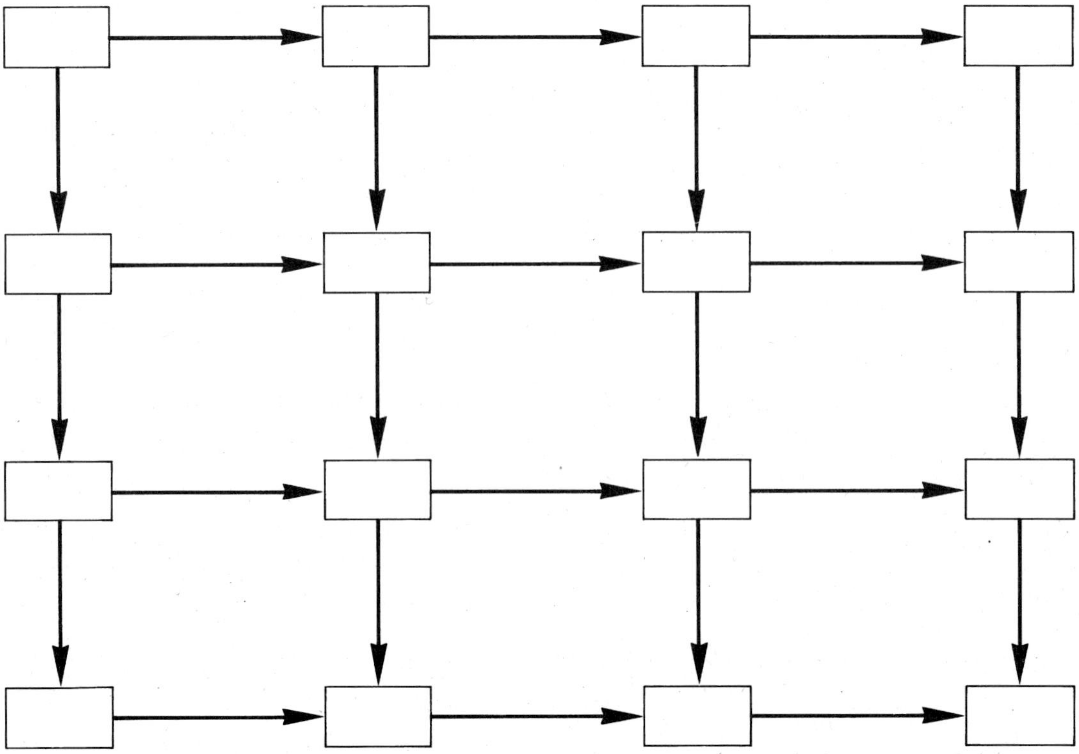

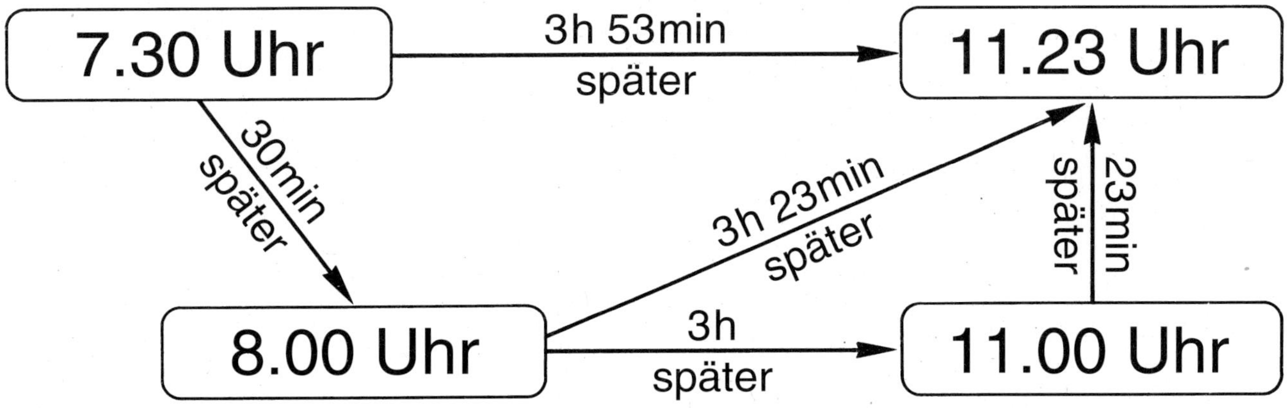
7.30 Uhr
3h 53min später
11.23 Uhr
30min später
3h 23min später
23min später
8.00 Uhr
3h später
11.00 Uhr

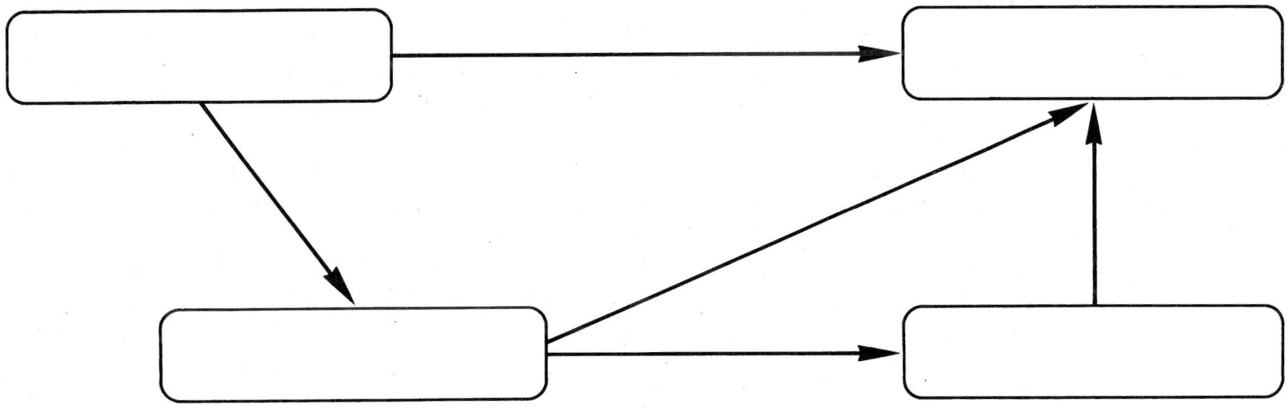

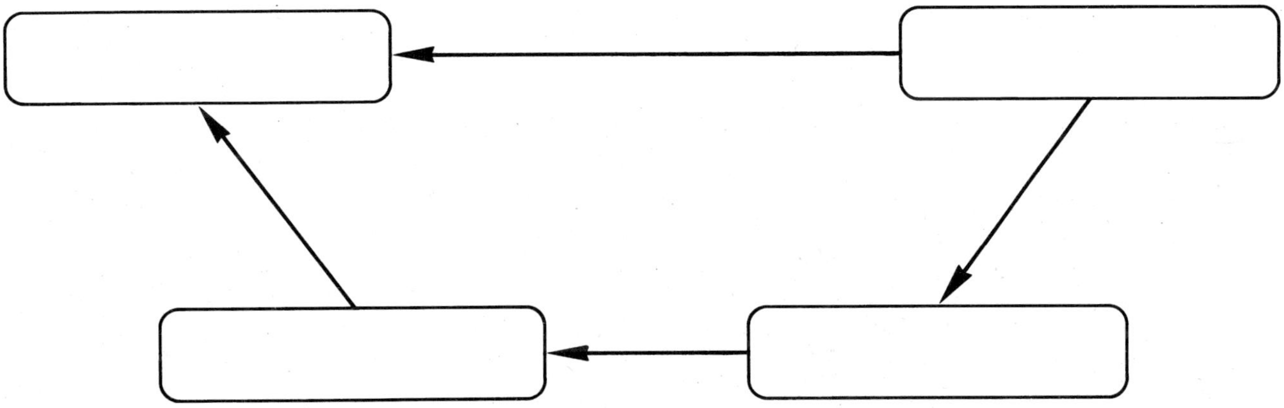

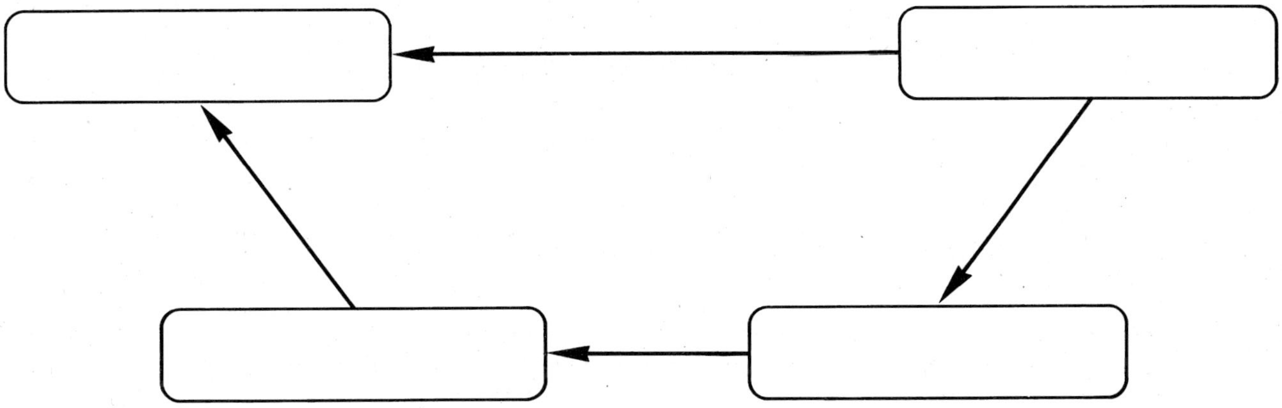

Kapitel 8
Der Bildungsplan von Baden-Württemberg 1994

8.1 Vorbemerkung

Der neue „Bildungsplan für die Grundschule“ (BP, 1994) wurde im Amtsblatt des Ministeriums für Kultus und Sport Baden-Württemberg „Kultus und Unterricht“ als Lehrplanheft 1/1994 im Frühjahr 1994 veröffentlicht. Dieses Lehrplanheft erschien in der Reihe A Nr. VII beim Neckar-Verlag in Villingen-Schwenningen und kann dort auch bezogen werden.

Da der Bildungsplan den Bezugsrahmen des Mathematikunterrichts bestimmt, wird im folgenden Kapitel der Lehrplantext für das Fach Mathematik des dritten und vierten Schuljahres wiedergegeben, der im „Jahrgangsplan Klasse 3“ auf den Seiten 145 bis 149 und im „Jahrgangsplan Klasse 4“ auf den Seiten 202 bis 205 zu finden ist (BP, 1994). Der Lehrplantext wurde zur Gewinnung größerer Übersichtlichkeit mit einer durchgängigen Dezimalklassifikation versehen, gleichzeitig wurden Druckfehler eliminiert. Kleine erläuternde Zusätze ergänzen an einigen wenigen Stellen den amtlichen Text; diese Zusätze sind in eckige Klammern [ ] gesetzt, um sie vom Lehrplantext deutlich abzusetzen. Um die nicht verbindlichen, methodischen Hinweise (rechte Lehrplanspalte) auch optisch von den verbindlichen Inhalten (linke Spalte) zu unterscheiden, wurde die Hinweisspalte *kursiv* gesetzt.

Jedem Jahrgangsplan sind „fächerverbindende Themen“ vorangestellt. Vier dieser Themen für das dritte und vierte Schuljahr wurden in Kapitel 5 von der Mathematik aus planerisch erschlossen. Der Vollständigkeit halber sind im folgenden jedoch alle 10 fächerverbindenden Themen für diese beiden Schuljahre aus den Jahrgangsplänen 3 und 4 übernommen. Auch hier ist zur deutlicheren Unterscheidung die rechte Hinweisspalte *kursiv* gesetzt.

Im amtlichen Text werden die folgenden Abkürzungen verwendet.

ARB	Arbeitsbereich
BK	Bildende Kunst
D	Deutsch
ELB	Erfahrungs- und Lernbereich
evR	Evangelische Religionslehre
HuS	Heimat- und Sachunterricht
kR	Katholische Religionslehre
LPE	Lehrplaneinheit
M	Mathematik
Mu	Musik
Sp	Sport
SPB	Sportbereich
TW	Textiles Werken

→ Querverweise

➢ Verweise auf fächerverbindende Themen

8.2 Fächerverbindende Themen – Klasse 3

Thema 1: Bewegungslandschaften bauen und gestalten

Zielsetzung

Bewegungslandschaften schaffen Lerngelegenheiten, durch die Selbsttätigkeit und Selbständigkeit gefördert werden. Sie bieten Möglichkeiten, Unterricht als Projekt gemeinsam zu planen und zu gestalten. Die Kinder nehmen Bewegungsräume in ihrer Lebenswelt wahr, gestalten diese nach und finden neue, phantasievolle Bewegungsmöglichkeiten. Im modellhaften Nachbauen von Bewegungslandschaften erleben die Kinder, wie Raum und Bewegung einander bedingen.

Aspekte des Themas	*Hinweise*
Bewegungsideen finden und weiterentwickeln	*Kinder erkunden ihre Lebensräume* *Erlebnisse erzählen lassen und aufgreifen*
	Phantasievolle Bewegungsthemen anregen: Berg und Tal (hoch – tief), Mit dem Fahrzeug unterwegs, Abenteuerreise, Auf der Baustelle, Schweben und Fliegen, Die Welt des Clowns, Zauberwelt, Zirkus
Bewegungsideen bildhaft, sprachlich und szenisch darstellen	*Vielfältige Ausdrucksmöglichkeiten finden: Skizzen, Bilder, Pläne zeichnen* *Perspektivisches Sehen entwickeln*
	Ideen sprachlich fassen *Kreative und detaillierte Texte schreiben* *Szenen entwerfen, darstellen und auswerten*
Bewegungslandschaften konstruieren, bauen, verändern und sichern	*Geräte und Materialien auswählen und mit ihnen (Bewegungs-)Räume gestalten* *Geräte sachgerecht und phantasievoll kombinieren und aufbauen*
Bewegungslandschaften als Bewegungsräume erschließen	*Geräte zweckentfremden und dadurch neue Bewegungsmöglichkeiten entdecken* *Bewegungslandschaften im Spiel vielfältig ausdeuten*
	Den Geräteaufbau kontrollieren und für Sicherheit sorgen
	Bewegungsabläufe wiederholen, üben und stabilisieren *Die Abfolge von Parcoursstationen erproben*
	Bewegungsempfindungen sprachlich und bildlich ausgestalten
Bewegungsmöglichkeiten in Bewegungslandschaften ausgestalten und vorführen	*Gegenseitiges Vorführen der gefundenen Möglichkeiten* *Sich selbst über Bewegungen darstellen* *Vorschläge anderer aufnehmen und erweitern*

Lehrplanbezüge

Deutsch	ARB 1:	Miteinander sprechen
	ARB 4:	Schreiben: Texte schreiben
Bildende Kunst	ARB 3:	Körper/Raum
Sport	ELB 1:	Spielen – Spiel
	ELB 2:	Sich bewegen mit und ohne Gerät
	ELB 3:	Sich bewegen an Großgeräten

Thema 2: Räderfahrzeuge bauen

Zielsetzung

Die Kinder gewinnen technische Grunderfahrungen durch eigenes Bauen und Erproben von Spielfahrzeugen. Der sachgerechte Umgang mit Werkzeugen, Meßgeräten, Zeichengeräten und Material wird vertieft. Altersgemäße Werkzeichnungen, Beschreibungen und Bauanleitungen werden gefertigt.

Aspekte des Themas	*Hinweise*
Die Geschichte des Rades	*Einfluß auf die Lebensgestaltung*
Entwurf und Bau eines Räderfahrzeuges nach eigener Vorstellung	*Transport von Lasten, Beweglichkeit, Schnelligkeit, Bequemlichkeit* *Experimentieren und Erproben*
Anfertigen von Fahrzeugteilen	*Radachse, Lager, Radnabe, Reifen, Fahrgestell und Karosserie* *Materialien: Kork, Styropor, Karton, Pappe, Holz*
Verschiedene Nutzfahrzeuge nach Vorgaben bauen	*Abschleppwagen, Omnibus*
Unterschiedliches Fahrverhalten untersuchen und dokumentieren	*Rollversuche auf schiefen Ebenen* *In Zeichnungen, Tabellen oder Texten dokumentieren*
Einfache Bauanleitung schreiben	

Lehrplanbezüge

Deutsch	ARB 1:	Miteinander sprechen
	ARB 4:	Schreiben: Texte schreiben
Heimat- und Sachunterricht	ARB 5:	Natur und Technik
Mathematik	ARB 3:	Größen und Sachrechnen
Sport	ELB 1:	Spielen – Spiel

Thema 3: Figurenspiel

Zielsetzung

Das Kind ist Schöpfer seiner Spielfigur, gestaltet sie, stattet sie aus, macht sie beweglich und verleiht ihr Leben. Es schafft sich mit seiner Spielfigur einen Partner, mit dem es sich identifizieren und situationsangemessen agieren und reagieren kann. Aus einfachen Szenen entwickelt sich im Zusammenspiel mit anderen Figuren eine Spielhandlung im selbstgestalteten Bühnenraum.

Aspekte des Themas	*Hinweise*
Ein einfacher Gegenstand kann zur Spielfigur werden	*Dinge in ihren Ausdrucksqualitäten wahrnehmen:* *Finger, Hände, Naturmaterialien und Alltagsgegenstände entsprechend umdeuten* *Stegreifspiele*
Eine Spielfigur entsteht	*Herstellung aus verschiedenen Materialien* *Fingerpuppe, Schattenspielfigur, Schlenkerpuppe, Stockpuppe, Handpuppe, einfache Marionette*
Eine Spielfigur „ins Spiel bringen“	*Mit den Mitteln von Ausstattung, Ausdruck, Bewegung, Stimme und Klang Figuren lebendig werden lassen*
Von der Spielidee zur Spielhandlung	*Entwickeln eines Handlungsstranges aus einer selbsterfundenen Geschichte, nach einer Textvorlage* *Geschichten mit Klängen untermalen* *Musik als Bewegungsanlaß* *Spielabsicht, Handlungsträger und Spielort vereinbaren* *Gegebenenfalls Dialoge entwickeln* *Szenen einteilen und verknüpfen*
Einen Spielplan erstellen und erproben	*Aufzeichnen der Spielversuche (Kassette, Videokamera)* *Figurenführung beurteilen und korrigieren*
Den Spielraum gestalten	*Bühne, Kulissen, Beleuchtung*

Lehrplanbezüge

Deutsch	ARB 1:	Miteinander sprechen
	ARB 2:	Lesen und Verstehen
	ARB 4:	Schreiben: Texte schreiben
Bildende Kunst	ARB 1:	Zeichnen/Grafik
	ARB 2:	Farbe
	ARB 3:	Körper/Raum
	ARB 4:	Spiel/Aktion
Textiles Werken	ARB 2:	Sticken – Nähen
	ARB 3:	Drucken
Musik	ARB 1:	Singen/Musizieren

Thema 4: Freunde haben – Freund sein

Zielsetzung

Nicht allein zu sein, eine Freundin oder einen Freund zu haben, ist für das Selbstwertgefühl und das Selbstbewußtsein der Kinder von großer Bedeutung. Sie können diese Beziehungen zu anderen als wohltuend, bereichernd, förderlich und herausfordernd, aber auch als belastend erleben und Enttäuschungen, Ablehnung, Auseinandersetzung und Streit sowie Versöhnung erfahren. Gerade diese eigenen Erfahrungen prägen den Freundschaftsbegriff, der erweitert wird durch Meinungen und Erfahrungen anderer Kinder. Dadurch wird die Fähigkeit gestärkt, Beziehungen einzugehen, sie zu erhalten, in Achtung vor dem Gegenüber zu gestalten und Konflikte zu bewältigen.

Aspekte des Themas	*Hinweise*
Eine Freundin, einen Freund haben	
Bedeutung von Freundschaft	*Hinwendung zu anderen als sinngebend und bereichernd für sich selbst und andere erfahren*
	Hilfen zur Persönlichkeitsentwicklung *Stärkung des Selbstvertrauens*
Freunde suchen Erwartungen an Freunde Verlust von Freunden – Entstehen neuer Freundschaften	*Verhältnis zu anderen empfinden und bestimmen* *Wahrnehmen leiser Signale*
Anders sein	*Probleme von Außenseitern* *Geschichten und Kinderbücher* *Äußere Veränderungen – innere Veränderung*
Ein Freund, eine Freundin sein	*Einfühlungsvermögen* *Aufeinander achten*
	Wirkung des eigenen Verhaltens auf andere *Geschichten und Kinderbücher*
Auf dem richtigen Weg sein	*Aufgaben übernehmen* *Grenzen beachten und Grenzen setzen*
	Distanz zu sich selbst bekommen *Konflikte fair austragen*
Falsche Wege gehen	*Verhaltensweisen können auf andere unterschiedlich wirken* *Verhalten kann unterschiedlich bewertet werden*
Auf den richtigen Weg zurück	*Sich besinnen, „Brücken" bauen*
finden	*Eigenes Verhalten und das der anderen reflektieren lernen, um für künftige Interaktionen Verhaltensweisen erproben zu können*
	Um Hilfe bitten *Sich helfen lassen*
Verzeihen ermöglicht einen neuen Anfang	

Lehrplanbezüge

Evangelische Religionslehre	LPE 3.3 W:	Verzeihen macht einen neuen Anfang möglich
	LPE 3.5 W:	Einander wahrnehmen – Einander helfen
Katholische Religionslehre	LPE 2:	Umkehr und Versöhnung
	LPE 8:	David wird König von Israel
Deutsch	ARB 1:	Miteinander sprechen
	ARB 2:	Lesen und Verstehen
	ARB 4:	Schreiben: Texte schreiben
Heimat- und Sachunterricht	ARB 1:	Heimat und Fremde
Sport	ELB 1:	Spielen – Spiel
	ELB 2:	Sich bewegen mit und ohne Gerät

Thema 5: Spurensuche: Unser Ort hat eine Vergangenheit

Zielsetzung

Auf Erkundungsgängen entdecken die Kinder Zeugnisse und finden Spuren, die auf die Geschichte ihres Ortes hinweisen. Geschichtliche Einzelbilder vergegenwärtigen Biographien, Ereignisse oder Zeitabschnitte, so daß die Kinder erste Einblicke in historisches Geschehen gewinnen können. Auf vielfältige Art und Weise können sie Dokumentationsformen erproben, um ihre Arbeitsergebnisse Mitschülern zu vermitteln.

Aspekte des Themas	*Hinweise*
Auf Erkundungsgängen durch den Ort historische Zeugnisse entdecken und in vielfältiger Weise dokumentieren	*Siedlungen oder Einzelbauwerke, Plätze oder Straßen, Denkmale und Gedenktafeln, Namen von Ortsteilen, Fluren und Straßen lokalisieren und aufsuchen* *Bildhafte Dokumentation (Zeichnungen, Fotos, Postkarten)* *Texte und Erläuterungen* *Bildkarten oder thematische Karten*
Vorgehensweisen absprechen	*Materialien sammeln* *In Archiven, Heimatmuseen oder Ortsbüchereien nachfragen* *Sachkundige, auch ältere Mitbürger um Informationen bitten* *Die Materialsammlungen sichten, ordnen und im Klassenzimmer zur Einsicht anbieten*
In geschichtlichen Einzelbildern Biographien, Baugeschichten oder Ereignisse klären und vertiefen	*Lehrererzählung* *Zeitbezogene, verständliche Texte lesen* *Bilder, Zeichnungen und Ortspläne interpretieren*
Dokumentation der Arbeitsergebnisse	*Anfertigen von Ortsbüchern, Sammelalben, Ausstellungstafeln, Wandzeitungen, Wandfries, Modellen* *Ausstellungen*

Lehrplanbezüge

Evangelische Religionslehre	LPE 2.8.2 P:	In der Kirche sind alle willkommen
	LPE 3.8.2 W:	Christen kommen in einer Gemeinde zusammen
Deutsch	ARB 1:	Miteinander sprechen
	ARB 2:	Lesen und Verstehen
	ARB 4:	Schreiben: Texte schreiben
Heimat- und Sachunterricht	ARB 3:	Raum und Zeit
Mathematik	ARB 2:	Geometrie
Textiles Werken	ARB 2:	Sticken – Nähen
	ARB 4:	Weben

8.3 Fächerverbindende Themen – Klasse 4

Thema 1: „Der Feuervogel", Ballett nach einem russischen Volksmärchen Musik von Igor Strawinsky

Zielsetzung

Über das Darstellende Spiel gewinnen die Kinder einen Zugang zu einem musikalischen Märchen. Das kann durch Bewegungsgestaltung, den Einsatz bildnerischer Mittel oder szenische Gestaltung geschehen. In dieser möglichst planungsoffenen, prozeßorientierten Einheit machen die Kinder vielfältige ästhetische Erfahrungen.

Aspekte des Themas	*Hinweise*
Begegnung mit Ausschnitten aus der Komposition „Der Feuervogel"	
Märchenhandlung kennenlernen	*Musik interpretieren* *Über Musik nachdenken*
Märchenhandlung weiterentwickeln	*Musik hören, ergänzen durch selbständige Klanggestaltung*
Umsetzung musikalischer Eindrücke und Wirkungen	
Mit bildnerischen Mitteln	*Malen zu Musik* *Farbdynamische Bewegungsspuren*
In Bewegung und Tanz	*Gezielte und freie Bewegungsgestaltung* *Fixierte und freie Tanzformen*
Im Darstellenden Spiel	*Entwicklung einer szenischen Folge nach eigenen Spielideen* *Charakterisierung der Figuren durch Gestik, Mimik, Bewegung*
Typisierung der Figuren durch entsprechende Ausstattung	*Kostüme, Masken, Requisiten*
Gestaltung des Bühnenraumes	*Ausgestalten von Spielfläche und Spielraum*
In Szene setzen und spielen	*Komplexere Spielaufgaben gestalten* *Eigene Spielideen umsetzen* *Phantasievolles Auftreten zweier oder mehrerer Darsteller*

Lehrplanbezüge

Deutsch	ARB 1:	Miteinander sprechen
	ARB 4:	Schreiben: Texte schreiben
Bildende Kunst	ARB 2:	Farbe
	ARB 4:	Spiel/Aktion
Textiles Werken	ARB 3:	Kombinierte textile Techniken
Musik	ARB 1:	Singen/Musizieren
	ARB 2:	Hören
Sport	SPB 2:	Sich bewegen mit und ohne Gerät

Thema 2: Menschen aus anderen Ländern leben bei uns

Zielsetzung

Indem Kinder fremde Lebensverhältnisse kennenlernen, öffnen sie sich für andere. Ängste und Vorurteile verlieren ihre Macht, dafür gewinnen Einfühlungsvermögen und Sympathie Raum und beeinflussen Denken und Handeln der Kinder positv.

Aspekte des Themas	*Hinweise*
Menschen aus anderen Ländern leben bei uns	*Sie wohnen in unserer Umgebung, arbeiten, gehen in die Schule, suchen Schutz vor Verfolgung.*
	Sie sprechen eine andere Sprache, haben eine andere Kultur, eine andere Religion; manche haben eine andere Hautfarbe.
Sich verstehen fängt mit Kennenlernen an	*Miteinander reden, voneinander erzählen, etwas unternehmen, befreundet sein*
Kinder aus anderen Ländern erzählen	*Aus ihrer Lebenswelt: Land, Tiere, Spielzeug, Kleidung, Speisen, Lieder, Geschichten, Familie, Glaube, religiöse Bräuche, Schule*
Vom Nebeneinander- zum Miteinanderleben	*Christen glauben: Trotz vieler Verschiedenheiten sind wir alle Ebenbild Gottes, Kinder Gottes, Geschwister, vgl. Gen 1,27; Röm 8,15 f.*

Lehrplanbezüge

Evangelische Religionslehre	LPE 4.5.1 P:	Voneinander lernen – Miteinander teilen
	LPE 4.5.2 W:	Frieden und Versöhnung
	LPE 4.10 P:	Muslime leben bei uns – Islam
Katholische Religionslehre	LPE 7:	Fremde Menschen – andere Religionen
Deutsch	ARB 2:	Lesen und Verstehen
Heimat- und Sachunterricht	ARB 1:	Heimat und Fremde
Textiles Werken	ARB 2:	Färben: Zeugnisse der Textilkultur
Musik	ARB 1:	Singen/Musizieren
Sport	SPB 2:	Sich bewegen mit und ohne Gerät

Thema 3: Das Feuer – Kultivierung eines Urelementes

Zielsetzung

Die Kinder lernen die vielfältigen Bedeutungen des Feuers im Leben der Menschen kennen.
Sie können erste Zusammenhänge zwischen der Nutzung des Feuers und den Lebensgewohnheiten erschließen.

Aspekte des Themas	*Hinweise*
Offene Feuer – vom Nutzen und Schaden in der heutigen Zeit	*Erfahrungen der Kinder* *Berichte von Erlebnissen* *Naturereignisse und -katastrophen* *Brandfälle*
Feuer entfachen, erhalten und löschen	*Praktische Versuche unter Beachtung von Sicherheitsmaßnahmen* *Brennbarkeitsversuche und Löschmöglichkeiten*
Wie die Urmenschen das Feuer kennen und nutzen lernten	*Vermutungen zu den Anfängen* *Auswirkungen von Naturereignissen* *Schwierigkeiten, das Feuer dauernd zu erhalten* *Entfachen von Feuer mit einfachen Mitteln (praktisches Erproben mit selbstgebauten Modellen)* *Sagen und Märchen*
Feuer – Zeichen und Symbole in verschiedenen Kulturräumen	*Gottheiten und Geister* *Osterfeuer* *Brauchtum im Jahreskreis:* *Sonnwend, Winteraustreiben, Funken, Feuerräder* *Feuerwerk*
Veränderungen der Lebensgewohnheiten durch die Nutzung des Feuers	*Einfache Erprobungen:* *Wärmen* *Nahrung zubereiten* *Metall schmelzen* *Ton brennen*
Ersatz des offenen Feuers durch andere Energiequellen in der heutigen Zeit	*Verschiedene Informationsquellen nutzen:* *Filme* *Broschüren* *Schautafeln*
Sicherheitserziehung	*Sicherheitsbewußtsein der Kinder wecken und fördern*
Schadensbekämpfung	*Aufgaben von Spezialisten (Feuerwehr) kennenlernen*

Lehrplanbezüge

Deutsch	ARB 1:	Miteinander sprechen
	ARB 2:	Lesen und Verstehen
	ARB 4:	Schreiben: Texte schreiben
Heimat- und Sachunterricht	ARB 5:	Natur und Technik

Thema 4: Schrift und Schriftkultur

Zielsetzung

In der Auseinandersetzung mit unterschiedlichen Schriften, ihrer Entstehungsgeschichte und Weiterentwicklung erfahren die Kinder deren Bedeutung und Wirkungsweise für den Menschen, für sich selbst. Sie erkennen Schriften nicht nur als Träger von Informationen, sondern auch als Ausdruck des ästhetischen Gestaltungswillens einer bestimmten Zeit und Kultur. Durch Umgehen und Nachdenken über die Schrift werden die Kinder zum schönen Schreiben motiviert.

Aspekte des Themas	*Hinweise*
Die Bedeutung der Schrift für den Menschen	*Gedachtes und Gesagtes festhalten* *Ereignisse festhalten und überliefern* *Informationen weitergeben* *Mißverständnisse ausschließen*
Die Entwicklung der Schrift	*Von der Bilderschrift zur Buchstabenschrift*
Andere Schriften und Schriftsysteme	*Blindenschrift, Schriften anderer Völker, Alte Schriften* *Zahlen und Zahlzeichen, Notenschrift*
Andere Informationsträger – früher und heute	*Rauchzeichen* *Trommeln* *Verkehrszeichen* *Flaggen*
Schreiben – früher und heute	*Ton- und Wachstafeln, Papyrus, Pergament, Papier* *Buchenstäbe* *Geräte zum Einkerben* *Federn, Tinte* *Schreibgeräte, Computer*
Die Erfindung der Buchdruckerkunst	*Einfache Druckverfahren kennenlernen und erproben*
Überlieferte Schriftzeugnisse	*Heilige Schriften:* *Thora, Bibel, Koran* *Märchen, Sagen, Legenden, Geschichten, Gedichte* *Geschichtsschreibung* *Stelen, Schriftrollen, Handschriftensammlung, handgeschriebene und gedruckte Bücher* *Elektronische Datenträger*

Schriften erfinden	*Bilderschriften, Geheimschriften*
Unverbundene und verbundene Schriften	*Druckschriften* *Schreibschriften*
Schrift als ästhetisches Gestaltungsmittel	*Gestalten mit Schrift* *Konkrete Poesie* *Gestalten von Schrift* *Phantasieschriften*
Eigene Texte schreiben	*Für sich schreiben* *Notizen, Stichworte* *Tagebuch, Gedichte, Geschichten* *An andere schreiben* *Briefe, Karten, Glückwünsche* *Für andere schreiben* *Informationen, Geschichten, Gedichte*
Normgerecht schreiben	*Entwicklung rechtschriftlicher Normen*
Schriftzeugnisse herstellen	*Zeitungen, Friese, Bücher schreiben, drucken, grafisch gestalten*

Lehrplanbezüge

Evangelische Religionslehre	LPE 4.10 P:	Muslime leben bei uns – Islam
Deutsch	ARB 2:	Lesen und Verstehen
	ARB 4:	Schreiben: Schreiben und Gestalten/ Texte schreiben
Heimat- und Sachunterricht	ARB 3:	Raum und Zeit
	ARB 6:	Medien und Konsum
Mathematik	ARB 2:	Geometrie
Bildende Kunst	ARB 1:	Zeichnen/Grafik
Musik	ARB 1:	Singen/Musizieren

Thema 5: Schöpfung als Gabe und Aufgabe

Zielsetzung

Staunend und fragend nähert sich der Mensch dem Geheimnis der Schöpfung. Durch die Begegnung mit ihren vielfältigen Aspekten können Beziehungen entstehen, die bei Kindern Verständnis und Bereitschaft fördern, mit ihr angemessen umzugehen.

Aspekte des Themas	*Hinweise*
Es gibt viel Faszinierendes in der Welt	*„Dinge", Bilder, Texte, die zum Staunen anregen, Baupläne bei Pflanze, Tier und Mensch*
Menschen fragen nach Ursprung und Herkunft	*Woher komme ich? Woher kommt die Welt?*
Entstehung der Welt	*Biblische Botschaft Gen 1,1–2,3.2,4b–8*

Die Verantwortung des Menschen für die Schöpfung	*Mensch – Mensch* *Mensch – Tier/Pflanze* *Mensch – Natur* *Mensch – Kultur/Technik*
Spannungsfeld: Gabe – Aufgabe	*Aspekte bildnerisch und musikalisch darstellen*
Beziehungen in der Schöpfung	*„Ein Baum klagt an"* *„Ein Tier lobt die Fürsorge des Menschen"* *Darstellungsform: Monolog, Streitgespräch* *Lösungsvorschläge erarbeiten*
Wahrnehmen der Schöpfung in der Natur	*Still werden, betrachten, verweilen, zur „Mitte" finden* *Vieles hat eine Mitte* *Kristalle, Blüte, Frucht* *Symbole: Kreis, Spirale, Mandala,* *Wege von außen nach innen*
Antworten des Menschen auf die Schönheit der Schöpfung	*Lied, Gedicht, Klang, Bewegung, Spiel* *Psalm 104*
Die Schöpfung bewahren	*Möglichkeiten jedes einzelnen, der Gemeinschaft/Klasse:* *Im eigenen Zimmer, Klassenzimmer* *Nisthilfe für Vögel* *Biotop-Patenschaft* *Schulgarten* *Ausstellung zum Thema Umwelt*

Lehrplanbezüge

Evangelische Religionslehre	LPE 3.1 P:	Die Welt und unser Leben – Gottes Geschenk an uns
Katholische Religionslehre	LPE 1:	Schöpfung – Gabe und Aufgabe
Heimat- und Sachunterricht	ARB 3:	Raum und Zeit
	ARB 4:	Pflanzen und Tiere
	ARB 5:	Natur und Technik

8.4 Arithmetik – Klasse 3

Arbeitsbereich 1: Arithmetik **<60>**

Der Zahlenraum bis 1000 wird anschaulich und lebensnah erarbeitet. Durch vielfältige Tätigkeiten und Darstellungen erhalten die Kinder eine klare Vorstellung von Zahlen und Größen. Das Einsundeins und das Einmaleins sind durch regelmäßiges Üben zu sichern. Variantenreiches Kopfrechnen schult die geistige Beweglichkeit. Dabei sind Nachbaraufgaben, Umkehraufgaben und Analogieaufgaben sowie geeignete Zerlegungsstrategien eine wichtige Grundlage.
Gesetzmäßigkeiten, auf denen das geschickte Rechnen beruht, werden bewußtgemacht. Die Kinder lernen, durch Überschlag und Probe Rechenvorgänge und Ergebnisse regelmäßig zu kontrollieren.

1 Zahlenraum bis 1000	
1.1 Hunderterzahlen bis 1000 Zahlenstrahl	*Tausendertafel*
1.2 Bündelungen zur Grundzahl 10 herstellen, die Ergebnisse in Stellenwerttabellen eintragen und lesen	*Steckwürfel, Mehrsystemblöcke, Spielgeld* *Bündelungen zu anderen Grundzahlen*
1.3 Zahlen lesen und schreiben	*Aufschreiben der Ziffern einer Zahl in der Reihenfolge H, Z, E* *Zahlwörter lesen und schreiben*
1.4 Vergleichen von Zahlen, Zahlbeziehungen	*Diagramme, Torspiele, Pfeilbilder*
1.4.1 Ordnen von Zahlen nach ihrer Größe	*Ist größer als, ist kleiner als*
1.4.2 Weitere Zahlbeziehungen	*Ist die Hälfte von* *Ist das Doppelte von* *Hat eine größere Einer- (Zehner-, Hunderter-)ziffer als* *Ist Fünferzahl/ist Siebenerzahl*
1.4.3 Kopfrechnen zur Erarbeitung des erweiterten Zahlenraumes	
1.4.4 Vorgänger und Nachfolger bestimmen	*Vorbereiten auf das Runden*
1.4.5 Nachbarzehner, Nachbarhunderter ermitteln	
1.4.6 Zahlenfolgen fortsetzen	
2 Addieren und Subtrahieren im Zahlenraum bis 1000	
2.1 Mündliches und halbschriftliches Rechnen	*Operatordarstellung und andere Notationsformen*
2.1.1 Bezeichnungen „Addieren", „Subtrahieren"	$360 + 225 = \square$ $[325 - 260 = \square$ $300 + 200 = 500$ $325 - 200 = 125$ $60 + 25 = 85$ $125 - 60 = 65$ $360 + 225 = 585$ $325 - 260 = 65]$
2.2 Schriftliche Addition	*Einführen mit Material:*
2.2.1 Schreib- und Sprechweise im Anhang	*Steckwürfel, Stäbe, Blöcke* *Rechengeld* *Stellenwerttafel verwenden* *Addition ohne Übertrag* *Addition mit Überträgen*
2.3 Schriftliche Subtraktion	*Einführen mit Material* *Ergänzendes Handeln betonen*
2.3.1 Schriftliche Subtraktion durch Ergänzen	*Gleichbleibende Differenz*
2.3.2 Schreib- und Sprechweise im Anhang	*Subtraktion ohne Übertrag* *Subtraktion mit Überträgen* *Mögliche Vorform, Sprechweise: Von 8 bis 14 fehlen 6, schreibe 6, übertrage 1*
2.4 Runden und Überschlagen	*Nachbarzehner und Nachbarhunderter*

3 Multiplizieren und Dividieren im Zahlenraum bis 1000	
3.1 Einmaleinsreihen	
3.1.1. 7, 9	
3.1.2 Das kleine Einmaleins mit Umkehrungen sicher beherrschen	*Aufgaben mit 0 einbeziehen*
3.1.3 Das Einmaleins der Zehnerzahlen	*Beziehungen zwischen Einmaleinsreihen erkennen und ausnutzen*
3.2 Mündliches und halbschriftliches Rechnen	
3.3 Zweistellige Zahlen mit einstelligen Zahlen multiplizieren und durch einstellige Zahlen dividieren	*Vielfältige Lösungsstrategien und Notationsformen*
3.3.1 Division ohne und mit Rest	
3.4 Bezeichnungen „Multiplizieren", „Dividieren"	
4 Gleichungen und Ungleichungen	*Lösen durch systematisches Probieren: Schätzen, Probe, Korrektur* *Operatorschreibweise, Rückwärtsrechnen* □ —·3→ □ —+7→ 100

Zahlenrätsel

8.5 Arithmetik – Klasse 4

Arbeitsbereich 1: Arithmetik **<40>**

Der Zahlenraum wird bis zur Million erweitert. Die Fertigkeiten beim schriftlichen Addieren und Subtrahieren sind zu erweitern und zu vertiefen. Die schriftliche Multiplikation sowie die schriftliche Division werden eingeführt. Am Ende der Grundschule müssen die Grundrechenarten durch ständiges Üben in verschiedenen Anwendungsbereichen und auch unter Einbeziehung von Rechenvorteilen sicher verfügbar sein.
Eigenkontrolle der Ergebnisse mittels Überschlag und Probe stärkt die Selbständigkeit und die Verantwortung der Kinder. Wiederholtes Lesen und Schreiben großer Zahlen fördert den sicheren Umgang mit dem Stellenwertsystem. Durch regelmäßiges, variantenreiches Üben werden die Fertigkeiten im Kopfrechnen gesichert. Die Verfügbarkeit des kleinen Einmaleins ist die Voraussetzung für die schriftliche Multiplikation und Division.

1 Zahlenraum bis 1 000 000	*Die Zahlen bis 1 000 000 in zeitlich getrennten Unterrichtsschritten behandeln*
1.1 Bündeln zur Grundzahl 10 Stellenwert und Stufenzahlen kennen	*Die Ergebnisse am Zahlenstrahl zeigen und in Stellenwerttafeln eintragen:*
1.2 Zahlen schreiben und lesen	M | HT | ZT | T | H | Z | E 7 | 0 | 2 | 9 | 9 | 0 | 2 *Wortform: sieben Millionen neunundzwanzigtausendneunhundertzwei*
1.3 Vergleichen von Zahlen, Zahlbeziehungen	*Vielfältige Darstellungen, Diagramme, Tabellen, Pfeilbilder*

1.3.1 Ordnen von Zahlen nach ihrer Größe	*Ist größer als* *Ist kleiner als*
1.3.2 Weitere Zahlbeziehungen	*Ist die Hälfte von* *Ist das Doppelte von* *Ist das Zehnfache (Hundert-, Tausendfache)* *Ist der 10. (100., 1000.) Teil von*
1.3.3 Kopfrechnen zur Erarbeitung des erweiterten Zahlenraumes	
1.3.4 Vorgänger und Nachfolger	
1.3.5 Teiler und Vielfache	
1.3.6 Nachbarzehner, Nachbarhunderter, Nachbartausender ermitteln	*Vorbereitung auf das Runden*
1.3.7 Zahlenfolgen fortsetzen	
2 Addieren und Subtrahieren	
2.1 Die Normalverfahren im erweiterten Zahlenraum	*Auch Additionsaufgaben mit zahlreichen Summanden unterschiedlicher Stellenzahl*
3 Multiplizieren und Dividieren im erweiterten Zahlenraum	
3.1 Einmaleins der Zehner- (Hunderter-, Tausender-)zahlen	*Rechnen mit den Stufenzahlen und ihren Vielfachen* *Rechenvorteile, variantenreiches Kopfrechnen*
3.2 Halbschriftliches Rechnen	*Vielfältige Lösungsstrategien zur Vorbereitung der schriftlichen Verfahren und des Überschlagrechnens*
3.3 Schriftliche Multiplikation mit ein-, zwei- und dreistelligem Multiplikator	*In der Einführungsphase Stellenwerttafel einsetzen*
3.4 Schriftliche Division durch ein- und zweistelligen Divisor bis 20	*In der Einführungsphase Stellenwerttafel einsetzen* *Durch geeignetes Zerlegen des Dividenden vorbereiten* *Tabellen zum großen Einmaleins verwenden*
3.4.1 Darstellungsformen und Sprechweisen im Anhang	
3.4.2 Division ohne und mit Rest	
3.5 Runden, Überschlag und Probe	*Runden auf Stufenzahlen (Z, H, T)*
4 Gleichungen/Ungleichungen	*Im erweiterten Zahlenraum*

8.6 Geometrie – Klasse 3

Arbeitsbereich 2: Geometrie <30>

Die Erfahrungen mit geometrischen Körpern werden an Kugel und Walze fortgeführt. Die Präzisierung umgangssprachlicher Begriffe wie Ecke, Kante, Seite dient auch der sprachlichen Erziehung der Kinder. Das Zusammenbauen und Zerlegen von Quadern bereitet den Rauminhaltsbegriff vor. Das Auslegen und Vergleichen von Flächenstücken ermöglicht Erfahrungen zum Flächeninhaltsbegriff. Die Zunahme der motorischen Geschicklichkeit läßt nun den Einsatz von Zeichengeräten zu. Fliesenmuster (Parkettierungen) werden entworfen, symmetrische Figuren gezeichnet. Eine Zeichen- und Orientierungshilfe ist dabei das Gitternetz.

1 Walze, Kugel	*In der Umwelt entdecken, aus Plastilin formen*
1.1 Kennen, herstellen, benennen	*Für „Walze" sind auch die Bezeichnungen „Zylinder" und „Rundsäule" üblich.*
2 Würfel, Quader	
2.1 Weitere Eigenschaften entdecken	*Ecken, Kanten, Flächen*
2.2 Netze herstellen und untersuchen	*Durch Zerschneiden oder Abrollen von würfel- und quaderförmigen Schachteln*
2.3 Modelle von Würfel und Quader aus Netzen herstellen	*gewinnt man leichte Zugangsmöglichkeiten zu den Netzen.* *Netzvarianten untersuchen*
2.4 Erfahrungen zum Rauminhalt sammeln	*Aufbau von Würfeln und Quadern aus kleinen Quadern bzw. Würfeln*
3 Ebene Figuren mit Flächeneinheiten auslegen	*Einheiten können sein: Rechtecke, Quadrate, Dreiecke*
3.1 Fächeninhalte vergleichen	
4 Gitternetze und Planquadrate ➢5	*Orientierungsübungen an Ortsplänen* → *HuS, ARB 3, Raum und Zeit*
5 Symmetrische Gegenstände und Figuren	
5.1 Spiegelsymmetrie an Gegenständen und Körpern entdecken	*Spiegel verwenden*
5.2 Achsensymmetrie an ebenen Figuren	*Einbeziehen von Kontrastbeispielen*
5.2.1 In der Umwelt entdecken	*Klecksbilder, Faltschnitte, Durchpausen*
5.2.2 Herstellen und zeichnen	*Gitterpapier verwenden*
5.2.3 Nichtsymmetrische Figuren zu symmetrischen ergänzen	
5.2.4 Figuren an einer Achse spiegeln	
6 Entwerfen von Parkettierungen	*Zeichnen mit Lineal und Schablonen*

8.7 Geometrie – Klasse 4

Arbeitsbereich 2: Geometrie <35>

Die Kinder erhalten durch den handelnden Umgang mit Gegenständen und durch geeignete Veranschaulichung sowie durch eigenes, auch freihändiges Zeichnen genauere Vorstellungen von geometrischen Formen. Das Auffinden von bekannten ebenen Formen, Figuren und Körpern in der Lebensumwelt hilft, die Raumvorstellungen zu vertiefen. Formenkundliche Betrachtungen an Körpern, Messen von Flächen- und Rauminhalten und die Auseinandersetzung mit symmetrischen Figuren werden weitergeführt. Die Erfahrungen zur Symmetrie werden durch die Behandlung drehsymmetrischer Figuren und Körper erweitert. Der sachgerechte Umgang mit Lineal, Geodreieck und Zirkel erweitert die Arbeitsmöglichkeiten der Kinder und führt zu genauen und sauberen Darstellungen.

1 Raumgeometrie	
1.1 Säulen, Kegel, Pyramiden kennen, herstellen, benennen	*Säulen und Pyramiden mit verschiedenen Grundflächen* → *BK, ARB 3, Körper/Raum*
1.2 Flächen- und Kantenmodell von Würfel und Quader herstellen	*Modelle aus Pappe, Knetkugeln und Trinkhalmen oder Stäben*
1.3 Körperinhalte von Würfel und Quader vergleichen	*Ausfüllen mit Steckwürfeln, Hohlkörper mit Sand oder Wasser auffüllen*
1.4 Formenkundliches Betrachten der Walze	*Herstellen von Netzen*
1.5 Entdecken von drehsymmetrischen Gegenständen	
1.5.1 Auffinden der jeweiligen Drehachse	
2 Ebene Geometrie	
2.1 Flächeninhalte bzw. Umfänge einfacher geradlinig begrenzter Flächen durch Auslegen bzw. Abmessen ermitteln und durch Berechnungen feststellen	*Zeichnungen auf Gitterpapier und Punktraster* *Entwickeln von Berechnungsstrategien, keine Formeln*
2.2 Geometrisches Zeichnen	
2.2.1 Konstruieren von rechten Winkeln und parallelen Linien mit dem Geodreieck	*Herstellen von rechten Winkeln* *Der Faltwinkel*
2.2.2 Sprechweise: Ist parallel zu Steht senkrecht auf	*Beispiele in der Umwelt entdecken lassen*
2.2.3 Der Kreis: Durchmesser, Radius	*Einführung des Zirkels*
2.2.4 Anwenden dieser Konstruktionen beim Zeichnen geometrischer Figuren	*Entwerfen und Zeichnen von Bandornamenten und Parkettierungen*
2.2.5 Zeichnen von achsensymmetrischen Figuren	➢**4** *Symmetrische Schriftzeichen, Zeichenübungen* *Mehrfachspiegelungen im Gitternetz*
2.2.6 Zeichnungen mit Lineal, Geodreieck und Zirkel herstellen	

2.3 Drehsymmetrische Figuren herstellen und in der Umwelt entdecken	*Bei drehsymmetrischen Figuren den Drehpunkt durch Probieren finden*
2.3.1 Entdecken von drehsymmetrischen Gegenständen und Figuren	*Blumen, Rosetten, Windräder, Sterne, Muster, Ornamente zeichnen* *Zeichengeräte und Schablonen verwenden* *Planskizze anfertigen für Bastelarbeiten und Textiles Werken*

8.8 Größen und Sachrechnen – Klasse 3

Arbeitsbereich 3: Größen und Sachrechnen **<60>**

Im Zahlenraum bis 1000 werden die Kenntnisse in den bisher behandelten Größenbereichen erweitert. Bei den Längeneinheiten erreichen die Kinder nun den Millimeter- und Kilometerbereich. Zeitspannen werden in benachbarte Einheiten umgerechnet. Im neuen Größenbereich der Gewichte muß der Aufbau von Vorstellungen und Begriffen auf der Grundlage geeigneter Handlungen erfolgen. Bei DM und Pf sowie m und cm wird die Kommaschreibweise eingeführt.
Die Kinder erfassen komplexe Sachzusammenhänge und finden Lösungswege in zunehmendem Maße selbständig. Dabei sollten die zu bearbeitenden Sachaufgaben fächerverbindende Zielsetzungen berücksichtigen und einen Bezug zur Erfahrungswelt der Kinder aufweisen. Die Kinder formulieren auch Sachaufgaben und Rechengeschichten zu vorgegebenen Gleichungen.

1 Geldwerte	
1.1 Banknoten und Münzen bis zum 1000-DM-Schein Vergleichen, nach Wert ordnen, wechseln, herausgeben	*Einsatz von Spielgeld*
1.2 In der Stellenwerttabelle notieren	
1.3 Kommaschreibweise bei DM und Pf Schreib- und Sprechweise: 2,05 DM Zwei Mark fünf (Pfennig) oder: Zwei Komma null fünf (D)Mark 2,25 DM Zwei Mark fünfundzwanzig (Pfennig) oder: Zwei Komma zwei fünf (D)Mark	*Einsatz der Stellenwerttabelle*
1.4 Mit Geldbeträgen rechnen	*Preise und Gebühren des täglichen Lebens verwenden*
1.5 Schriftliches Addieren und Subtrahieren von Geldbeträgen, auch in Kommaschreibweise	*Durch Rechnen mit Stellenwerttabellen vorbereiten*
1.6 Sachaufgaben	*Vielfältige Einkaufssituationen aus dem Erfahrungsbereich der Kinder* *Preisberechnungen im Zusammenhang mit Längen und Gewichten*

Inhalte	Hinweise
2 Längen	
2.1 Längen an Gegenständen vergleichen, schätzen und messen	*Entfernungen und Abstände aus der Umgebung der Kinder handlungsorientiert bestimmen* → *HuS, ARB 3, Unser Ort hat eine Vergangenheit (alte Maße)*
2.2 Längenvorstellungen durch geeignete Vergleichsgrößen weiterentwickeln	
2.3 Längeneinheiten: Kilometer (km) Millimeter (mm)	
2.4 Umrechnen von km in m und umgekehrt	*Notieren in der Stellenwerttabelle:* *km* | *m* *6* | *0* | *4* | *8* *6 km 48 m*
2.5 Umrechnen von cm in mm und umgekehrt	
2.6 Zeichnen von Strecken gegebener Länge auf mm genau mit dem Lineal	
2.7 Kommaschreibweise bei m und cm Schreib- und Spreichweise: 3,05 m Drei Meter fünf (cm) oder: Drei Komma null fünf Meter	*Einsatz der Stellenwerttabelle:* [*m* | *cm* *3* | *0* | *5*]
2.8 Mit Längen rechnen	➢**2** *Alle Grundrechenarten verwenden*
2.9 Schriftliches Addieren bzw. Subtrahieren von Längen, auch in Kommaschreibweise	*Durch Rechnen mit Stellenwerttabellen vorbereiten*
2.10 Sachaufgaben	*Aus dem Erfahrungsbereich der Kinder* → *HuS, ARB 3, Raum und Zeit* → *HuS, ARB 5, Natur und Technik*
3 Zeit	
3.1 Mit Zeitpunkten und Zeitspannen im erweiterten Zahlenraum rechnen	*Mit Zeigeruhr und Kalender arbeiten* *Stoppuhr einsetzen* *Vielfältige Lösungswege an Zeitleisten, Tabellen und Operatorschreibweisen aufzeigen:* *Zeitpunkt (Anfang) Zeitspanne Zeitpunkt (Ende)* *17.25 Uhr* —*2h 15 min*→ *19.40 Uhr*
3.2 In benachbarte Einheiten umwandeln	
3.3 Sachaufgaben	*Aus dem Erfahrungsbereich der Kinder* *Einfache Aufgaben zu Fernsehprogramm, Fahrplan und Ferienplänen* → *HuS, ARB 6, Medien und Konsum*

4 Gewichte	
4.1 Gegenstände hinsichtlich ihres Gewichts vergleichen, schätzen und wiegen, zunächst mit selbstgewählten, später mit den genormten Einheiten	*Qualitatives Vergleichen:* *Ist schwerer als* *Ist gleich schwer wie* *Ist leichter als* *Selbstgewählte Maßeinheiten wie Steckwürfel, Schrauben* *Einsatz der Balkenwaage*
4.2 Gewichtseinheiten: Gramm (g) Kilogramm (kg) Tonne (t)	*Normierte Maßeinheiten* *Balkenwaage mit Gewichtssatz verwenden* *Umgang mit Waagen*
4.3 Gewichte notieren in kg und g bzw. t und kg	*Geeignete Vergleichsgrößen aufbauen*
4.4 Mit Gewichten rechnen	
4.5 Sachaufgaben	*Aus dem Erfahrungsbereich der Kinder* → *HuS, ARB 3, Raum und Zeit* → *HuS, ARB 2, Leben und Gesundheit*
5 Sachaufgaben zu den verschiedenen Größenbereichen aus der Erfahrungswelt der Kinder	
5.1 Zweisatzaufgaben von der Einheit zur Mehrheit, von der Mehrheit zur Einheit	*Lösen über Tabellen* *Anzahl | Preis*
5.2 Sachaufgaben	*Finden, Vergleichen und Beurteilen verschiedener Lösungswege*
5.3 Projekte	*Post, Klassenausflug, Schulfest, Ferienreise, Sportwettkämpfe* → *Sp, ELB 2, Sich bewegen mit und ohne Gerät* → *Sp, ELB 4, Spielen und sich bewegen im Wasser*

8.9 Größen und Sachrechnen – Klasse 4

Arbeitsbereich 3: Größen und Sachrechnen <75>

Die Kinder lernen, beim Messen und Rechnen sinnvolle Maßeinheiten zu verwenden. Umrechnungen und Kommaschreibweise bei DM und Pf, m und cm werden vertieft, die Kommaschreibweise bei kg und g wird eingeführt. Das Ausmessen von Behältern vermittelt erste Erfahrungen mit Rauminhalten.

Die in den einzelnen Größenbereichen erworbenen Kenntnisse und Fertigkeiten sind vielfältig anzuwenden, Tabellen, Schaubilder, Zeitpläne, Diagramme werden einbezogen. Dadurch wächst die Fähigkeit der Kinder, Situationen aus Umwelt und Alltag zu mathematisieren, die Rechenoperationen herauszulösen und die mathematische Sprache richtig einzusetzen. Denksportaufgaben und Zahlenrätsel fördern die Kreativität und die Entwicklung von Denkstrategien.

Die Behandlung der Größen erfordert in besonderem Maße den Bezug zum Alltag der Kinder. Geeignete Probleme des Natur- und Umweltschutzes sind zu berücksichtigen. Für das Sachrechnen bieten sich jetzt verstärkt fächerverbindende Aufgaben und Projekte an.

1 Geldwerte, Längen, Zeiten, Gewichte

Vielfältige Übungen zum Umgang mit den bisher behandelten Größen im erweiterten Zahlenraum
→ HuS, ARB 6, Medien und Konsum

2 Zeit

2.1 Lesen und Auswerten von Tabellen und Zeitplänen

Schwierigere Aufgaben zu Fahrplan und Kalender
Keine schriftlichen Rechenverfahren bei der Ermittlung von Zeitspannen
Verwenden der Operatordarstellung
→ HuS, ARB 7, Verkehr und Umwelt

3 Gewichte

3.1 g, kg, t in den Stellenwerttafeln für kg und g bzw. t und kg notieren

3.2 Kommaschreibweise bei kg und g
Schreib- und Sprechweise bei kg und g:
4,022 kg
Vier Kilogramm zweiundzwanzig Gramm
oder:
Vier Komma null zwei zwei Kilogramm

Einsatz der Stellenwerttabelle

kg	*g*		
4	*0*	*2*	*2*

[4 kg 22 g]

4 Rauminhalte

4.1 Behälter hinsichtlich ihres Rauminhaltes experimentell vergleichen, schätzen und abmessen, zunächst mit selbstgewählten, später mit den genormten Einheiten

4.2 Einheiten:
Liter (l)
Milliliter (ml)

Qualitatives Vergleichen:
Faßt mehr als
Faßt gleich viel wie
Faßt weniger als
Selbstgewählte Einheiten:
Eimer, Glas, Tasse, Fingerhut
Normierte Einheiten:
Meßbecher, Literflasche
Größenvorstellungen aufbauen
Zusammenhang zwischen Rauminhalt und Gewicht erkennen: Haushaltsmeßbecher

4.3 Sachaufgaben

Aus dem Erfahrungsbereich der Kinder

5 Anwenden aller Grundrechenarten in vielfältigen Sachsituationen auf die bisher behandelten Größen

Keine Kommaschreibweise bei der schriftlichen Multiplikation und Division
Lösungsstrategien
Aufschreiben der Fakten, Notieren der Fragen
Anfertigen von Situationsskizzen

5.1 Verwenden der Brüche
$\frac{1}{2}$ $\frac{1}{4}$ $\frac{3}{4}$

In Zusammenhang mit geeigneten Größen

5.2 Einfache Schlußrechnungen in allen Größenbereichen
5.2.1 Von der Einheit zur Mehrheit
5.2.2 Von der Mehrheit zur Einheit

Lösungen auch über Tabellen

l					
DM					

5.3 Große Zahlen in Schaubildern darstellen und lesen

Daten aus Klasse, Schule, Wohnort, Zeitung, Lexikon

5.4 Denksportaufgaben Zahlenrätsel
5.5 Sachaufgaben

5.6 Projekt

Einrichtung und Pflege des Schulaquariums
Schulfest, Abschlußfeier
Wochenmarkt
Klassenzeitung
Müllvermeidung, Recycling, Wasserverbrauch
Auslandsreise
Fremde Währungen
Leben der Kinder in anderen Ländern
Kinderarbeit
→ *HuS, ARB 6, Medien und Konsum*

8.10 Anhang

1. Schreibrichtung und Bewegungsabläufe der Ziffern:

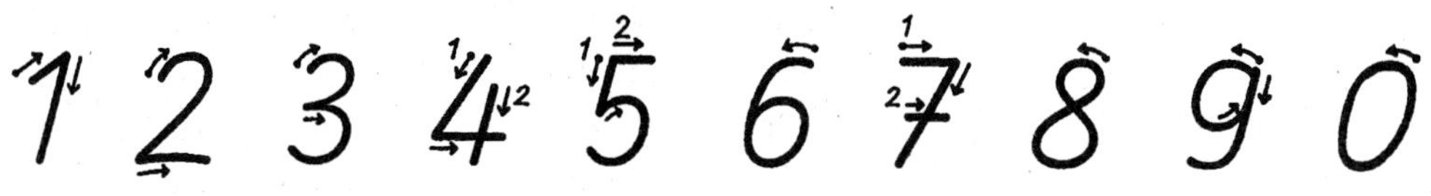

2. Verbindliche Zeichen und Sprechweisen:

< >	ist kleiner als, ist größer als
=	gleich
+ –	plus, minus addieren (hinzufügen, zusammenzählen) subtrahieren (wegnehmen, abziehen)
· :	mal, geteilt durch multiplizieren (malnehmen) dividieren (teilen)
	In Klasse 1 und 2 werden die deutschen Begriffe verwendet, in Klasse 3 und 4 die lateinischen.
□ ▭ △ ○	Leerstellen oder Platzhalter
E, Z, H, T	Einer, Zehner, Hunderter, Tausender
ZT, HT, M	Zehntausender, Hunderttausender, Million
DM, Pf	Mark, Pfennig

km, m, dm	Kilometer, Meter, Dezimeter
cm, mm	Zentimeter, Millimeter
l, ml	Liter, Milliliter
t, kg, g	Tonne, Kilogramm, Gramm
h, min, s	Stunde, Minute, Sekunde
2,08 m	zwei Meter acht Zentimeter oder zwei Komma null acht Meter
17.06 Uhr	siebzehn Uhr sechs

3. Verbindliche Formen und Sprechweisen der schriftlichen Rechenverfahren:

Addition

```
  185
+ 237
  11
-----
  422
```

$7 + 5$	gleich 12, schreibe 2, übertrage 1
$1 + 3 + 8$	gleich 12, schreibe 2, übertrage 1
$1 + 2 + 1$	gleich 4, schreibe 4

Subtraktion durch Ergänzen

```
  364
- 138
   1
-----
  226
```

$8 + \underline{6}$	gleich 14, schreibe 6, übertrage 1
$4 + \underline{2}$	gleich 6, schreibe 2
$1 + \underline{2}$	gleich 3, schreibe 2

Die unterstrichene Zahl ist zu betonen und gleichzeitig zu schreiben!

Multiplikation

Die Multiplikation beginnt mit der höchsten Stelle des zweiten Faktors. Die Teilprodukte werden ihrem Stellenwert entsprechend unter den zweiten Faktor geschrieben.

```
4375 · 628
----------
 26250
   8750
   35000
   11
----------
 2747500
```

Division

```
4256 : 6 = 709 R2
  __
42
--
 05
  0
  -
  56
  54
  --
   2
```

Sprechweise: gleich siebenhundertneun Rest zwei

8.11 Übersicht über alle Schuljahre

Der amtliche Bildungsplan endet mit dem „Anhang“. Die zusammenfassende Übersicht über alle Schuljahre ist eine (nicht amtliche) Ergänzung, die den Lesern dieses Handbuches eine schnelle Orientierung ermöglicht.

Klasse	Arbeitsbereiche				
	1 Grunderfahrungen und Arithmetik		2 Grunderfahrungen und Geometrie	3 Größen und Sachrechnen	
	Zahlenräume	Rechnen		Größen	Sachrechnen
1	Zahlenraum bis 20 Vorgänger, Nachfolger Ziffernschreibweise Zehnerzahlen bis 100 Stellenwerte Gerade/ungerade Zahlen	Addition/Subtraktion Gleichungen/Ungleichungen Nachbar-, Tausch-, Umkehr-, Analogieaufgaben auch in Operatordarstellung Zeichen: +, –, =, >, <	Lagebeziehungen im Raum und in der Ebene Geometrische Grundformen und Ornamente in der Ebene	Geldwerte DM und Pf	Mathematische Sachverhalte in Situationen erkennen Einfache Rechengeschichten
2	Zahlenraum bis 100 Zahleigenschaften	Stellenwertsystem Rechenvorteile Invarianzgesetze Mechanisieren der Zehnerübergänge Multiplikation/Division Zeichen ·, : Einmaleinsreihen der 2, 4, 8, 5, 10, 3, 6 Division ohne und mit Rest	Bauen mit Würfel und Quader Achsensymmetrische Figuren herstellen Ebene Figuren und Muster herstellen Freihändiges Nachzeichnen von Formen	Geldwerte DM/Pf Längeneinheiten cm, dm, m Zeiteinheiten: s, min, h Zeitpunkte (Uhrzeiten) und Zeitspannen (einfache Fälle)	Mathematische Sachverhalte in Situationen erkennen Zahlenaufgaben aus Situationen und Texten herausfinden; Zu vorgegebenen Zahlenaufgaben Texte entwickeln Bildliche Darstellungen als Lösungshilfen
3	Zahlenraum bis 1000 Zahlbeziehungen	Halbschriftliche Addition/Subtraktion Schriftliche Addition/Subtraktion Einmaleinsreihen der 7, 9 Alle Einmaleinsreihen sicher beherrschen Einmaleins der Zehnerzahlen Halbschriftliche Multiplikation/Division	Walze, Kugel Netze und Flächenmodelle von Quader und Würfel Auslegen und Vergleichen ebener Figuren Achsensymmetrische Figuren zeichnen Parkettierungen	Geldwerte (alle Banknoten und Münzen) Längeneinheiten: km, mm Kommaschreibweise bei DM und Pf, bei m und cm Gewichtseinheiten: g, kg, t	Erfassen komplexerer Sachzusammenhänge Sachaufgaben und Rechengeschichten zu vorgegebenen Gleichungen erfinden Zweisatzaufgaben

Klasse	Arbeitsbereiche				
	1 Grunderfahrungen und Arithmetik		2 Grunderfahrungen und Geometrie	3 Größen und Sachrechnen	
	Zahlenräume	Rechnen		Größen	Sachrechnen
4	Zahlenraum bis 1 000 000	Schriftliche Multiplikation/Division Einmaleins der Hunderter- und Tausenderzahlen Runden und Überschlagen	Säulen, Kegel, Pyramiden Flächen und Kantenmodelle von Würfel und Quader Flächeninhalte und Umfänge einfacher Figuren Geometrisches Zeichnen Konstruieren von rechten Winkeln, und parallelen Linien Geodreieck Drehsymmetrie Zirkel	Kommaschreibweise bei kg und g Rauminhalte: Einheiten l und ml Einfache Brüche als Maßzahlen von Größen Zeitspannen ermitteln	Anwenden der in den Größenbereichen erworbenen Fertigkeiten insbesondere bei fächerverbindenden Projekten Tabellen, Schaubilder, Zeitpläne, Diagramme, Einfache Schlußrechnungen

Literaturverzeichnis

Abele, A. (Hrsg.). (1991). *Planungshilfen für den Mathematikunterricht. Band 2: Drittes und viertes Schuljahr.* Heidelberg: Pädagogische Hochschule Heidelberg.

Aebli, H. (1991). *Grundformen des Lehrens* (9. Aufl.). Stuttgart: Klett.

Bärmann, F. (1981). Üben – eine vergessene Selbstverständlichkeit. *Grundschule, 13* (1), 4–6.

Bärmann, F. (1990). Üben – Element des Lernens. *Grundschule, 22* (10), 8–12.

Bauersfeld, H. (1971). *Arbeitsblätter zum Formenspiel* (2. Aufl.). Hannover: Schroedel.

Bayer, R. (1993). Eine Rechenrallye als Form der individualisierenden Übung zur Festigung des Zahlbegriffs. *Mathematische Unterrichtspraxis, 14* (2), 9–16.

Bischöfliches Schulamt der Diözese Rottenburg-Stuttgart (Hrsg.). (1990). *Marchtaler Plan* (Bde. 1 und 2). Rottenburg: Maier.

Bollnow, O. F. (1978). *Vom Geist des Übens.* Freiburg: Herder.

BP. Siehe Ministerium für Kultus und Sport Baden-Württemberg.

Breidenbach, W. (1963). *Rechnen in der Volksschule* (13. Aufl.). Hannover: Schroedel.

Breidenbach, W. (1969). *Methodik des Mathematikunterrichts an Grund- und Hauptschulen.* Hannover: Schroedel.

Dietz, M. & Ruep, M. (1994). Lehr- und Lernorganisation: Fächerverbindender und projektartiger Unterricht. In P. Diesch, H. Gramlich (Hrsg.), *PMP/od. BPL Realschule. Planung – Materialien – Praxis* (Abt. 2.1.7, S. V/1–27, Lieferung 44 – II/93). Villingen-Schwenningen: Neckar.

Eccarius, D. (1982). Übungsmöglichkeiten zum kleinen Einmaleins mit einem Zifferngitter. *Mathematische Unterrichtspraxis, 3* (1), 19–22.

Eccarius, D. (1985). Neue Kreuzzahlrätsel. *Sachunterricht und Mathematik in der Primarstufe, 13* (9), 340–343.

Erichson, Ch. (1991). *Von Lichtjahren, Pyramiden und einem regen Wurm. Erstaunliche Geschichten, mit denen man rechnen muß.* Hamburg: Pädagogischer Verlag.

Freudenthal, H. (1982). Mathematik – eine Geisteshaltung. *Grundschule 14, 140–142.*

Fricke, A. (1984). *Sachrechnerische Denkaufgaben im Mathematikunterricht der Grundschule.* Stuttgart: Klett.

Gerster, H.-D. (1982). *Schülerfehler bei schriftlichen Rechenverfahren.* Freiburg: Herder.

Haas, H. & Haas, H. (1993). Erarbeitung des Tausenderraumes. *Pädagogische Welt,* (2), 65–68.

Kasper. H. & Müller-Naendrup. B. (1993). Lernen in der Lernwerkstatt – Selbsterfahrungsmöglichkeiten mit offenen Lernformen in der Lehrerbildung. In G. Gonschorek und W. Wölfing (Hrsg.), *Schule und Bildung. Argumente – Anstöße – Beispiele* (Schriftenreihe der Pädagogischen Hochschule Heidelberg 14, S. 165–224). Weinheim: Deutscher Studien Verlag.

Kirsch, A. (1970). *Elementare Zahlen- und Größenbereiche.* Göttingen: Vandenhoeck & Ruprecht.

Lauter, J. (1991). *Fundament der Grundschulmathematik.* Donauwörth: Auer.

Lompscher, J. (Hrsg.). (1972). *Theoretische und experimentelle Untersuchungen zur Entwicklung geistiger Fähigkeiten.* Berlin: Volk und Wissen.

Lorenz, J. H. (1989). Zähler und Fingerrechner – was tun? *Die Grundschulzeitschrift, 3* (24), 8–9.

Lorenz, J. H. (1991). Parkettierungen. *Die Grundschule, 23* (2) 16–19.

Lorenz, J. H. & Radatz, H. (1986). Rechenschwäche. *Die Grundschule, 18* (4), 40–42.

Lorenz, J. H. & Radatz, H. (1993). *Handbuch des Förderns im Mathematikunterricht.* Hannover: Schroedel.

Ministerium für Kultus und Sport Baden-Württemberg (Hrsg.). (1984). Bildungsplan für die Grundschule [Lehrplanheft 5]. *Kultus und Unterricht, 33* (LPH 5). (Zitiert als BP, 1984).

Ministerium für Kultus und Sport Baden-Württemberg (Hrsg.). (1990). Unterrichtsplanung an allgemeinbildenden Schulen (Stoffverteilungsplan). *Kultus und Unterricht, 39* (12), 333. (Zitiert als BP, 1990).

Ministerium für Kultus und Sport Baden-Württemberg. (Hrsg.). (1993a). *Einführungspapier in die Lehrplanfortschreibung.* Unveröff. Mitteilung. Stuttgart: Herausgeber. (Zitiert als BP, 1993a).

Ministerium für Kultus und Sport Baden-Württemberg (Hrsg.). (1993b). *Bildungsplan für die Grundschule. Anhörungsfassung April, 1993.* Unveröff. Mskpt. Stuttgart: Herausgeber. (Zitiert als BP, 1993b).

Ministerium für Kultus und Sport Baden-Württemberg (Hrsg.). (1994). Bildungsplan für die Grundschule [Lehrplanheft 1/1994]. *Kultus und Unterricht, 43* (LPH 1). (Zitiert als BP, 1994).

Müller, G. N. & Wittmann, E. Ch. (1984). *Der Mathematikunterricht in der Primarstufe.* Braunschweig: Vieweg.

Oehl, W. (1962). *Der Rechenunterricht in der Grundschule* (10. Aufl.). Hannover: Schroedel.

Padberg, F. (1992). *Didaktik der Arithmetik* (2. Aufl.). Mannheim: Wissenschaftsverlag.

Radatz, H. (1981). *Zum Mathematikunterricht an Grundschulen – Ergebnisse einer Lehrerbefragung.* Göttingen: Universität, FB Erziehungswissenschaften.

Radatz, H. (1993). Ikonomanie. Oder: Wie sinnvoll sind die vielen Veranschaulichungen im Mathematikunterricht? *Grundschulmagazin, 8* (3), 4–6.

Radatz, H. & Schipper, W. (1983). *Handbuch für den Mathematikunterricht an Grundschulen.* Hannover: Schroedel.

Radatz, H. & Rickmeyer, K. (1991). *Handbuch für den Geometrieunterricht an Grundschulen.* Hannover: Schroedel.

Stahl, R. (1972). Die Entwicklung geistiger Fähigkeiten im Mathematikunterricht der Klassen 1–3. In J. Lompscher (Hrsg.), *Theoretische und experimentelle Untersuchungen zur Entwicklung geistiger Fähigkeiten.* Berlin: Volk und Wissen.

Strehl, R. (1979). *Grundprobleme des Sachrechnens.* Freiburg: Herder.

Vollrath, H. (1980). *Sachrechnen.* Stuttgart: Klett.

Wagenschein, M. (1977). *Verstehen lehren* (7. Aufl.). Weinheim: Deutscher Studien Verlag.

Wahl, D. (1992a). *Erwachsenenbildung konkret.* Weinheim: Deutscher Studien Verlag.

Wahl, D. (1992b). *Schüler heute – Anforderungen an die Lehrerpersönlichkeit* (Beitrag zum Symposium der CDU-Landtagsfraktion „Schule 2000"). Unveröff. Drucksache Pädagogische Hochschule Weingarten.

Weidner, Chr. (1991). Sachrechnen im 3. und 4. Schuljahr: Üben – Differenzieren. In A. Abele (Hrsg.), *Planungshilfen für den Mathematikunterricht. Band 2: Drittes und viertes Schuljahr* (S. 11–24). Heidelberg: Pädagogische Hochschule Heidelberg.

Wertheimer, M. (1964). *Produktives Denken.* Frankfurt/M.: Kramer.

Winter, H. (1977). Kreatives Denken im Sachrechnen. *Die Grundschule, 9* (3).

Winter, H. (1987). *Mathematik entdecken.* Frankfurt/Main: Scriptor.

Wittmann, E. Ch. & Müller, G. N. (1993). *Handbuch produktiver Rechenübungen* (Bd. 1, 2. überarb. Aufl.). Stuttgart: Klett.

Wittmann, E. Ch. & Müller, G. N. (1992). *Handbuch produktiver Rechenübungen* (Bd 2). Stuttgart: Klett.

Ziegler, Th. (1969). Die logische Struktur des Sachrechnens. In *Beiträge zum Mathematikunterricht 1968* (S. 225–232). Hannover: Schroedel.